湖北青少年思想道德教育研究丛书

刘靖君 著

当代中国大学生榜样教育研究

中国社会科学出版社

图书在版编目（CIP）数据

当代中国大学生榜样教育研究/刘靖君著．—北京：中国社会科学出版社，2016.4
ISBN 978-7-5161-8148-5

Ⅰ.①当… Ⅱ.①刘… Ⅲ.①大学生—思想政治教育—研究—中国 Ⅳ.①G641

中国版本图书馆CIP数据核字（2016）第098503号

出 版 人	赵剑英
责任编辑	孔继萍
责任校对	张依婧
责任印制	何 艳
出　　版	中国社会科学出版社
社　　址	北京鼓楼西大街甲158号
邮　　编	100720
网　　址	http://www.csspw.cn
发 行 部	010-84083685
门 市 部	010-84029450
经　　销	新华书店及其他书店
印刷装订	北京市兴怀印刷厂
版　　次	2016年4月第1版
印　　次	2016年4月第1次印刷
开　　本	710×1000 1/16
印　　张	13
插　　页	2
字　　数	207千字
定　　价	49.00元

凡购买中国社会科学出版社图书，如有质量问题请与本社营销中心联系调换
电话：010-84083683
版权所有　侵权必究

总　　序

  湖北青少年思想道德教育研究中心是湖北省教育厅2011年12月批准建立的湖北省高校人文社会科学重点研究基地。中心以湖北大学马克思主义学院思想政治教育系和思想政治理论课教研部为依托，在湖北省教育厅和湖北大学相关部门的指导下独立开展工作，在科学研究等方面与湖北大学马克思主义学院资源共享。湖北大学思想政治教育系于1973年创建，1974年正式招生，办学历史悠久，为湖北省培养了大批中学政治课教师、党政机关企事业单位思想政治教育以及青少年思想道德教育方面的专业人才。思想政治理论课教研部于1991年创建，在思想政治理论课教学方式方法上不断创新，取得了重大成果，两个单位师资力量、科研实力雄厚。在国内省内思想政治教育研究领域有一定的影响，出版了一批在国内学术界具有重要影响的著作，其研究水平在国内受到同行高度关注和肯定。该系、部拥有两个二级学科博士点：马克思主义基本原理、思想政治教育；两个一级学科硕士点：马克思主义理论、政治学。湖北青少年思想道德教育研究中心正是以思想政治教育系和思想政治理论课教研部为根基，在整合校内外科研力量的条件下形成的一个跨院系、跨学科的研究机构。

  中心现有专兼职研究人员27人。其中博士生导师8人；教授12人，副教授7人；博士13人，硕士13人；50—59岁的4人，40—49岁的13人，30—39岁的9人，30岁以下的1人。职称、学历和年龄结构比较合理，形成了一支年富力强、团结合作、共谋事业、富有创新意识和改革精神的"金字塔"式的学术团队。中心的负责人是思想政治教育专业博士点导师，先后担任湖北大学团委书记、宣传部长、副校长等职务，在经济全球化背景下人的发展、新时期思想政治教育有效性、交往与青少年道德修养等方面有较深入思考，相关研究成果在学术界有一定影响。其他科研人员在青少年价值观教育、青少年思想道德教育环境、青少年思想政治教育课程、青少年思想道德教育审美等研究领域成果丰厚，具有广泛的学术影响。研究队伍中，部分人有出国研修和考察的经历。这支队伍为该中心创建全省乃至全国一流的研究基地打下了坚实的基础。

湖北青少年思想道德教育研究中心将适应我国特别是我省青少年思想道德教育发展和我校学科建设要求，树立"立足湖北，服务湖北"观念，从青少年思想道德教育研究的角度整合全校、武汉地区以及国内外人文学科资源，发挥湖北大学思想政治教育学科和武汉地区思想政治教育学科优势。深入研究当代青少年思想道德教育理论与方法、湖北青少年价值观教育、湖北青少年思想道德教育新环境、湖北青少年思想道德教育课程及创新，努力将湖北青少年思想道德教育研究中心建设成为湖北青少年思想道德教育的科学研究中心、研究湖北青少年思想道德教育的科研人才培养基地、促进湖北青少年思想道德教育发展的咨询服务基地、湖北青少年思想道德教育的信息传播基地、科研管理体制改革与创新的实验基地。

湖北大学为该基地整合科研资源，实行多学科交叉、综合研究、优势互补创造了良好的条件。同时，该基地与许多兄弟院校有良好的合作基础，与中国香港、台湾的多所大学也长期保持学术交流。

湖北青少年思想道德教育研究中心成立4年多来，承沐着充足润养生机的阳光雨露。省内外、校内外相关领导和全国青少年思想道德教育领域的专家同人给予了热情而有力的支持。中心于2013年8月和2015年9月先后两次召开湖北青少年思想道德教育研究中心开放基金课题专家评审会。会议由中心主任主持。专家评审小组由华中科技大学教科院李太平教授、湖北大学教育学院院长靖国平教授、湖北大学哲学学院院长戴茂堂教授、中心主任杨鲜兰教授和中心常务副主任杨业华教授组成。专家组本着公平、公正的原则，按照中心开放基金课题评审条件，对来自华中师范大学、中国青年政治学院、武汉理工大学等青少年思想道德教育研究方面专家申报的课题现场逐一进行了认真的讨论和评审，重点从申报课题的选题意义、研究思路及研究基础等方面进行评价，并逐项提出了建设性的修改意见和建议。最后，确定对以华中师范大学万美容教授主持的《湖北"90后"大学生思想行为特点实证研究》等20多项课题予以立项。为了摸清湖北未成年人思想道德现状，把握湖北未成年人思想的特点和规律，为湖北未成年人思想道德建设科学决策以及有针对性地开展湖北未成年人思想道德建设提供依据。受湖北省文明办委托，2013年5月至8月湖北青少年思想道德教育研究中心对"湖北未成年人思想道德状况"进行了调查研究，有多篇调研报告被相关领导和部门采纳。受湖北省委宣传部委托，中心2014年6月至12月对"中华优秀传统文化对青少年的影响状况"进行了调查研究，调查成果"关于对青少年进行中华优秀传统文化教育状况的调查思考"获得湖北省委常委、宣传部长梁伟年、常务副部长杨万贵和副部长喻立平等领导充分肯定和重要批示。中心坚持每年编写两期《湖北青少年思想道德教育研究简报》，报送湖北省委宣传部、湖北省文明办、共青团湖北省委、湖北省教育厅相关部门、湖北大学学工处和团委等相关部门决策参考。中心坚持每年在长江出版社公开编辑出版《湖北青少年思想道德教育研究报告》，目前已经出版3本研究报告。2012年中心常务副主任杨业华教授和中心副主任周芳教授分别在人民出版社出版了两本青少年思想道德教育方面的学术著作《当代中国大学生核心价值观研究》和《思想政治教育审美研究》。2013年和2014年中心联合湖北大学马克思主义学院在中国社会科学出版社出版了"湖北青少年思想道德教育研究丛书"四部。分别是中心主任杨鲜兰教授等著的《交往与青少年道德修养》、中心常务副主任杨业华教授著的《思想政治教育新视野》、中心骨干姚迎春博士著的《思想政治教育文艺载体研究》和中心骨干杨荣副教授著的《中国共产党早期思想政治工作与马克思主义大众化研究》。

现在，中心再次推出"湖北青少年思想道德教育研究丛书"，进一步展示湖北青少年思想道德教育研究中心的研究成果。这些研究成果，有的是中心专家和骨干的研究成果，有的是中心专家指导博士生写的博士论文，这些博士论文是在导师指导下经过比较长时间研究的成果，而且在出版之前，各位作者又根据校内外博士论文评审专家和答辩委员会专家的意见，对论文做了进一步的修改和完善，已达到了较高水平。这些研究成果不仅对加强青少年思想道德教育研究具有理论价值，而且对于加强和改进新时期青少年思想道德教育工作具有现实指导意义。

中心成立仅仅4年多，推出"湖北青少年思想道德教育研究丛书"时间不长，还没有经验，我们诚挚希望青少年思想道德教育界的专家同人和广大读者，能够对"湖北青少年思想道德教育研究丛书"提出宝贵的意见，以利于"湖北青少年思想道德教育研究丛书"的进一步改进和完善。在此，我也对中国社会科学出版社的领导和有关编辑为"湖北青少年思想道德教育研究丛书"出版付出的辛勤劳动表示衷心感谢！

湖北大学副校长、湖北青少年思想道德教育研究中心主任

杨鲜兰

2016 年 1 月 11 日

目 录

第一章 绪论 ··· 1
第一节 问题的提出 ·· 2
第二节 研究的意义 ·· 4
第三节 国内外研究综述 ······································ 8
第四节 研究的基本方法、思路与框架 ····················· 19
第五节 研究的重点和创新 ···································· 21

第二章 大学生榜样教育的本质 ······························ 22
第一节 榜样的内涵、特征和功能 ··························· 22
第二节 大学生榜样教育的本质 ······························ 30

第三章 大学生榜样教育的理论基础 ························ 38
第一节 马克思主义榜样教育相关理论 ····················· 38
第二节 中国古代榜样教育相关理论 ························ 48
第三节 国外榜样教育相关理论 ······························ 52

第四章 当代中国大学生榜样教育的发展历程与基本经验 …… 68

第一节 当代中国大学生榜样教育的发展历程 …………… 68

第二节 当代中国大学生榜样教育的基本经验 …………… 93

第五章 当代中国大学生榜样教育存在的问题与原因分析 …… 106

第一节 当代中国大学生榜样教育调查数据分析 ………… 106

第二节 当代中国大学生榜样教育存在的主要问题 ……… 121

第三节 当代中国大学生榜样教育存在问题的原因分析 …… 140

第六章 当代中国大学生榜样教育的现实超越 ……………… 153

第一节 科学选树大学生榜样 ………………………… 153

第二节 正确开展大学生榜样教育 …………………… 162

第三节 有效保障大学生榜样基本权益 ……………… 171

第四节 不断创新大学生榜样教育方法 ……………… 173

结论 ………………………………………………………… 181

参考文献 …………………………………………………… 184

附录 ………………………………………………………… 195

后记 ………………………………………………………… 200

第一章 绪论

榜样的力量是无穷的。任何国家、任何民族、任何时代都需要榜样，并通过其人格感召力、情感共鸣力和行为带动力来凝聚人、鼓舞人、塑造人，尤其对世界观、人生观、价值观尚未完全定型的青年大学生，榜样的"正能量"不可估量。作为思想政治教育的重要方法之一的榜样教育，突出优势在于，其承载的价值载体——榜样——是真实、鲜活、生动和形象的，它有利于将真实但抽象的人性与具体的道德规范融汇成德性，并在生活中通过点滴的行为事例使德性得以彰显，从而影响社会大众。有研究者认为，"向学习者所灌输的道德规范、概念被抽去了它的人性的本质内涵，成为一种空洞、抽象的行为规定，它所要和所能达及的也只是人的行为表现，无法穿透人的心灵"。[①] 因此可见，"我讲你听""我说你记""我打你通"等倾向道德说教式的传统思想政治教育形式，存在的缺憾与不足是十分明显的。与此相对应的，榜样是生活化的、可触可见的哲理。英国思想家约翰·洛克认为，"榜样比任何事物都更能温和而深刻地渗入人们的内心"。[②] 从实践论的视角来看，思想政治教育是促进人的知识、情感、意志、信念和行为协调发展、共同提升的过程。在这个过程中，通过人的自我意识的建构作用，使个体德性得以形成，而鲜活的道德形象——榜样——在其中发挥着更具感染力和吸引力的积极作用。正是如此，榜样便成为思想政治教育非

---

① 鲁洁：《人对人的理解：〈道德教育的基础〉》，《道德教育论丛》第1卷，南京师范大学出版社2000年版，第228页。

② ［英］约翰·洛克：《教育漫话》，徐大建译，上海人民出版社2005年版，第79页。

常具有效力的价值载体,榜样教育也因此成为了更加生动有效的教育形式。

第一节 问题的提出

以当代中国大学生榜样教育研究作为本书选题,主要基于以下两点缘由:

一 榜样教育实效性缺失亟须理论和实践回应

一般认为,榜样教育的积极作用主要有以下三点:一是榜样教育能激发学习者的认同情感,使效仿榜样成为其成长过程的内在需要;二是榜样教育能集中学习者的注意力,使榜样形象成为其奋斗的自觉选择;三是榜样教育能唤起学习者的积极动机,成为激发其勉力前行的意志力量。从这个意义看来,对真实榜样的学习,其效果要好于对枯燥道理和理论的学习。但是我们也应该注意到,改革开放以来,特别是新世纪以来,在中国社会从传统向现代、从农业向工业、从封闭向开放社会的全面转型嬗变过程中,曾经对中国社会发展起到过不可忽视的积极作用的榜样教育,似乎失去了应有的作用,存在的问题越来越凸显:一是部分大众对榜样和榜样教育存在误读甚至是曲解,认为榜样教育缺乏人文关怀,榜样教育不过是政治教化的工具,榜样教育已不适应时代发展,等等。二是榜样教育亟待走出实效性弱化、吸引力减弱的低谷。比如从内容上看,榜样教育过于强调"高大全",所有的榜样都是崇高、完美的,而榜样自身的缺点和现实关注,则少有提及,这就难免导致教育内容在现实性和层次性方面有所缺乏;从目标上看,榜样教育过于强调社会本位的先天合理性,缺乏对人正当、合理需要的应有关注,就难免导致在人文关怀方面的缺失;从方法上看,榜样教育在方式方法和手段上,多注重单方面灌输和自上而下的政治宣教,忽视了大众的广泛参与和互动,就难免使大众对榜样形成"标签化"认识,导致其内生效仿动力不足。

榜样教育存在的这些问题,在现实中产生的一种效应就是:一方面,大众开始逐步冷淡、远离公众榜样(或官方榜样);另一方面却对娱乐偶像、明星热捧,甚至形成盲目崇拜。这种"冰火两重天"的现实,给新时期的榜样教育带来严峻挑战。榜样教育何以出现诸多问题？如何剖析其中的深层原因？在社会转型的大潮中，榜样教育的价值应当如何有效实现？新的历史条件下，榜样教育如何提高实效性？其创新发展的方向又在哪里？等等。这些问题给诸多领域的研究者们提出了挑战，急切需要从理论和实践上予以回应。

二 工作实践与研究兴趣驱动

"大学生是宝贵的人才资源，是民族的希望，是祖国的未来。"[①] 笔者作为一名高校思想政治教育工作者，深感高素质人力资源的重要性。作为有较高知识素养、有昂扬激情活力的青年群体，当代大学生肩负着实现中华民族伟大复兴中国梦的历史重任，其价值取向、思想政治道德素质，将直接影响着整个中国特色社会主义现代化建设的兴衰成败。"实践证明，用先进典型教育群众，是最实在、最具体、最生动的活教材，远比一般讲道理效果要好得多。"[②] 因此，对当代中国大学生进行榜样教育，意义特别重大。

近些年，笔者所处的湖北高校群星璀璨，涌现出了很多大学生榜样人物。但与像雷锋那样具有强烈感召力的经典榜样相比较，还存在很大差距，体现为这些榜样的教育作用发挥的力量和时空还不够充分，这种实效性的缺失，成为我们很多工作事倍功半的重要原因。因此，笔者从工作角度一直认为，如何选树出影响力持久、影响域广阔的榜样，并让榜样作用真正焕发出无穷的力量，很值得高校思想政治教育工作者去研究与实践。从学习和研究兴趣角度看，笔者虽然一直关注大学生榜样教育，也在一些核心刊物上发表过相关内容的文章，但萦绕心头的一些困惑，始终未能得到有效释疑，比如：部分榜样形象失真问题，导致青年学生"能仰望，但叹息"；大学生榜样培育机制缺失问题，包括选树不规范、工作搞突击、忽视榜样正当权益；榜样评价标准不一，要么停留在过去的单纯从意识形态、政治标准来衡量的层面，要么认为只要不违

---

① 《中共中央 国务院关于进一步加强和改进大学生思想政治教育的意见》，《人民日报》2004年10月15日。

② 毛国根、陆春炎：《试论从受众出发增强典型宣传的有效性》，《求实》2005年第2期。

反法律规定和道德规范，那些群众追捧，有知名度的都可以视之为榜样，致使大学生在榜样选择和学习上出现错乱；榜样教育方式方法陈旧，在大学生的思想意识和行为方式已经发生变化的新阶段，仍旧沿用以往的思维方式和施教模式，没有及时在教育的内容和形式上进行调整和创新，以致"雷锋同志没户口，三月来了四月走"和"课堂花了一年功，挡不住社会一阵风"等现象频繁出现。这些困惑的解除，亦有待于从理论和实践层面给予积极回应。

因此，把大学生和榜样教育结合起来，进一步加强对榜样教育基本理论的认识和研究及关注大学生榜样教育实效性提升等现实问题，就成为亟待解决的一系列基础性问题。笔者将从人本视阈角度研究我国大学生榜样教育有效作用的机制，并获得了教育部人文社会科学研究项目的专项资助。

这里需要厘清一个概念——当代中国。对当代中国的理解，主要有三种流行的观点：一是以中华人民共和国成立为标志，将1949年10月1日中华人民共和国成立至今的中国称为当代中国；二是以改革开放为标志，把1978年党的十一届三中全会召开之后的中国称为当代中国；三是以新世纪为标志，将2000年1月1日之后的中国称为当代中国。应该说三种理解各有道理，但本书研究的当代中国大学生榜样教育，更多的概念内涵指向是当前在校大学生，为研究的方便，对当代中国的时间限定为1978年改革开放以来的中国。

还需要特别做出一个说明：大学生榜样及榜样教育的主、客体指引。本书所指大学生榜样，是广义的榜样，既包括校外各类对大学生产生影响的榜样和榜样群体，也包括校内教工尤其是大学生自身的榜样和榜样群体。榜样教育，则更多探讨的是狭义的榜样教育，也就是高校如何围绕人才培养目标，有效开展大学生榜样教育工作。

第二节　研究的意义

加强当代中国大学生榜样教育研究，具有重要的理论意义和实践意义。

一 理论意义

（一）有助于进一步丰富和完善榜样教育的马克思主义人学基础

人的发展问题是马克思毕生都关注的一个重要问题，他在《共产党宣言》中指出："代替那存在着阶级和阶级对立的资产阶级旧社会的，将是这样一个联合体，在那里，每个人的自由发展是一切人的自由发展的条件。"[1] 并指出："人的本质并不是单个人所具有的抽象物，在其现实性上，它是一切社会关系的总和。"[2] 不难看出，马克思强调人是社会性的，人的发展的终极目标是自由而全面的自我完善，而且十分强调环境和教育对人的作用及人的主观能动性的充分发挥。这与榜样教育不谋而合，榜样教育的主客体均为人，其始终以人为中心和前提，核心价值功能亦在于对人的培养、塑造和提升，是一种以人为本源的社会化活动。因此，加强大学生榜样教育研究，不断创新理念、内容和方法，不仅能为大学生提供应然的行为模式和道德品质指向，引导大学生正确体验应然与实然之间的差异，而且有助于榜样教育的马克思主义人学理论基础的进一步丰富与完善，并在此基础上反过来加强对大学生榜样教育的理论指导。

（二）有助于从理论上深化大学生思想政治教育的方法论研究

"思想政治教育方法是思想政治教育者借以调动构成思想政治教育活动的其他诸要素的作用，使之进入激活状态，并最大限度地发挥各自效能，服务于思想政治教育目的实现的手段，因而，它又是思想政治教育其他要素由准备状态转化为实际运作状态的中介。"[3] 可见，选择合适的方法，探究有效的路径，能更好地为思想政治教育方法的有效性发挥创造适宜的条件，也能由此推动教育内容更好地为教育对象所内化。这就为我们研究榜样教育如何实现与思想政治教育方法创新相结合，提供了可行的思路。除此之外，榜样教育的积极作用还在于，"通过发现和宣传先进的道德典型，运用道德榜样的力量，来激励人们向先进的道德典型看齐，完善

---

[1] 《马克思恩格斯选集》第 1 卷，人民出版社 1995 年版，第 294 页。
[2] 同上书，第 60 页。
[3] 沈壮海：《思想政治教育有效性研究》，武汉大学出版社 2008 年版，第 92 页。

自己的道德品质，提高自己的道德境界，满足自己的道德需要，从而形成重要的道德动力"。① 这不但阐释了榜样教育发挥作用的基本过程，也清晰表达出通过榜样教育进一步加强和丰富思想政治教育途径和方法的重要意义。但目前的研究普遍缺乏方法论意识，大学生榜样教育的研究大多缺乏深度，就方法论方法的现象比较多，而且重视方法的实践性特征，忽视方法的理论性特征。本书着力对上述这些问题进行理论探讨，有助于从理论上深化大学生思想政治教育方法论研究。

（三）有助于通过丰富完善榜样教育理论来提高大学生思想政治教育的科学化水平

理论是实践的先导。科学的理论，对榜样教育的实践起着正确的引导作用。从理论上讲，对榜样教育的内涵、本质、特点、规律的不同认知、阐述，就会产生与此相应的教育实践形式和效果。前文已经阐述，当前的大学生榜样教育的实效性之所以存在不足，缺乏科学而系统的榜样教育理论去指导实践是重要根源之一。大学生榜样教育理论匮乏的表现诸多，如将榜样视为外在树立而非自主选择的结果；局限地认为榜样教育活动只是教育者塑造和改造受教育者的过程，而忽视受教育者的自主性因素。再如，把榜样教育看作是等同于智育的知性教育，认为榜样教育只注重思想政治知识、道德知识的灌输，由此形成知识性榜样教育的模式，被称为单纯的榜样知识理论，等等。实际上，榜样教育兼具理论性和实践性，开展更为深入的研究，不仅有着十分重要的理论价值，而且有助于通过丰富完善榜样教育理论来提高大学生思想政治教育的科学化水平。

二 实践意义

（一）有助于培养中国特色社会主义合格建设者和可靠接班人

育人为本，德育为先。当代大学生肩负着实现国家富强梦、民族复兴梦的历史重任，而大学阶段是人生世界观、人生观、价值观形成的关键时期。《中共中央 国务院关于进一步加强和改进大学生思想政治教育的意见》非常重视榜样教育对大学生成长发展的重要作用，文件要求大学生思想政治教育"要坚持团结稳定鼓劲、正面宣传为主，反映高等

---

① 骆郁廷：《精神动力论》，武汉大学出版社2003年版，第282页。

学校思想政治教育工作的先进典型和优秀大学生的先进事迹"。[①] 胡锦涛在党的十八大报告中强调,要"深化群众性精神文明创建活动,广泛开展志愿服务,推动学雷锋活动、学习宣传道德模范常态化"。[②] 这都为高校开展大学生榜样教育工作提供了优良的顶层政策环境。因此,加强当代中国大学生榜样教育研究,把握当代中国大学生榜样教育的内在规律,分析当代中国大学生榜样教育的社会环境,切实加强对大学生的榜样教育,把大学生培养成为中国特色社会主义的合格建设者和可靠接班人,是摆在高校及广大教育工作者面前的重大理论和实践课题。解决这一重大课题,毫无疑问有助于培养中国特色社会主义合格建设者和可靠接班人。

(二) 有助于推进高校社会主义核心价值观教育

党的十八大报告明确指出:"社会主义核心价值体系是兴国之魂,决定着中国特色社会主义发展方向。要深入开展社会主义核心价值体系学习教育,用社会主义核心价值体系引领社会思潮、凝聚社会共识。"[③] 大学生榜样教育在建设社会主义核心价值体系中具有举足轻重的作用,加强当代中国大学生榜样教育研究,有助于推进高校社会主义核心价值观教育:一方面,社会主义核心价值观的精神内核,有赖于通过时代榜样集中呈现,而其宣传教育也需要通过榜样的道德品质来彰显魅力。"榜样教育与社会核心价值体系具有内在的联系,有利促成建设社会主义核心价值体系的动力机制,有利推进社会主义核心价值体系的生成机制,有利形成建设社会主义核心价值体系的协同机制,有利促成建设社会主义核心价值体系的社会环境机制。"[④] 另一方面,大学生榜样教育因其实践性与理论性兼具、继承性与创新性兼有和生动性与示范性并存等鲜明特点,对社会主义核心价值观的宣传教育起着重要的促进作用,

---

[①] 《中共中央 国务院关于进一步加强和改进大学生思想政治教育的意见》,《人民日报》,2004 年 10 月 15 日。

[②] 胡锦涛:《坚定不移沿着中国特色社会主义道路前进为全面建成小康社会而奋斗——在中国共产党第十八次全国代表大会上的报告》,《人民日报》2012 年 11 月 18 日。

[③] 同上。

[④] 姜建蓉:《论榜样教育在构建社会主义核心价值体系中的作用实现机制》,《思想政治教育研究》2009 年第 1 期。

从而也使大学生榜样教育成为培育和践行社会主义核心价值观的可行途径。

（三）有助于正视和解决当前大学生榜样教育存在的一些现实问题

前面讲过，从工作实践角度看，当代中国大学生榜样教育实效性缺失有着多方面的体现。研究大学生榜样教育，就是要着力呈现榜样教育所具备的实践价值。鉴于此，对大学生榜样教育的研究，不能脱离现实社会环境的影响，也不能忽视传统的教育理念、教育内容、教育方式和方法的积极作用。在此基础上创新榜样教育理论，探索如何建立有效的大学生榜样教育机制和范式，既是榜样教育理论发展的需要，更是榜样教育实践发展的现实需求。因此，有必要以历史辩证的认识立场，进一步深入探讨大学生榜样教育的概念、本质、理论基础和实践发展等问题，以切实回应大学生榜样教育在现实中面临的诸多实际问题。

第三节　国内外研究综述

一　国内研究综述

自古以来，中华民族都十分重视榜样及榜样教育，可是将其作为特定研究命题，应该说肇始于20世纪50年代之后的新中国。专家学者们从教育学、社会学、心理学等诸多角度对榜样及榜样教育进行了较为系统的研究，对其本质、特点、方式方法和存在的问题等进行了积极的探讨。

（一）对榜样教育发展历程的研究

发展历程与时代同步，其研究可划分为以下三个阶段：

第一阶段：20世纪50年代初—20世纪80年代初。研究主要集中在榜样教育的概念、榜样教育的经验和榜样的具体形象塑造，研究方式主要是笼统经验式研究。

第二阶段：20世纪80年代初—20世纪末。标志是1983年，邓小平为学习张海迪题词，通过一个身残志坚、成才报国的青年榜样来引导大学生树立正确的世界观、人生观和价值观。由此对榜样教育有了十分明确的定位——共产主义教育的一个重要手段、思想品德教育的好方法、党的思想政治工作的优良传统。直至2000年，学界对榜样教育的相关理论研究亦在不断深入。在此阶段，有关榜样教育主客体、学理基础、手段方法、存在问题、解决办法等的研究课题明显增多。特别是与前一阶段相比，本阶段的研究由浅入深，开始分析回答"为何做""如何做"的问题；关于榜样类型，开始从领袖、英雄向身边榜样、普通群体榜样延伸；关于榜样教育对象，开始在重点关注青少年的基础上，向其他人群扩展，包括青年大学生；对榜样及榜样教育的认识，除强调其作用、价值和意义外，较多地开始关注其存在的问题及解决之道。应该说，此阶段突出对榜样教育的反省，与20世纪80年代末的政治风波和90年代初"姓资姓社"的争论不无关联。但也正因如此，一些好的研究成果不断涌现，对榜样教育的定位和价值达成了广泛的共识。

第三阶段：21世纪初至今。榜样教育迎来了研究发展的春天，这一阶段的研究领域扩展、研究成果涌现，与党中央的高度重视密不可分。中央颁布了系列文件，如《公民道德建设实施纲要》强调"要广泛开展向先进典型学习的活动，善于发现和运用先进典型，树立可亲、可敬、可信、可学的道德楷模，让广大群众学有榜样、赶有目标、见贤思齐，从先进典型的感人事迹和优秀品质中受到鼓舞、汲取力量，使先进典型的高尚情操成为社会的共同财富"。[①]《中共中央 国务院关于进一步加强和改进未成年人思想道德建设的若干意见》指出，榜样教育是开展未成年人思想道德实践活动的有效路径，"要运用各种方式向广大未成年人宣传介绍古今中外的杰出人物、道德楷模和先进典型，激励他们崇尚先进、学习先进……为未成年人树立可亲、可信、可敬、可学的榜样，从榜样的感人事迹和优秀品质中受到鼓舞、汲取力量"。[②] 特别是《中共中央国务院关于进一步加强和改进大学生思想政治教育的意见》强调指出："全社会都要关心大学生的健康成长，支持大学生思想政治教育工作。宣传、理论、新闻、文艺、出版等方面要坚持弘扬主旋律，为大学生思想政治教育营造良好的社会舆论氛围，为大学生提供丰富的精神食粮。要坚持团结稳定鼓劲、正面宣传为主，反映高等学校思想政治教育工作的先进典型和优秀大学生的先进事迹。"[③] 与此同时，随着市场经济体制在中国的逐步确立，

---

① 本书编写组编：《公民道德建设实施纲要》学习读本，中共中央党校出版社2001年版，第9页。

② 中央文明办未成年人思想道德建设工作组编：《未成年人思想道德建设文件选编》，学习出版社2004年版，第12—13页。

③ 《中共中央 国务院关于进一步加强和改进大学生思想政治教育的意见》，《人民日报》2004年10月15日。

外来偶像亚文化侵入大学校园，较为普遍地存在于青年大学生当中。20世纪"90年代以后，青少年对偶像的追捧尤为热烈，社会似乎进入了一个'偶像'的时代"。[①] 一些学者开始将心力倾注于青年大学生的偶像崇拜与传统榜样教育的研究上，力求在偶像亚文化中开辟空间，寻求榜样和偶像的结合点，提出"偶像—榜样教育"。岳晓东教授开"偶像—榜样教育"先河，从两者的概念差别着手，针对传统榜样教育的局限，深入分析了"偶像—榜样教育"的特点及指导原则。在此基础上，何小忠著的《偶像亚文化与青少年榜样教育》一书则对偶像崇拜现象进行了系统梳理，提出在偶像盛行的文化圈里，重整传统榜样文化的重要性及相应举措。与此同时，这一阶段对榜样内涵、对榜样教育规律等的认识，在逐渐深化；在研究视域等方面，也逐渐开阔，整体、系统研究的成果逐渐增多。

当然，上述研究历程三个阶段划分并没有绝对的界限，而只是呈现其大致脉络和为了叙述的方便。

（二）对榜样教育一般理论的研究

榜样教育一般理论研究，主要指对内涵、理论基础、主客体、特征原则、过程规律等问题的基础性研究。

1. 内涵研究

大多数学者都从经验和实践层面揭示榜样教育的内涵，并加以方法角度的界定。有学者指出榜样教育就是一种常见的社会学习途径，即通过观察学习，从他人那里获取新行为的信息；模仿他人的所作所为，接受他人行为的影响而形成自身的人格特征。[②] 有学者提出榜样教育是指通过进步性、图强性、接近性和综合性的典型群体形象，结合人的心理发展特征和时代环境，对学生起参照示范或警示作用。[③]

2. 理论基础研究

什么是榜样教育的理论基础？其理论依据又有哪些？围绕这一榜样教

---

① 何小忠：《偶像亚文化与青少年榜样教育》，江西人民出版社2007年版，第3页。
② 王丽荣：《试论毛泽东的榜样教育》，《毛泽东思想研究》2003年第6期。
③ 张国选：《大学生榜样教育浅谈》，《浙江师范大学学报》（社会科学版）1995年第5期。

育的基础性问题，研究者们从不同角度展开了研究。有论者以马克思人学思想为指导，从哲学的视角阐述了榜样教育的基点、核心、动力、价值、终极目标，提出榜样教育的出发点在于现实的人，核心在于主体的人，动力在于人的本性需要，价值定位在于人格价值，终极目标在于人的全面发展。①

3. 主体客体研究

究竟什么是榜样教育的主体、客体？大多学者主要以学校为地域，关注生存于学校内的群体，认为主体是教育者，客体是学生。但大家也认为家庭榜样教育和社会榜样教育很重要，有学者认为，"基于孩子的一切学习都始于模仿的天性，所以在受教于父母时则必然将他们视为自己的榜样，时时学习，事事模拟"。② 对于主客体之关系，有学者进行了重新定位，"随着开放领域的不断扩大和各种社会意识的不断渗透，人们（尤其是青年学生）接受信息的渠道越来越多，他们不断地接受信息，并对多种信息作出比较、处理。他们逐渐在客体的'非自我'中添加主体的'自我成分'，以求在色彩斑驳的思潮面前，通过主体性的多元思维寻找方向，这样，客体就冲破了封闭走向开放"。③

4. 原则特征研究

原则问题是榜样教育的方向性保证。有学者认为，选树少年儿童榜样应遵循坚持共产主义方向与少年儿童的实际相结合。④ 有学者从利益驱动视角出发，提出在榜样教育问题上必须遵循利益驱动原则。⑤ 关于榜样教育特征，大多学者认为其具有时代性、真实性、多样性等特征。有学者还认为榜样教育集道德教育与审美教育于一体，故其具有美育

---

① 杨婷：《榜样教育的马克思主义人学透视》，《河南师范大学学报》（哲学社会科学版）2010年第1期。

② 李景毅、王迎席：《家庭教育中父母榜样作用之我见》，《西北人口》1998年第2期。

③ 何东平、刘方生：《论新时期的榜样教育》，《安徽教育学院学报》2000年第4期。

④ 孙云晓：《论少年儿童榜样教育的科学性》，《青年研究》1985年第8期。

⑤ 张茹粉：《榜样教育的理性诉求》，《河南师范大学学报》（哲学社会科学版）2005年第3期。

特点。①

5. 过程规律研究

对榜样教育的过程研究，有学者认为有效的榜样教育必须依赖于对榜样教育具体实施过程的科学调控。关于规律问题，有学者认为"借鉴榜样教育成功经验，汲取失误，将信息的感知作为教训，探讨榜样教育规律乃是解决问题的有效途径……榜样作用永恒规律、榜样类型多样化规律、榜样教育者要成为榜样的规律是榜样教育必须遵循的三大基本规律"。②

（三）对榜样教育价值的研究

关于榜样教育价值的研究，主要聚焦于如下两个方面：

1. 榜样教育价值的含义特征

较具代表性的是王建文从哲学角度的阐述："榜样教育价值是作为客体的榜样教育的属性功能与作为社会实践的主体的个人和社会需要的互利性关系……"③

2. 榜样教育价值的作用发挥

榜样教育的作用在社会发展的不同阶段是不同的，但总体而论，榜样教育"对于唤醒群众的自主意识具有巨大的号召力和鼓舞力"。④ 有学者通过调查表明："在社会价值取向正趋多元化与个体性的今天，榜样的力量仍然在大学生的思想中占有重要位置，榜样教育仍然是现阶段做好大学生思想教育的行之有效的方法。"⑤

（四）对榜样类型的研究

学者们研究认为，榜样的类型主要分为三类：

1. 英雄型榜样

"他们主要于品德方面对学生施加影响"。⑥ 凭借英雄形象"对社会理

---

① 王年铁：《谈榜样教育中的审美特点》，《湘潭师范学院学报》1990年第2期。
② 韩新路、张茹粉：《试析榜样教育的基本规律》，《理论导刊》2008年第9期。
③ 王建文：《论榜样教育价值的特征》，《思想教育研究》2004年第7期。
④ 曾长秋：《论社会主义时期的榜样教育》，《探索》1999年第5期。
⑤ 王建香：《大学生榜样教育的调查与对策研究》，《中国成人教育》2007年第7期。
⑥ 李铁成：《对榜样教育的两点思考》，《教育科学》1989年第4期。

想人格的塑造,对社会的基本价值取向起到了示范作用"。①

2. 专家型榜样

"他们更容易在青少年那里找到'固定点',与青少年的职业理想发生联系,促使青少年为实现理想而奋斗。"②

3. 身边型榜样

家长、师长、同学、同龄的朋友,均作为身边人,对青年大学生发挥着直接而且重要的影响。"父母榜样带有既定的必然性,在家庭教育中具有极大的实用价值,不仅直接影响子女的健康成长,甚至在一定程度上决定着孩子未来的命运。"③ "大学生先进典型的形象更真实、可信,功效更直接、显著。"④

(五)对榜样教育存在的问题及其原因的研究

1. 榜样教育存在的问题

此类研究为学界普遍关注,研究成果也较为集中。有学者认为,"榜样缺乏吸引力,无法激发学生学习的动机""榜样宣传理想化,与学习者个人感觉反差大"。⑤ 有学者质疑一些榜样的虚夸,认为存在榜样抽象、榜样神话、榜样单一和榜样泛化的误区。⑥ 亦有学者从具体现象出发展开研究,指出传统道德榜样边缘化,但那些风云偶像却很难成为道德楷模,并对榜样教化在生活中受到的冷遇这一困境进行了分析,在此基础上试图探求一种更加人性化与理性化的教育模式。⑦ 总体看

---

① 鲍嵘:《论现时代的英雄榜样教育》,《浙江师范大学学报》(社会科学版) 1996 年第 1 期。
② 李铁成:《对榜样教育的两点思考》,《教育科学》1989 年第 4 期。
③ 李景毅、王迎席:《家庭教育中父母榜样作用之我见》,《西北人口》1998 年第 2 期。
④ 彭怀祖、姚春雷:《身边人身边事的力量》,苏州大学出版社 2012 年版,第 65 页。
⑤ 檀满仓:《榜样教育中存在的问题》,《中国教师》2006 年第 7 期。
⑥ 周奎英:《我们需要什么样的榜样教育》,《中国成人教育》2007 年第 14 期。
⑦ 黄海:《反思我们的青年榜样教育——兼论榜样的人性反思与理性批判》,《中国青年研究》2006 年第 9 期。

来，学界对榜样教育中存在的一些问题，认识比较一致，如选树简单化、宣传格式化、方式固定化、认同趋减化等。

2. 榜样教育问题产生的原因

学者们分别从不同的角度，就主要原因、内在原因、外在原因、直接原因等进行了分析，尚未形成很一致的看法。有学者认为，榜样教育的实效性和社会价值主体的利益需求有着直接关系，榜样教育中轻视利益驱动，只讲责任、义务、奉献，而不讲利益、权利、收益，过分强调榜样人格、品德的崇高性，轻视人的正当、合理、合法的权利需求，是主要原因。① 有学者认为，最为直接的原因是在榜样的塑造、宣传过程中，因为对审美规律的漠视，导致榜样性格挖掘不足。② 还有学者提出，榜样教育存在困境的重要原因，是社会道德环境不容乐观。③

（六）对提高榜样教育有效性的对策研究

针对存在的问题，学者们分别从过程、主客体互动、规律、后续保障及方式方法等方面，积极探寻提高榜样教育有效性的路径。

1. 教育过程

有学者指出榜样教育的过程必须科学化，要遵循感知的心理规律；榜样成长的规律；个体模仿行为的规律；因材施教的原则。④ 有学者认为榜样教育是一个发现、树立、培养、教育的过程，搞好榜样教育，就要善于发现典型；善于树立榜样；加强对榜样的培养；引导群众正确对待榜样。⑤

2. 教育规律

有学者认为要增强榜样教育的实效性，在遵循教育规律层面，要做到：自觉坚持和运用榜样永恒规律；自觉坚持和运用榜样多样化规律；自

---

① 张茹粉：《榜样教育的理性诉求》，《河南师范大学学报》（哲学社会科学版）2005年第3期。

② 赵平：《榜样教育的问题与对策》，《教学与管理》2007年第6期。

③ 陈卓：《当今中国榜样教育之尴尬——后现代主义的解读》，《青年研究》2006年第12期。

④ 戴锐：《榜样教育的有效性与科学化》，《教育研究》2002年第8期。

⑤ 曾长秋：《论社会主义时期的榜样教育》，《探索》1999年第5期。

觉坚持和运用榜样教育者要成榜样的规律。①

3. 教育主客体互动

如何提高榜样教育的有效性，一些学者从教育者和教育对象两个具有双重性的主客体关系互动层面寻求解决对策。有学者认为要树立大榜样教育观，帮助学生建立"榜样库"。②对于独立性、自主性很强的青少年群体，有学者建议注重外界刺激和内在体验；加强心理认同和防止意义障碍；直接榜样与间接榜样相互结合；树立榜样群和系列榜样；选用正面典型，发挥反面典型辅助作用。③对于大学生群体，有学者提出要善于抓住和利用社会资源、社会力量对大学生进行榜样教育；探索建立与大学生家庭联系沟通的机制；高等学校要成为大学生榜样教育的主阵地；父母要为子女做楷模；教师要为人师表；社会是更大的课堂。④

4. 教育后续保障

有学者指出："榜样教育仅仅是遵循一种自我约束原则，而人的自我约束能力是受到很多因素影响的……榜样应该与法律相辅相成，德治与法治相得益彰。"⑤榜样教育要想取得理想的效果，单单诉诸教育对象的道德良知、人之本性和从高处超脱，显然是不充分的甚或是一种危险的"哈耶克忧虑"，而必须求助于制度的保障和约束。⑥

5. 教育方法视角

有学者认为，增强大学生榜样教育的实效性，最为关键的是方法创新，其思路有三：优化榜样的选择宣传机制，创新榜样教育的方式方法，

---

① 韩新路、张茹粉：《试析榜样教育的基本规律》，《理论导刊》2008年第9期。
② 李铁成：《对榜样教育的两点思考》，《教育科学》1989年第4期。
③ 姜晓东：《论榜样教育》，《青年研究》1983年第10期。
④ 李继先：《榜样教育在素质教育中的积极作用》，《职业时空》2007年第3期。
⑤ 王丽荣：《试论毛泽东的榜样教育——从学习雷锋好榜样谈起》，《毛泽东思想研究》2003年第11期。
⑥ 白明亮、姚敏：《幽暗意识与榜样教育》，《南京师范大学学报》（社会科学版）2004年第3期。

以及构建榜样教育良好环境。①

上述学者的诸多研究,从多侧面、多角度对榜样教育的若干理论和实践问题进行了可贵的探索,为笔者进一步开展大学生榜样教育研究打下了很好的基础。但总体而言,尚存如下不足:一是榜样教育理论结合实践的研究相对薄弱,部分研究成果尚处于基础性的理论探讨层面,还需在理论指导、实践解决方面有所深化。二是对榜样教育的整体认知和系统归整研究尚有遗憾,主要是榜样教育的本质、动力、问题、原因及对策等,还缺乏宏观把握。三是提升榜样教育的有效性研究尚待深化,特别是如何调动和引导学习者的积极性,以及激发其情感认知、心理认同和行为效仿等问题上,研究者还有必要加强关注力度。四是榜样教育如何实现传统与现代的对接,如何适应社会转型时期大众不断变化的教育需求,从而实现榜样教育的转型发展问题,还需要更为透彻的研究成果予以回应。五是针对大学生这个特殊群体的榜样教育研究,不是太多,已经出现的一些研究成果比较零散,倾向于经验研究和归纳总结,国内迄今尚无一本研究大学生榜样教育的理论专著,这就为本书的研究提供了大有可为的施展空间。

二 国外研究综述

笔者在1979—2013年的中国期刊全文数据库(含博、硕士论文)以"西方榜样教育""国外榜样教育"为篇名进行检索,结果为"0";以"榜样教育"为篇名进行检索,共有各类文献322篇,其中只有8篇是关涉西方社会学习理论,有1篇是关涉西方人本主义理论。相较于国内研究,国外关于榜样教育的研究可谓少得多。现有的研究成果表明,国外学界对榜样教育的探讨,多侧重于社会学、教育学和心理学等相关领域。虽然国外研究者少有直接阐述大学生榜样教育的研究成果,但他们的相关教育理论和思想,对于本书研究的顺利进行,有着积极的借鉴意义和参考价值。具有代表性的,大概可以分为以下几类:

(一)班杜拉的社会学习理论

国外有关榜样教育研究的代表性成果,应是社会学习理论关于"观察学习"问题的研究。作为该理论代表人物的美国心理学家班杜拉,对

---

① 万美容:《优化与创设——榜样教育创新的方法论视角》,《中国青年研究》2006年第9期。

这一理论的核心——观察学习（又称"替代学习"或"模仿学习"）理论进行了详尽的阐述。他指出："幸运的是，大多数人类行为是通过对榜样的观察而获得的。"[①] 观察学习理论对于大学生榜样教育而言，有着很现实的借鉴意义。在社会学习理论看来，榜样教育的过程可以视为"示范过程"。榜样教育要使教育对象心有所感、心有所向，首先必须得到教育对象的情感认同，即在榜样教育的复杂性、权威性等方面多加权衡，以期达到更好的榜样教育效果。班杜拉将这种接受机制用"观察—模仿"来概括，通过"注意、保持、运动再现和动机"四大过程的综合作用，完成对榜样的模仿与记忆。以其中的"动机过程"为例，在班杜拉的理论中，动机过程是一个激发学习者潜能并维持其行为的过程，同时也是学习者不断强化的过程。在效仿榜样的行为得到正面肯定之后，个人就会自觉调整自身行为，接受榜样所传达的精神和文化，从而完成由模仿榜样行为到崇尚榜样精神的转变过程。

（二）苏霍姆林斯基关于学校榜样教育的思想

在长期的教育教学实践活动中，苏联教育家苏霍姆林斯基就如何做好学校榜样教育积累了许多至今看来仍具有重要借鉴意义的理论认识。一是对榜样人物的教育价值，以及如何利用榜样来开展教育的认识。他认为生动、鲜活、有感染力的榜样形象，能更有效地向学生揭示看似高深的道德思想，激发学生的道德审美情感，并唤起学生对道德理想的崇尚和追求。他主张"以实例说明"榜样，大力号召教师要善于运用诸如"革命英雄"等榜样形象，来吸引和感染学生。二是关于教育者在榜样教育中的独特地位及作用发挥的认识。苏霍姆林斯基认为，教师的形象、人格等具有非常特别的榜样价值，它在学生心中的地位是无可替代的。"无论什么也比不上一位聪明的、智力丰富的、诲人不倦的教师，使学生感到赞叹和具有吸引力，以那样强大的力量激发着他们上进的愿望。"[②] 那么，教师怎样才能成为学生的榜样呢？他指出，"首先是指他的信念的力量，他对科学的热爱，以及他的道德面貌（用自己的智慧、理智和知识为社会主义社会

---

① ［美］A. 班杜拉：《思想和行为的社会基础——社会认知论》（上册），林颖等译，华东师范大学出版社2001年版，第63页。
② ［苏］苏霍姆林斯基：《给教师的建议》（下），杜殿坤编译，教育科学出版社1984年版，第433页。

的崇高理想而服务)","教师要成为学生知识的源泉,就要永远处在一种丰富的、有意义的、多方面的精神生活中"。[①] 正如他强调的,"这里起决定作用的是:学生从我们身上看到是什么样的人"。[②]

(三) G. 塔尔德的"社会模仿论"

法国社会学家 G. 塔尔德是较早对模仿进行研究的国外学者之一,其代表作是《模仿律》一书(1890),此书展示了其社会学理论的核心思想——社会模仿论。塔尔德认为,模仿是最基本的社会关系,不存在任何超越个人心理体验的实体,一切社会过程都是由个人之间的互动构成的。在此基础上,塔尔德提出了"模仿三法则",即:斜坡法则、几何级数发展法则以及先内后外法则。从某种程度而言,塔尔德所指的"模仿",实际上就是指效仿和学习榜样,但这种模仿是先天就有的,是一般"生物意义"上的模仿,而不是通过教育使人产生自愿的认同和效仿过程,因此其理论是存在局限性的。

(四) 凯文·瑞安的"五E"新道德教育模式

"五E"模式是由美国波士顿大学凯文·瑞安(Kevin Ryan)教授总结提出的,它是多元道德教育模式相整合的产物。"五E"分别是指:Example——"榜样",Explanation——"解释",Exportation——"劝诫",Environment——"环境",以及 Experience——"体验"。凯文认为教师应成为优秀道德品质的典范,并要通过课堂教学使历史和现实中的英雄人物对学生产生影响。这一主张从学校思想政治教育的角度对如何开展榜样教育进行了有益阐发,对本书的研究有很强的借鉴意义。

综上,国外学界关于榜样教育的研究,理论性的阐述少,实证性研究多,且更加细化,联系实际问题更为紧密。除了强调人的"天性"就是向榜样学习之外,国外论者还关注榜样对他人的辐射影响,如怎样更好地呈现榜样形象问题,就在其研究的视域之中。但除社会学习理论外,有关榜样教育的研究尚较为零散,系统性、针对性研究比较少见,特别是对大学生群体榜样教育的研究,尚是比较薄弱的研究领域。

[①] [苏] 苏霍姆林斯基:《和青年校长的谈话》,赵玮译,上海教育出版社 1983 年版,第 80 页。

[②] [苏] 苏霍姆林斯基:《给教师的建议》(下),杜殿坤编译,教育科学出版社 1984 年版,第 433 页。

第四节 研究的基本方法、思路与框架

一 研究的基本方法

大学生榜样教育是一个多学科探究的热点问题，并且需要运用多种方法来开展研究。因此，本书坚持马克思主义的认识论立场，以问题意识展开理论研究，结合文献研究、调查研究和比较研究等方法，尝试探索当代中国大学生榜样教育研究的新路径与新模式。

（一）文献研究方法

全面查阅、占有与选题有关的纸质、电子类文献资料，对所获取文献进行整理、归纳，在思考吸收现有研究成果的基础上拟定提纲。在此过程中，注重吸收借鉴与融合创新相结合，逐步完成书稿写作。

（二）调查研究方法

主要运用调查研究的方法，摸清大学生榜样教育的现状，为对策研究奠定基础。问卷调查选取湖北4所不同类型高校的4500名在校大学生作为问卷对象，另召开不同类型高校、不同学科专业的小型座谈会4次，个别访谈20人，来弥补问卷的不足。

（三）比较研究方法

比较研究方法是认识两个或两个以上事物的相同点或相异点的方法，它通过对分析不同事物或相同事物的不同方面的异同点，以达到对事物本质、特征的认识。榜样教育理论依据的完善，也需要同西方的理论在比较中吸收、借鉴。本书对很多问题的阐述实际上就是在比较中进行的，比如有关概念的阐释、不同时期榜样教育的异同等。

（四）理论与实践相结合的研究方法

本书属于思想政治教育基础理论研究范畴，问题的提出是基于对目前大学生榜样教育的现实境遇反思的结果。在对榜样教育的基础理论进行释析的同时，注重更加贴近当代社会和实际生活，通过对实际问题的调查研究，查明原因，寻求解决思路。

二 研究的思路和框架

（一）主要研究思路

本书以"榜样教育"这一核心概念为逻辑起点，以马克思主义榜样

教育理论为指导，以当代中国大学生榜样教育为主线，对当代中国大学生榜样教育的本质、当代中国大学生榜样教育的理论基础、当代中国大学生榜样教育的发展历程与基本经验、当代中国大学生榜样教育存在的主要问题及原因、当代中国大学生榜样教育的现实超越等核心问题进行多视角、多层面的研究分析，力图揭示当代中国大学生榜样教育发展变化的规律，并为当前有效实施大学生榜样教育，更好地培养中国特色社会主义合格建设者和可靠接班人提供理论指导。

（二）基本研究框架

本书分为三个部分。第一部分：绪论（第一章），概要介绍本书研究的由来、研究意义、研究现状和基本的研究方法。第二部分：正文，正文共有五章。第二章：大学生榜样教育的本质。本章按照"榜样—大学生榜样教育"的逻辑线路，对榜样的含义、特征和功能以及大学生榜样教育的含义、本质和特征进行了深入探讨。第三章：大学生榜样教育的理论基础。本章不仅系统地对马克思主义经典作家关于榜样教育的理论进行了阐释，而且以马克思主义榜样教育理论为指导对中国古代榜样教育的理论以及西方榜样教育的理论进行了探讨，夯实了当代中国大学生榜样教育理论基础。第四章：当代中国大学生榜样教育的发展历程与基本经验。本章不仅对当代中国大学生榜样教育的发展历程进行了系统梳理，而且对当代中国大学生榜样教育的基本经验进行了较为全面的总结。第五章：当代中国大学生榜样教育存在的问题与原因分析。本章不仅对当代中国大学生榜样教育存在的主要问题进行全面分析和归纳，而且从主客观两个方面对存在问题的原因进行了较为深入的分析。第六章：当代中国大学生榜样教育的现实超越。本章首先就当代中国大学生榜样选树的原则、标准和方法进行了深入的理论探讨。其次，对当代中国大学生榜样教育的原则、内容和手段创新进行了深入研究。最后，还对有效保障当代中国大学生榜样的基本权益提出了有针对性的对策与建议。第三部分：结论，对全书进行归整，点出主要论点和创新成果，阐明不足及今后需要继续研究与完善的领域。

第五节 研究的重点和创新

一 研究的重点

本书研究的重点在于:

如何在对当代大学生榜样教育进行系统研究的基础上,科学地提出具有可操作性的破解当代大学生榜样教育困境的总体思路和实施方案,使之能对当代中国大学生榜样教育的有效开展提供具有较强针对性的理论指导和实践范式。

二 研究的创新点

(一) 研究视角上有所创新

关于大学生榜样教育,以往的研究视角一直都比较笼统,大多聚焦于泛化的公民群体或者青少年。本书拟围绕当代中国大学生这个特殊群体进行榜样教育研究,力求有所创新。

(二) 研究的系统性上有所创新

基于大学生榜样教育问题研究尚处于经验化、分散化研究状况的现实,本书在系统性和整体性研究上有所突破,构建了大学生榜样教育的理论体系。

(三) 研究内容上有所创新

一是对大学生榜样教育理论基础的扩展和丰富,以往仅把社会学习理论作为阐述榜样教育的理论依据,本书拟从榜样教育这一实践活动实际所涉及的多学科内容出发,探寻、提出并阐述与大学生榜样教育紧密关联的其他诸多理论依据。二是对当代中国大学生榜样教育的现状进行反思,并提出以实效性为出发点和落脚点的大学生榜样教育的体制机制与具体的原则、内容、途径和方法,有些论述是之前研究所没有论及的,如大学生榜样教育要体现时代性、尊重主体性、承认差异性等。

第二章 大学生榜样教育的本质

对当代中国大学生榜样教育进行研究探讨，首先要搞清楚的，就是榜样和榜样教育的若干基本概念问题。对其内涵、特征和功能等进行全面梳理、阐释和辨析，力求把握大学生榜样教育的本质，这是深化研究当代中国大学生榜样教育的基础。

第一节 榜样的内涵、特征和功能

一 榜样的概念

虽然榜样及其事例在我国历史文化中有大量记载，但"榜样"一词在各类典籍中出现并不多见。从单个字来看，"榜，所以辅弓弩"。[1] 即一种矫正公路的工具。"样，栩实"。[2] 即指样式或模式。两者结合，可认为是一种矫枉正曲的范式。"榜样"作为独立词汇最早出自宋代张镃《俯镜亭》诗："唤作大圆盘，波纹从此声。何妨云影杂，榜样自天成"，是"样子""模样"的意思。[3] 到了近现代，榜样一般都带有褒义的色彩。《现代汉语词典》是这样解释"榜样"的："榜样是值得学习的好人或好事。"[4] 在《辞海》中，"榜样是在各个历史时期内产生的同类事物中最突出或最具有代表性的人或事，又称先进典型"。[5] 但这种解释，很难将

---

[1] 《说文解字注》，中州古籍出版社2006年版，第264页。
[2] 同上书，第243页。
[3] 何小忠：《偶像亚文化与青少年榜样教育》，江西人民出版社2007年版，第37页。
[4] 《现代汉语词典》，商务印书馆1990年版，第34页。
[5] 《辞海》，上海辞书出版社2001年版，第999页。

榜样与典型、偶像等相关概念区分开来，因为"单个概念只有在与其相关的概念框架体系内才能获得其准确的意义"。① 因此，有必要辨析和阐释与榜样相关、相近的词语。

相关、相近词语之一是典型。"典型"一词在古代，就是模型和模范的意思。清代的段玉裁解释："以木为之曰模，以竹曰范，以土曰型，引申之为典型。"② 到了近现代，《现代汉语词典》称"典"为"标准"，"型"为"模型"，那么"典型"则指"具有代表性的人或事物"。③ 在大众日常生活中，人们经常无意识地把典型与榜样画等号。但从词性来看，典型属于中性词，可以是正面典型，也可以是反面典型，正面典型根据需要可谓之为榜样并发挥作用。由此看出，典型范围更广，其包含榜样。

相关、相近词语之二是偶像。"偶像"一词在古代，单纯指代一种泥塑木雕的神像。明朝梅膺祚在《字汇元集》里指出："偶，又俑也，像也。木像曰木偶，土像曰土偶。"④ 到了近现代，《辞海》对偶像的解释则是"用土、木、金石等制成的神像、佛像等，引申至盲目崇拜的对象"。⑤ 对比偶像与榜样，前者具理想性、幻想性、文娱性，代表文化特质和时尚追求；后者具现实性、世俗性、替代性，代表阶级意向和主流价值。偶像的影响凸显外在和表面，榜样的影响注重内涵和品质。两者虽有一定的区别，但"不是截然分明的，也不是相互对立的，他们之间存在着一个较大的缓冲区域，且有一定的重叠"。⑥

到了当代，专家学者们则从各自的角度，对榜样的概念进行了不同解读。

彭怀祖等认为，"榜样是在一定历史时期经组织认定，公众舆论认可和公共传媒广泛传播，体现时代精神和人民意愿，代表先进生产力的发展要求，代表先进文化的发展方向，代表最广大人民群众的根本利益，值得

---

① ［德］沃尔夫冈·布列钦卡：《教育科学的基本概念》，华东师范大学出版社2001年版，第15页。
② 《说文解字注》，中州古籍出版社2006年版，第688页。
③ 《现代汉语词典》，商务印书馆1990年版，第34页。
④ 《字汇元集》，《顺和堂》，第19页。
⑤ 《辞海》，上海辞书出版社2001年版，第1585页。
⑥ 岳晓东：《论偶像——榜样教育》，《中国教育学刊》2004年第9期。

公众效仿和学习的先进典型"。①

王书等认为,"榜样,即通常所说的模范、先进典型,其精神感召力、行为带动力和心理共鸣力可引发公众产生尊崇心理,进而效仿和学习"。②

曾钊新则强调榜样的道德特征,"是在道德实践中产生的、具有肯定意义的现实生活中的典型,是能够使人产生美感的崇高形象,是内在的善品和外在的善行的统一,是'诚于中而形于外'的正面人物的风范"。③

曾钊新、眭文龙、王道俊等把榜样看作一种思想政治教育的方法,"榜样又称示范,是引导受教育者学习他人的优良思想、行为和品德的教育方法。"④"榜样是以他人的高尚思想、模范行为和卓越成就来影响学生品德的方法"。⑤

从上述阐述来看,理论界对榜样概念尚无完全一致的科学定义,但有一点却是形成了共识,即榜样是先进的人和事,代表一定阶段社会倡导的主流价值观,值得公众效仿与学习。但这个共识更多强调的是榜样的社会功能,而忽略了社会个体对榜样的自主选择。由此,社会选取的榜样与个体追寻的榜样,因为经济基础、生活阅历、文化层次、职业结构等多种因素的不同,就会不一定完全合拍。这样,榜样的概念就不能从上至下简而话之,而应充分考虑经济社会发展的实际状况,在特定的历史阶段来阐释榜样的内涵。马克思指出:"人们所达到的生产力的综合决定着社会状况。"⑥ 生产力决定生产关系,也决定社会关系与社会制度,而人是里面最重要的要素。不论生产力,还是生产关系,它们与道德的结合也在于人。所以,榜样首先是具体的、历史的社会人;其次才是具有先进时代特征的超越一般人群的个体(群体)。

由此,笔者对榜样做出如下定义:榜样是在一定的历史阶段,凝聚一

---

① 彭怀祖、姜朝晖、成云雷:《榜样论》,人民教育出版社2002年版,第8页。
② 王书、贾安东、曾欣然:《"偶像—榜样"教育的德行心理分析》,《中国青年研究》2006年第9期。
③ 曾钊新:《道德心理论》,中南工业大学出版社1987年版,第145页。
④ 眭文龙、廖时人、朱新春:《教育学》,人民教育出版社1994年版,第407页。
⑤ 王道俊、王汉澜:《教育学》,人民教育出版社1989年版,第399页。
⑥ 《马克思恩格斯选集》第1卷,人民出版社1995年版,第80页。

定历史时期社会与大众共同理想追求的人（物），其所内涵的道德与价值、外显的语言与行为，能对他人产生示范、激励和教化作用。

二 榜样的特征

榜样特征是其内涵的外显，是其区别于他物的显著标志。在概念已然界定的基础上，不难看出榜样具有以下几个特征：

（一）时代性与先进性

按照历史唯物主义观点，不同历史发展时期，个人与群体的特征也是不同的。榜样作为社会发展的产物，其产生、发展都必须受特定时代社会、经济、政治、文化和生态的影响与制约，并表现出那一历史时期的时代特征，即为时代性。榜样的时代性具体表现在两个方面：一是榜样本身具有时代性。榜样作为一定历史时期整个社会与普通大众共同理想追求的承载体，其本身就是包含那个时代各类群体的道德规范和价值取向的现实映照，所以每个时代都有每个时代的榜样及不同的道德标准与价值体系，在他们身上都有鲜明的时代印迹。二是榜样范式具有时代性。榜样范式指榜样自身形象及其作用发挥，因此作为特定时代的产物，榜样范式反映了那个时代人的总体认识水平。由于社会发展的大势是由低到高，人的认识水平也是大致由低到高不断发展的渐进过程，榜样范式亦反映这一大的趋势，正如孙立亚所述："按照人类认识水平的发展，大致可以把榜样形象划分为以下四种：原始神的榜样形象，神化的个体榜样形象，塑造的个体榜样形象和群体榜样形象。"[1] 可以说，时代性是榜样最鲜明的特征之一。

榜样之所以能发挥作用的核心因素之一，就在于榜样顺应了时代进步的潮流，是一个阶级、一个集团、一个群体各种思想、行动前进方向的集中体现，处处体现了先行、先导、先知的意蕴，是谓先进性。榜样的先进性具体表现在三个方面：一是榜样道德具有崇高性。榜样不同于普通的道德主体，包含思想境界、精神风貌与德行修养的道德崇高是其基本要求与内在规定性，一个在道德上难以令人信服的人，就难以唤起普通群体敬仰与尊崇的情感，也不可能成为人们学习的榜样。二是榜样能力具有卓越性。与人的道德紧密相关的是人的能力，能力一定程度上讲，就是道德的

---

[1] 孙立亚：《论榜样教育的时代性》，《中国青年政治学院学报》1991年第6期。

外显与延伸。榜样身上承载与体现的道德规范与价值取向如何获得大众的认可与内化，不仅需要教育，更需要借助榜样自身的能力来实现，这就是内隐与外显的关系，两者缺一不可。可以说，能力卓越与否，直接影响着榜样先进性的外在发挥效果。三是榜样行为具有带动性。榜样发挥作用，归根结底在于榜样的行为，行为作为最直观的人格表现，是榜样所有实践的总称，最具影响力和说服力，它所表现出的带动示范作用，是榜样先进性的最佳注脚。

当然，榜样先进性在不同历史时期，具体要求会有所不同，具体表现也不太一样，这须受其不同时代性的影响与制约，但"根本上在于遵循社会发展的客观规律，始终走在时代潮流的前列，担当起时代赋予的历史任务"。[①]

（二）真实性与理想性

对于榜样而言，真实性与理想性是完全耦合在一起的。

榜样的真实性，在于两个方面：一是榜样是活生生的，有血有肉的现实体现；二是榜样离不开一定社会现实条件的制约，有其历史局限性。如果榜样不具有这两点，榜样也就是空中楼阁，不具有可信性。因此，榜样应该是真实可信的"现实材料"，不能虚构。可以说，榜样的真实性是大众学习者产生信任和仿效的基础，是榜样的"生命力"所在，不容篡改、伪造。同时，人无完人、金无足赤的现实条件下的榜样，也体现出了榜样真实性的另一面，即榜样的多元化与多层次，在当代日益多元的中国，满足不同群体和阶级（阶层）的现实需要，对于我们研究和实践榜样教育，意义重大。正像雷锋同志，就在于他在平凡岗位上实践出的不平凡，这种不平凡就在于日常的真实。

虽然榜样是现实的、具体的、来源于生活的，但榜样的先进性注定了榜样必须高于现实，高于生活，高于一般的具体的人或物。这种差距即为榜样的理想性，没有理想性，就不会有榜样。理想代表着人们的向往与憧憬，也赋予了人们追求与前行的动力。如前所述，榜样所承载的道德规范与价值取向，并不完全是当前大众群体已经做到的，而是引导、带动大众现实的道德取向与行为向榜样靠拢的正能量，它既是现实的，也是理想

---

① 魏兴光、杨香民：《浅议共产党员先进性的基本内涵》，《党史博采》（理论版）2005年第2期。

的,既是可触摸的,又是不太容易可及的。如此之真实性与理想性的距离,需经过持续的主观努力,经过一定时间,一定历练,才可以实现。在日常学习、工作与生活中,榜样的理想性体现在能激发受教育者的道德需要,对其思想、行为产生巨大而深远的影响,使其原有的价值观念、行为模式得以改变、内化和巩固。榜样正是"按照某种超越于现实的道德理想去塑造与培养人,促使人去追求一种理想的精神境界与行为方式,以此实现对现实的否定"。①

(三) 可学性与示范性

榜样作为一定社会历史时期的楷模和典范,其本身具有能激发人们尊崇敬仰的可模仿性。心理学家普遍认为,人的很多思想、行为乃至道德品质、人格特征都可能源于模仿,模仿是人的本能之一,榜样影响力的作用发挥依赖于模仿,人们愿意、能够来模仿榜样的言行举止和内在德行,就在于榜样的可学性。可学性指的就是某人或物具有值得模仿、学习的特质。榜样以直观、生动、真实的形象展示了一定社会历史时期所倡导的主流价值观和行为规范,其可学性是具体、形象的,不是抽象、缥缈的,它是榜样不同于其他教育载体及其方法的根本属性。

其实,可学性与示范性是密不可分的。可学是基础,在此基础上,榜样作用的最大发挥还在于其示范性,即提供某种可供大众学习、借鉴的模式与典范,通俗讲就是为大众提供认知行为的参照样板。参照样板可以为大众不断调节和矫正自身行为,包含积极主动地实践榜样行为,杜绝不良行为等。如此,各类社会群体便学有榜样,赶有目标,便有可能将自身思想道德与日常行为转换到社会的主流轨道上来。在示范性的基础上,还隐含着榜样的推广,这是对示范的延伸,即扩大榜样的影响范围,这对大学生及未成年的青少年群体,意义深远,效果可期。

三 榜样的功能

人们历来重视榜样的功效和作用。关于榜样的功能,普遍认为主要存在以下三大核心功能:

(一) 榜样具有激励功能

激励,通俗地讲,就是激发和鼓励的意思。榜样为什么具有激励功

---

① 鲁洁:《道德教育:一种超越》,《中国教育学刊》1994年第6期。

能，是因为榜样具有先进性与可学性，即值得人们去学习和模仿。关于榜样的激励功能，可分为两个方面：一方面是"行为激励"，即榜样在具体实践中所展示出的行为模式，可让大众通过榜样学习而获得适当的行为模式和社会技巧；另一方面是"精神激励"，即因榜样内含崇高的道德风尚与价值取向，这种人格力量会对大众产生巨大的精神激励。这两方面的激励，可谓是榜样教育的两个重要手段。

激励功能的发挥，需要多个要素的共同作用，其中需要要素和动机要素至为关键，是核心要素。因为榜样激励与普通的行为不同，只有在大众主体对榜样由认知发展到产生需求与动机时，榜样的激励功能才会真正实现。正如胡桂锬所论："榜样对于社会个体具有积极的正向作用，一是可以唤起个体的利他行为，从不愿模仿到愿意模仿，从不愿做好事到愿意做好事；二是激起个体的斗志，从不求上进到积极进取，从遇到困难、逆境悲观失望到化解困难、昂扬斗志。"① 戴锐也认为："人们在榜样所内含的精神的影响下，自觉地产生对榜样的比较、学习、追赶、超越等行为。"②

（二）榜样具有引领功能

引领，也就是引导、疏通、带领、趋向的意思。榜样为什么具有引领功能？这离不开榜样的示范性特征。笔者十分赞成袁文斌的观点："榜样的价值体现在两个方面，一是促人上进，引人向善，给人带来生活目标与方式上的教益，从而指导人的行为。二是传递社会规范及其要求，促使人依照榜样的标准对自身的行为进行调节和规范，也就是榜样使人产生自律效应。"③ 所以，榜样的引领功能就是运用榜样范例，使受教育者的思想和行为符合主流价值观与社会规范所追求的目标，指向性特别鲜明。"榜样能帮助青年确立最初的生活指向……每个青年总会在其人生的道路上，默默地寻找到一个清晰的榜样，唯其如此，他们眼

---

① 胡桂锬：《榜样教育的反思与方法论重构》，《中国建设教育》2007 年第 4 期。
② 戴锐：《榜样教育的有效性与科学化》，《教育研究》2002 年第 8 期。
③ 袁文斌：《当代中国榜样教育研究》，河北师范大学出版社 2010 年博士学位论文，第 42 页。

中迷蒙的世界,才会逐渐袒露出来,才会找寻到生活的指向。"[1] 姜朝晖也认为:"榜样人格体现了社会主义核心价值体系先进性的要求,在和谐文化的构建中发挥着引领导向作用;榜样人格体现了社会主义核心价值体系广泛性的要求,在和谐文化的构建中具有群体效仿效应;榜样人格体现了社会主义核心价值体系主体性的要求,在和谐文化的构建中具有内化自律效应。"[2]

(三) 榜样具有教化功能

教化一般指儒家所提倡的政教风化,通译为教育感化、调整矫正。"教化是道德真正的存在方式。"[3] 榜样作为思想道德教育的重要载体,除具有激励和引领功能外,还对受教育者具有教化作用。个体的人生是一个不断自我进步、自我完善、自我纠偏的过程,榜样的影响力就在于能不断提升受教育者的自我觉察与躬省能力,对照榜样的言行举止,适时做出调整并重构自身。

曾钊新把榜样的教化功能划分为启动、控制、调整、矫正四个方面:"启动,由于范例形象的激励,可以启发,推动人从不愿做好事到主动去找好事做;控制,由于有范例形象作标准,可以使效仿者积极主动地制止自己不符合道德要求的念头和行动;调整,效仿者在做好事的过程中,如果临时出现了外界干扰,吸引着效仿者投入不正当的活动,或者中止正在做的好事时,当想起范例的形象时,就会增强抵制干扰的意志和重新调整自己的行动,坚持做完好事;矫正,即效仿者能以范例为镜子,对照自己,不断地去努力克服缺点,改正错误。"[4] 这四个方面是层次递进的综合体,反映了教化功能发挥作用的内在规律性。

榜样的功能是由榜样的特性决定的。榜样作为先进生产力、先进文化与先进价值的代表,其本身所蕴含的时代性、先进性等特征决定了榜样的上述功能。这些功能在不同的时空环境,在不同的过程阶段,对于不同的

---

[1] 何东平、刘方生:《论新时期的榜样教育》,《安徽教育学院学报》2000年第4期。

[2] 姜朝晖:《论榜样人格在社会主义核心价值体系构建中的功能和作用》,《毛泽东邓小平理论研究》2008年第2期。

[3] 朱爱茹:《当代大学生需要中华民族优秀道德传统的教化》,《职业时空》2006年第21期。

[4] 曾钊新:《道德心理论》,中南工业大学出版社1987年版,第150页。

个体，所发挥的效用也是不同的。这就需要我们在榜样及榜样教育的工作实践当中，进一步做出不懈的努力。

第二节　大学生榜样教育的本质

在对榜样的概念、特征和功能进行梳理后，有必要对其衍生出的榜样教育和大学生榜样教育概念、特点等做进一步的分析，以求把握大学生榜样教育的本质。

一　榜样教育的概念

与前述对榜样概念的界定类似，我国学术界对榜样教育的含义直至目前亦无完整统一的认识。但有一点是可以肯定的，即榜样教育是围绕榜样来开展的教育。"教育"一词是内涵价值取向的"趋向词语"，也就是有目的地教人学好向善。汉代的许慎在《说文解字》中说："教，上所施，下所效"，"育，养子使作善也。"[①] 叶澜在《教育概论》中将两字结合起来，认为"教育""可以理解为是上对下、成人对儿童的一种影响，其目的是使受教育者成善，手段是模仿"。[②] 这都说明，榜样教育作为一种教育形式或手段，其目标指向和作用发挥都是单一的，即激励向好，抑制向坏。

按照上述理解，一些学者尝试从不同的角度对榜样教育概念进行归统。较具代表性的有：一是班华认为："榜样教育是以高尚的思想、模范的行为、优异的成就教育影响受教育者的一种方法。"[③] 二是易莉、徐惠认为："榜样教育（example education）是一种以典范人物的优秀品质去影响人们的思想、感情和行为的教育方法。榜样教育具有形象、具体、生动等特点，能将抽象的道德准则、道德规范通过榜样示范具体化为易于理解、对照和效仿的行为，符合人们的心理特征，在对人们进行思想激励和行为引导方面一直发挥着重要作用。"[④] 三是张茹粉认为："榜样教育是指

[①] 《说文解字注》，中州古籍出版社2006年版，第127页。
[②] 叶澜：《教育概论》，人民教育出版社1991年版，第3页。
[③] 班华：《现代德育论》，安徽人民出版社2000年版，第232页。
[④] 易莉、徐惠：《社会学习理论中的榜样教育》，《江西教育》2006年第2期。

特定的社会组织通过宣传榜样，使作为榜样的行为、方法、思想、品质、成就能够影响他人、感化他人，并期望其积极效仿、主动追逐或主动摒弃某种错误思想、行为，使榜样的效力尽可能发挥到极致（积极作用极大，消极作用极小）的一种教育实践活动，其直接目的是为了拓展和深化榜样的教化功能。"[1]

对照上述学者的阐释，笔者更倾向于张茹粉和易莉、徐惠等对榜样教育概念的解读，即榜样教育须有特定的阶级（阶层）或集团来组织，要根据受教育者身心特点，选择适当的榜样，采取适当的形式来达到教化的目的，榜样教育是一种教育实践活动。鉴于此，本书认为榜样教育是特定的教育者，根据特定的教育目的，结合教育对象的身心特点，通过适当榜样的思想道德、能力水平、行为范式，来鼓励和引导教育对象认同、效仿榜样的精神品质、价值观念和道德人格，努力与榜样平齐甚至超越的一种教育实践活动。在教育实践活动过程中，既包括教育者有目的、有计划、有组织的教育、启发和引导，也包括受教育者对榜样的选择、接受、效仿和内化。从这个角度来说，榜样教育既是教与被教的过程，也是授予和接受的过程。随着人的主体性的不断增强，榜样教育将更加以人为本，更加尊重受教育者的选择和接受这一过程。

相较前文对榜样与典型、偶像等相关、相近词语的辨析，榜样衍生出的榜样教育同样需与相近的典型教育、偶像崇拜作出分析与区分，以利于更加明晰其重点和指向，科学地把握榜样教育的精髓。

一是榜样教育与典型教育。前文已经对榜样和榜样教育及典型的概念做了基本界定，知道榜样是正面的典型，榜样教育是用正面典型来影响和激励他人的一种教育实践活动。而典型教育是"通过典型的人或事迹进行示范教育，提高人们思想认识的一种方法"。[2] 典型教育所运用的典型是有正反面之分的，因此，典型教育就涵盖正面教育和反面教育两个方面。从这个角度上讲，典型教育拥有更广泛的外延。从作用效力来看，榜样教育所依托的榜样具有先进性和权威性，影响深远而持久，而典型教育中典型的选取相对随意，典型的影响力相对不足，作用发挥也易受到时空

---

[1] 张茹粉：《榜样教育的理性诉求》，《河南师范大学学报》（哲学社会科学版）2008年第5期。

[2] 郑永廷：《思想政治教育方法论》，高等教育出版社1999年版，第142页。

的限制。

二是榜样教育与偶像崇拜。如前所述,偶像是中性词,有时甚至是贬义词。偶像教育或偶像崇拜一般特指青少年的心理需求和行为现象。特别是进入新世纪以来,生产力的持续发展,经济政治社会文化生态的迅速发展与变换,网络与新媒体技术的突飞猛进,使人们在思想认识上产生了自我重组与革新,而重组与革新的不同节奏严重影响着还未完全成年的青少年群体,于是偶像崇拜在与榜样教育的博弈中大行其道,所谓的"超级女声""中国好声音""江南STYLE"等成为广大青少年追逐的偶像。其实,榜样教育与偶像崇拜的相同之处正如岳晓东所言:"对偶像或榜样的社会学习和依恋,其中包含了对崇拜对象的心理认同、行为模仿和情感依恋三个要素。"[1] 戴锐认为其不同在于:"这一社会学习和依恋可因青少年对其所崇拜对象的社会认知取向不同而导致两种不同结果:一种是以人物为核心的社会学习和依恋,另一种是以特质为核心的社会学习和依恋。前者在接受影响的过程中表现出直接性模仿、全盘性接受和沉湎式依恋的行为,并易于导致情感迷恋,从而对人的成长带来消极影响。"[2] 除此之外,本书认为榜样教育与偶像崇拜还有如下三点是不同的:首先是目标不同,榜样教育的主要目标在于影响人的正向社会化,即与特定历史时期的思想政治教育目标是一致的;而偶像崇拜的目标因人而异,缺乏明确性和统一性。其次是主体不同,榜样教育由教育者主导,一般是群体行为,有一定的组织性和自觉性;而偶像教育一般属于个体行为,主要是崇拜者与被崇拜者两者之间的活动,具有一定的自发性和盲目性。最后是外在表现不同,榜样教育是显性、公开的,其目标、内容、载体等都十分明确,只是当前更加注意方式方法,"润物细无声"之榜样教育渐受热捧;而偶像崇拜内敛、隐蔽,一般藏于个体的内心与行为中,但狂热的偶像崇拜因其不寻常行为而易引起社会大众的注意,如极端地"追星"等,目前此类行为有增多的趋势。

---

[1] 岳晓东:《青少年偶像崇拜与榜样学习的异同分析》,《青年研究》1999年第7期。

[2] 戴锐:《榜样教育的有效性与科学化》,《教育研究》2002年第8期。

二 大学生榜样教育的本质

相对照于榜样教育的概念阐释，大学生榜样教育则是加了"大学生"这个定语限定词，其字面含义是以大学生为教育对象来开展榜样教育。但为了对大学生榜样教育的本质有更准确的理解和把握，则有必要对"大学生榜样教育"的内涵做进一步的阐释，以求真正深层次把握大学生榜样教育本质。

（一）大学生榜样教育是重要的教育实践活动

教育本义最终依靠教育者的引导和受教育者的建构来完成。大学生榜样教育是重要的教育实践活动，具有两方面内涵：一方面，大学生榜样教育具有十分重要的教育性和非常明确的指向性；另一方面，大学生榜样教育自身就是一种现实的活动。这说明大学生榜样教育是教育者有目的、有计划、有组织的社会活动，而不是随意的个体行为，不仅包括正规的学校教育活动，还包括社会层面的阶级（阶层）或团体围绕适当榜样而开展的一系列教育实践活动。这种教育实践活动受到青睐在于其指向性、教育性和感染性都很强，正如奥多尔·冯塔纳说的："如果我们将教育无异于理解为通过榜样而养成良好习惯的活动，并且旨在努力为毫无依靠的幼树提供一根拐杖，从而使其能在纯净的空气中自由自在地、无忧无虑地成长，那么，我们则接受了非常不错的教育。"[①] 当然，大学生在接受教育的过程中也非被动，而是会充分发挥主观能动性，在学习与模仿中接受榜样精神、言行的感染与激励，使自身思想道德与行为进一步得到激发和强化。

（二）大学生榜样教育是方法论和目标指向的有机体

绝大多数学者从方法论角度出发，都认为榜样教育法是一种十分重要的思想政治教育工作方法，对此笔者也是认同的。但方法作为一个中性词，表征更多的，只是工具层面，而大学生榜样教育作为一种教育实践活动，远不止于此，其指向蕴含着更多的价值内容，带有浓厚的伦理色彩，即明确的目标指向性。因此，我们将榜样教育看成一种学习的途径、思想政治教育的手段，是对运用榜样的力量发挥作用这种方法的理性肯定。大学生处于学校与社会的交接地带，心智正从不完全成熟向成熟阶段转变，

---

① 丁锦宏：《品格教育论》，人民教育出版社2005年版，第55页。

故大学生榜样教育应该更多地强调其目标指向，更好地为其终极目标服务。虽然不同时段、不同阶级（阶层）都会选树不同榜样来实现其目的，但当代中国大学生榜样教育则只能从社会主义初级阶段和无产阶级角度来突出榜样教育的价值指向，即大学生榜样教育到底是为了谁？大学生榜样教育究竟要培养什么人？把这个问题弄清楚了，才能更好地从方法论角度和目标指向性角度来理解大学生榜样教育，从而增强大学生榜样教育的科学性和有效性。

（三）大学生榜样教育是世界观人生观价值观的教育

榜样作为思想政治道德、价值取向和行为规范的承载体，是特定社会或阶级（阶层）对其成员提出思想政治道德期许的具体体现，代表着一定历史时期特定社会的核心价值观。对于大学生榜样教育，虽然教育者采用的形式、方法和手段会是多样的，所展现的榜样形象和力量也会是生动的、具体的，但大学生榜样教育借助于榜样潜移默化的最佳效果，必将是在内容方面千锤百炼，即注重对榜样内蕴精神的提炼和对榜样共性的概括。这些教育内容是对一定社会时期或统治阶级的思想政治道德原则和规范的集中概括，反映了一定时期社会大众的基本价值取向和评判标准，也就是以正面世界观、人生观、价值观为主要内容的社会核心价值观。而进入新的世纪，社会大势、利益格局、阶层变化等都急剧转换，日趋多元化，大学生榜样教育必须通过培育和践行社会主义核心价值观为代表的榜样，来为青年大学生提供正确的世界观、人生观、价值观导向，告诉他们对与错，告诉他们该做什么，不该做什么，该倡导什么以及该摒弃什么。

（四）大学生榜样教育是自我完善与提高的主体性教育

从根本上讲，大学生榜样教育是"以人育人"的教育，是大学生自我完善与提高之"榜样再造"，这个再造过程离不开大学生主观能动性的充分调动与发挥。而主体性教育，是指在尊重个体成长规律的基础上，注重激发教育对象的主体意识，使其在教育过程中充当和发挥教育主体的地位和作用，进而培养自身自主性、能动性和创造性的一种教育理念和模式。无论从教育目标、运行机制、还是内驱动力等来看，主体性教育与大学生榜样教育几乎完全一致。如从大学生榜样教育的运行机制来看，榜样和榜样教育工作者只能起到外部引领作用，大学生自身对榜样行为和思想品质的认同度、接受度和仿效度则会起到更为关键的作用，只有大学生发自内心地认可教育者传递的先进行为和品质，才会自觉启动思想内化进程，将其转化为自身行为和人格品质。因此，大学生榜样教育本质上是自我完善与提高的主体性教育，能否有效激发大学生的主体意识，将会对大学生榜样教育的成效产生直接影响。

三 大学生榜样教育的特点

特点是一事物区别于其他事物的内在规定性的外在表征。虽然前文已经对榜样的特征进行了分析，但大学生榜样教育因载体和受众的特殊，而显示出与其他思想政治教育形式与方法不同的特点。概括地讲，大学生榜样教育具有如下四个方面的特点：

（一）形象真实性

先进价值的传授方式有很多，但形象化的载体还是非榜样莫属。大学生榜样教育因拥有榜样这一活的载体，能够将拟传授的价值、规范通过榜样这一现实具体的人的生活实践展现出来，并在实践中得到检验和发展。因此，榜样的内在秉性决定了榜样的形象必须真实。事实上，榜样的模范言行无一不是在实际生活中发生的，大众也正是在生活中才能切切实实观察到榜样思想行为的先进性，从而引起尊崇、仰慕和仿效心理。同理，大学生亦是如此。特别是在当今时代，信息技术迅猛发展，大学生们获取各类信息与知识的途径非常多，榜样形象失真被发现是很容易的事情。尤其是过于完美的榜样形象在社会现实的"真空"里出现，难免不让学生质疑，他们期待的其实是更多真实的、完整的、具有生活性的榜样。如果他们通过自己的努力去求证有假，"晕轮"效应则会颠覆榜样教育之前的种种努力。所以，大学生榜样教育的形象必须真实，形象真实性是榜样先进性的存在基础和最终实现形式，也是大学生榜样教育延续长久生命力的根本所在。

（二）内容深刻性

虽然榜样教育不同于一般的思想政治教育形式，它将抽象的思想、价值人格化，以具体的现实的人的形式表现出来，使学习者可知、可感、可学，形象感特别强。但形象终归服务于内容，在榜样教育过程中，形象性的榜样载体是吸引学习者的手段，抽象性的榜样价值才是教育之最终指向，教育者通过榜样这一鲜明形象吸引和激励受教育者来仿效与学习，进而引导受教育者认同和内化榜样内蕴的抽象价值而达其终极目标。由此可见，榜样教育的内容十分重要。对于有较高知识积淀的大学生而言，他们一般都有自己的价值判断,对大学生榜样教育内容会有自己的要求,简述之,大学生榜样教育的内容必须具有深刻的思想性。其一,作为榜样的人(事)的思想、人格与行为要具备深刻的教育意义,这一般需要提炼和升华;其二,应着力宣扬、彰显榜样崇高的思想道德品质,坚持不懈的进取精神等终极价值。具体来讲,要重视榜样的行为教育,让榜样,特别是身边榜样的具体行为来影响和感染学生;要重视榜样的养成教育,大力引导学生探访各类榜样的具体成长历程及他们获得成功的前因后果,更多地展示榜样背后曲折与不凡的故事。

(三) 方法多样性

因为榜样是先进价值的优秀代表,加之榜样的形象化特征,从而使榜样教育散发着无穷魅力和诱人光辉。但在具体操作上,必须充分考虑当代大学生思想观念的深刻变化,如独立意识强,个性鲜明,自我判断与自决能力提高等因素。在大学生榜样的教育宣传上,应力求避免采取生硬的灌输,要多运用"润物细无声"的渗透式宣传教育手段。宣传大学生榜样的具体方法,要多采用学生喜闻乐见,符合学生实际的方式方法。开展大学生榜样教育的具体形式,要加大交流、讨论、恳谈、共享共生等方法的运用,提高大学生对榜样的认识,并使之渗透到大学生的精神意识层面,切实指导具体实践行为。在大学生榜样教育的平台搭建上,要积极组织大学生在各类活动实践中感受和体验榜样的精神实质与人格风范,在活动中体悟与成长。

(四) 主体平等性

主体包含教育者和受教育者(大学生)两个主体。强调主体平等性,源于当代大学生自我意识主体化的增强。学生主体化意识增强对大学生榜样教育产生了两大影响:一是部分大学生认为我就是我,没有必要学习别人;二是他们进行自我设计与追寻,找寻自我发展的楷模以发展自身。这样,行政强制性、口号灌输式的榜样教育将很难发挥实际效用,甚至可能引发青年大学生的逆反心理。所以,大学生榜样教育必须充分重视教育过程中教育者与大学生个体双方的平等性,以人为本,更加尊重大学生的主体性。更加尊重大学生的主体性,首先是要尊重大学生作为受教育者应该具有自主选择榜样的权利,"长期以来,学生在榜样教育中处于被动地位,往往被作为纯粹的客体来看待。学谁、学什么,往往都是教育者说了算。这样一来,榜样教育就难以适应学生个体本身的个性需要,榜样教育也就成了没有教育对象的教育"。① 其次，教育者要及时了解、分析大学生对榜样教育的反馈信息，并以此为参考，不断加强和改进榜样教育的各项后续工作，确保教育实效的不断提升。再次，教育者作为平等的另一主体，主要是教师和榜样本身，也必须主动地、不断地提高自身修养，使学习者时时"人相对照""感同身受"，为受教育者做好表率。

---

① 朱明山：《高校榜样教育效应弱化的原因分析及对策》，《安徽农业大学学报》（社会科学版）2006年第11期。

第三章 大学生榜样教育的理论基础

理论基础是榜样教育存在和发展的内在依据，是榜样教育研究与实践的指导原则。大学生榜样教育作为历史的、为人的、发展的客观性社会实践活动，是传统教育思想和价值观念的传承，是个体心理活动和行为习得的需要，是时代进步和社会发展的催生。榜样教育是形象的、具体的先进人物传递社会道德规范和高尚行为的身教示范过程，是个体与社会相互作用的产物。其价值导向、内容过程和方式方法要立足于大学生群体的人格、需要和心理发展特点，并受当时的经济基础和社会条件的制约。哲学、心理学、教育学和社会学等相关学科均为大学生榜样教育提供了深具价值的理论参照，其中最核心的，是发展中的马克思主义理论为大学生榜样教育提供了科学正确的指导；中国古代先贤相关教育理论，为大学生榜样教育奠定了良好的基础；国外相关社会学、心理学理论，为大学生榜样教育提供了有益的补充。

第一节 马克思主义榜样教育相关理论

榜样教育的思想内核是马克思主义科学理论的重要组成部分之一。马克思、恩格斯、列宁等马克思主义经典作家都对榜样教育进行过精辟论述，充分肯定了榜样的思想引领和行为示范的社会效用。中国共产党历代领导人在无产阶级革命运动和社会主义现代化建设过程中，也结合中国的现实国情，创造性地发展和实践了马克思主义榜样教育思想，为当代中国大学生榜样教育提供了科学的理论基础。

一 价值理论

人类的所有思想、情感、意志和行为均以一定的利益或价值追求为原动力，不同的价值思维和价值取向会对个体的思想和行为产生巨大的影响。价值是人类赖以生存与持续发展的动力源泉，人的一切活动都可归结为价值的生产与消费过程，价值运动是一切社会运动的核心内容。榜样教育可谓一种形象、具体的价值教育，始终需以高尚的价值理论为指导。榜样的价值主要体现为榜样代表着先进、美好、崇高的价值取向，具有引导、激励、示范的效用，以无形、无穷的力量促进学习者树立正确的价值观念和崇高的人生理想，引导个体积极融入社会和实现人生梦想。不同历史时期的伟大的马克思主义者对榜样教育的价值内涵进行了深入的阐述，鲜明地指出了榜样的人格特质和重要价值，为开展大学生榜样教育提供了理论参照和价值导向。

马克思、恩格斯较为系统地论证了榜样教育的价值，为榜样教育的科学研究与付诸实践提供了可靠的理论基石。马克思深刻揭示了人的本质属性和主体地位，倡导尊重人类自身的主体性、能动性和创造性，以人的全面、自由发展为榜样教育的价值导向。并在当时的社会背景下，马克思、恩格斯大力号召无产阶级的革命斗争运动，充分肯定了无产阶级领袖的榜样示范作用，指出革命领袖的内在感召力有助于提升榜样教育的效率，即"无产阶级政党的领袖的威望不是靠权力支撑的，也不是靠自吹自擂说大话来达到的，而是因为他思想先进、行为正确、意志坚定，能够带领无产阶级争取解放斗争的胜利，受到人们心悦诚服的拥护和支持形成的"。[①]马克思、恩格斯又进一步指出领袖人物发挥榜样作用的基础在于密切联系群众，要求领袖人物与人民群众建立广泛的情感联系。列宁则创造性地丰富和发展了榜样教育理论。在资本主义向社会主义过渡时期，列宁充分肯定了榜样的价值，他指出，"在无产阶级夺取政权以后，榜样的力量第一次有可能产生广大影响，应该成为而且一定会成为'辅导者、教师和促进者'"。[②]并强调树立社会主义榜样，以大力弘扬社会主义的思想，传递

[①] 李爱华：《论马克思恩格斯进行思想理论教育的基本经验》，《思想理论教育》2009年第11期。

[②] 《列宁选集》第3卷，人民出版社1995年版，第513页。

社会主义的主流价值观。

在中国社会主义建设的各个历史时期,我们党的历代领导人都充分肯定了榜样的巨大作用,并结合时代背景,指出了榜样教育所蕴含的价值取向。1950年9月,中央人民政府政务院在北京召开了全国战斗英雄代表大会和全国工农兵劳动模范代表大会,毛泽东高度赞誉榜样"是全中华民族的模范人物,是推动各方面人民事业胜利前进的骨干,是人民政府的可靠支柱和人民政府联系广大群众的桥梁"。[①] 并针对榜样在革命战争年代和社会主义建设初期发挥的巨大社会功效,毛泽东要求榜样教育改变过去的过分政治教化,以社会主义建设者和接班人为目标导向,注重榜样的道德教化功能,主张树立多样化、多层次的先进人物为榜样,进一步丰富榜样教育的内容。毛泽东非常重视榜样的价值引领,高度赞扬了"全心全意为人民服务"的雷锋,亲切接见了"铁人"王进喜等,号召全国人民向他们学习。在改革开放和社会主义现代化建设过程中,邓小平强调:"用干得早的和干得好的示范效应带动其他人和地区跟上来,带动大家一起领会和接受党的各项方针和政策。"[②] 在《中共中央关于社会主义精神文明建设指导方针的决议》中明确提出:"社会主义精神文明建设的根本任务,是适应社会主义现代化建设的需要,培育有理想、有道德、有文化、有纪律的社会主义公民,提高整个中华民族的思想道德素质和科学文化素质。"[③] 以培养"四有"新人为榜样教育的目标。面对深化改革和世纪之交的新形势,江泽民指出,"劳动模范和先进工作者是我国工人阶级的优秀代表,是改革和建设的排头兵",[④] 并把"三个代表"重要思想作为榜样教育的基本价值导向。进入新的世纪,胡锦涛依据中国国情,提出并实践科学发展观,要求榜样教育要突出以人为本的原则,做到尊重人、理解人、关心人。他在党的十七大报告中明确提出:"要全面贯彻党的教育方针,坚持育人为本、德育为先,实施素质教育,提高教育现代化水

---

① 《毛泽东选集》第5卷,人民出版社1977年版,第30页。

② 刘建军:《中国共产党思想政治教育的理论与实践》,中国人民大学出版社2008年版,第15页。

③ 《中共中央关于社会主义精神文明建设指导方针的决议》,人民出版社1986年版,第5页。

④ 中共中央宣传部编:《毛泽东邓小平江泽民论思想政治工作》,学习出版社2000年版,第206页。

平，培养德智体美全面发展的社会主义建设者和接班人"。①"要在搞好示范引导上下功夫，牢记身教重于言教的道理，以广大党员干部的模范行动影响和带动群众，重视运用群众中涌现出来的先进人物教育群众，使群众学有榜样、赶有目标，增强群众工作亲和力和感染力"。②

党的十八大以来，中国全面深化改革，为实现中华民族伟大复兴的中国梦，习近平十分重视榜样的作用，他要求："全国各族人民都要向劳模学习，以劳模为榜样，发挥只争朝夕的奋斗精神，共同投身实现中华民族伟大复兴的宏伟事业"。③并指出劳模精神的内涵是"爱岗敬业、争创一流、艰苦奋斗、勇于创新、淡泊名利、甘于奉献"。④习近平个人率先垂范，视县委书记的榜样——焦裕禄为自己的人生榜样，他说："我们这一代人都深受焦裕禄精神的影响，是在焦裕禄事迹教育下成长的。我后来无论是上山下乡、上大学、参军入伍，还是做领导工作，焦裕禄同志的形象一直在我心中。"⑤他还说："我之所以选择兰考作为联系点，一个重要考虑就是因为兰考是焦裕禄同志工作和生活过的地方，是焦裕禄精神的发源地。我希望通过学习焦裕禄精神，为推进党和人民事业发展、实现中华民族伟大复兴的中国梦提供强大正能量"。⑥对于党员干部，习近平强调："广大党的干部，作为从工农群众成长起来的领导核心，肩负着团结带领广大人民群众全面建成小康社会、实现中华民族伟大复兴的中国梦的神圣职责和光荣使命。因此，领导干部更加需要带头发扬劳模精神，带头践行

---

① 胡锦涛：《高举中国特色社会主义伟大旗帜为夺取全面建设小康社会新胜利而奋斗——在中国共产党第十七次全国代表大会上的报告》，《人民日报》2007年10月25日。

② 胡锦涛：《深入贯彻落实党的十七届五中全会精神不断开创中国特色社会主义事业新局面——在中国共产党第十七届中央委员会第五次全体会议上的讲话》，《人民日报》2010年10月19日。

③ 习近平：《在同全国劳动模范代表座谈时的讲话》，《人民日报》2013年4月29日。

④ 同上。

⑤ 《大力学习弘扬焦裕禄精神——习近平总书记在河南兰考调研指导党的群众路线教育实践活动纪实》，《人民日报》2014年3月19日。

⑥ 同上。

劳模精神"。① 对于青年群体，习近平要求："青年模范人物是广大青少年学习的榜样，肩负着更多社会责任和公众期望，在青少年中乃至全社会都有着很强的示范带动作用。希望青年模范们再接再厉、严于律己、锐意进取，用自身的成长历程、精神追求、模范行动为广大青少年作好表率"。② 新时期，榜样教育以社会主义核心价值观为引领，注重道德教育与价值引领。习近平 2014 年 5 月 4 日在北京大学师生座谈会上的讲话中就指出："我为什么要对青年讲讲社会主义核心价值观这个问题？是因为青年的价值取向决定了未来整个社会的价值取向，而青年又处在价值观形成和确立的时期，抓好这一时期的价值观养成十分重要。这就像穿衣服扣扣子一样，如果第一粒扣子扣错了，剩余的扣子都会扣错。人生的扣子从一开始就要扣好。'凿井者，起于三寸之坎，以就万仞之深。'青年要从现在做起、从自己做起，使社会主义核心价值观成为自己的基本遵循，并身体力行大力将其推广到全社会去"。③

不同历史时期，涌现出了一批又一批值得大学生学习的优秀榜样，如社会主义建设时期的罗盛教、黄继光、王进喜、耿长锁、雷锋，20 世纪 80 年代以后荣获"富于理想勇于献身的优秀大学生"称号的张华以及近年来的"感动中国"和"大学生年度人物"获得者等，为大学生榜样教育提供了典型的范例。马克思主义理论和中国共产党历代领导人的精辟论述深刻揭示了社会主义各个阶段榜样精神的价值意义，并明确指出各个建设时期榜样教育的价值内涵，为大学生榜样教育的后续开展赋予了思想启发和价值引导。

二　差异理论

个体是社会的存在物，不可能脱离社会而单独存在；而人又是现实的、具体的、历史的人，具有自主性和差异性。"现实的人"是马克思关于人的发展学说的理论基点，即不同历史时期和条件下，在生产关系中处

---

① 习近平：《在同全国劳动模范代表座谈时的讲话》，《人民日报》2013 年 4 月 29 日。
② 习近平：《在同各界优秀青年代表座谈时的讲话》，《人民日报》2013 年 5 月 5 日。
③ 习近平：《青年要自觉践行社会主义核心价值观——在北京大学师生座谈会上的讲话》，《人民日报》2014 年 5 月 5 日。

第三章 大学生榜样教育的理论基础

于不同地位的群体和个人。现实的人由于处于特定的现实社会关系之中，始终受现实生产力和生产关系的制约，因此人的本质具有现实性和差异性。人的现实本质的差异决定了人的多样性和人的思想道德水平的多层次性。[1] "现实的人"的科学论断，说明了人在思想道德水平和道德倾向上，是存在差异的，且差异集中表现为个体思想道德发展的不平衡性。差异理论为榜样存在的价值基础，也是促使大学生榜样教育成为可能的前提条件。

人的思想道德水平和思想道德倾向的差异性，表现为个体思想道德发展内在需求的多样性。多样性与统一性是相对存在的，个体思想道德发展需求的多样性是普遍客观存在，但其以统一性为前提，并最终也要回归到能够凝练、包容个体差异的统一性上来。社会主义核心价值观是榜样教育的共同目标，但不同阶段、不同的人群具有不同的价值取向和精神认同，因此榜样不可能是千篇一律、千人一面的，应针对不同层次的人群，树立不同层面的榜样，满足思想道德发展需求的多样性。中国共产党在延安时期以"行行出模范、业业有典型"的宗旨树立榜样，做到了先进性与广泛性的有机统一。邓小平说："我们在鼓励帮助每个人勤奋努力的同时，仍然不能不承认各个人在成长过程中所表现出来的才能和品德的差异，并且按照这种差异给以区别对待，尽可能使每个人按不同的条件向社会主义和共产主义的总目标前进。"[2] 即榜样教育在社会主义和共产主义总目标的指引下，允许、尊重个体差异的存在，结合当时的时代特色，针对社会各种群体分阶段、多层次地提出不同的要求。江泽民也强调榜样教育要突出针对性，应结合时代特征，树立多层次、多样化的榜样，正如他在《大力发扬艰苦奋斗的精神》讲话中指出："除了我们党的历史上许许多多英雄人物以外，在新时期、新的历史条件下，又涌现了一大批英雄模范人物，比如孔繁森、徐虎、李素丽，还有军队的李国安等。"[3] 马克思和恩格斯在《德意志意识形态》里指出："人创造环境，同时环境也创造

---

[1] 杨婷：《榜样教育的马克思主义人学透视》，《河南师范大学学报》2010年第1期。

[2] 《邓小平文选》第2卷，人民出版社1994年版，第106页。

[3] 中共中央宣传部编：《毛泽东邓小平江泽民论思想政治工作》，学习出版社2000年版，第207页。

人。"① 榜样人物须与当时的社会环境相匹配。榜样本身具有多样性和包容性，应是不同时代、不同岗位、不同行业的先进代表，契合了时代的主流价值取向，彰显了岗位、行业的品质要求，共同体现了社会主义社会的主流道德规范与价值观念。

不同个体的差异性，主要表现为个体之间思想道德发展水平的不平衡性。这种不平衡性是普遍而客观存在的，亦成为榜样教育开展的基础和前提。榜样作为群众中的先进代表和优秀分子，多处于道德发展水平的较高阶段，代表着一定社会的核心价值观，集中反映的是高尚的道德、优良的品质、卓越的才华、突出的业绩、感人的经历。以榜样为奋斗标杆，启迪、激发自我，积极进取，对整个社会的持续发展、个人的追求进步具有重要的促进作用。列宁非常重视为社会主义建设服务的专家和广大教师的榜样作用，在政治上强调："应当把我国人民教师提高到从未有过的，在资产阶级社会里没有也不可能有的崇高地位"，② "必须像爱护眼珠那样爱护一切真诚工作的、精通和热爱本行业的专家，而绝不应该歧视他们。"③ 邓小平倡导向榜样学习："在党的领导和工会的帮助下，全国各民族、各地区、各工业部门的职工群众中都涌现了一批劳动模范和革命骨干，他们至今还是我们学习的榜样和团结的核心。"④ 党的十八大提出了建设学习型的马克思主义执政党的重大任务，习近平要求党员干部："把学习型放在第一位，是因为学习是前提，学习好才能服务好，学习好才有可能进行创新。"⑤

通过榜样教育，促使个体向不同阶段、不同行业的知识丰富、素质较高、思想先进的榜样学习，从而鼓舞自身思想道德水平的不断提升，是大学生思想政治教育的重要路径。大学生榜样教育的开展必须遵循大学生思想品质形成规律和成长发展规律，注重主体间的差异，多样化、多层次、多类别开展形式多样、内容丰富的榜样教育活动。

---

① 《马克思恩格斯全集》第3卷，人民出版社1960年版，第43页。
② 《列宁选集》第4卷，人民出版社1995年版，第678页。
③ 顾海良：《马克思主义发展史》，中国人民大学出版社2006年版，第292页。
④ 《邓小平文选》第2卷，人民出版社1994年版，第134页。
⑤ 习近平：《在中央党校建校80周年庆祝大会暨2013年春季学期开学典礼上的讲话》，《人民日报》2013年3月3日。

三 矛盾理论

矛盾论是马克思主义唯物辩证法的根本观点。矛盾即对立统一规律，指事物内部和事物之间对立着的两个方面既相互依赖又相互排斥的关系，它是事物发展的源泉和动力。矛盾是普遍存在的，是一切事物所固有的，并不以人们的主观意志为转移，具有普遍性、客观性、多样性和不平衡性的特点。马克思主义矛盾论是榜样教育的理论基础，为开展榜样教育活动提供了方法论指导。个体之间发展的不平衡性，即存在先进与落后的矛盾，是开展榜样教育的客观前提，先进带动后进是实施榜样教育的良好结果；个体发展的能动性和多样性，即存在外部与内部、个性与共性的双重矛盾，要求榜样教育过程中注重方式方法，提高榜样教育的效率。

个体之间永恒地存在着先进和落后矛盾，两者之间的客观存在及其相互转化，催生了促使个体和社会不断向前发展的动力源泉。榜样教育正是先进带动落后，实现共同发展的重要途径。马克思在《共产党宣言》中指出："在实践方面，共产党人是各国工人政党中最坚决的、始终起推动作用的部分；在理论方面，他们胜过其余无产阶级群众的地方在于他们了解无产阶级运动的条件、进程和一般结果。"[①] 这充分肯定了共产党具有带动落后、推动历史前进的榜样作用。1956年，刘少奇在全国先进生产者代表会议上指出："在任何时代，在任何生产部门中，总是有少数比较先进的生产者，创造着比较先进的生产定额。随后，就有愈来愈多的生产者学会了他们的技术，达到了他们的定额，直至最后，原来是少数先进分子的生产水平就成为全社会的生产水平，社会生产就提高了。"[②] 先进与落后的矛盾是不断产生的，只有承认其客观存在，并不断发挥先进的榜样作用解决这对矛盾，才能推动个体和社会不断向前发展。

先进带动后进的榜样效应，被邓小平创造性地运用在其共同富裕的理论和实践中。他指出，社会主义的根本目标是实现共同富裕，但现阶段平均发展又是不可能的。因此"要允许一部分地区、一部分企业、一部分工人农民，由于辛勤努力成绩大而收入先多一些，生活先好起来……一部分人生活先好起来，就必然产生极大的示范力量，影响左邻右舍，带动其

---

① 马克思、恩格斯：《共产党宣言》，中央编译出版社2005年版，第38页。
② 《全国先进生产者代表会议主要文件》，中国工人出版社1956年版，第2页。

他地区、其他单位的人们向他们学习。这样，就会使整个国民经济不断地波浪式地向前发展，使全国各族人民都能比较快地富裕起来"。① 以先富带动后富的作用机制正好映照出了榜样教育的内在原理，充分证实了在榜样的示范引领下，落后可转化为先进。

矛盾是普遍存在的，并具有多样性。榜样教育在开展过程中存在外部与内部、个性与共性等多重矛盾，这些矛盾的存在既推动榜样教育的实现，也是影响榜样教育实施效果的重要因素。榜样在某种程度上是外在条件刺激下引起的个体内在的心理反应和行为改变，其效果主要体现在个体学习者自我的提高上。所以邓小平强调："宣传好的典型时，一定要讲清楚他们是在什么条件下，怎样根据自己的情况搞起来的，不能把他们说得什么都好，什么问题都解决了，更不能要求别人生搬硬套。"② 增强榜样的外在吸引力和尊重学习者内在的主动性是提高榜样教育效率的重要因素。同时，榜样教育过程中也伴随个性和共性的矛盾，榜样本身就是社会主流价值和个人魅力的缩影。伟大的马克思主义者们尤为注重榜样教育的个性和共性矛盾，既充分强调社会共同的道德规范和精神力量，又尊重人的本性需要，倾力塑造榜样人格价值的形象性，创造性地发挥教育者、教育对象、榜样的主体作用，最终又以追求群体的共同性为目标。诸多大学生榜样人物，如张华、张海迪、徐本禹等均为平凡工作岗位上的普通一员，但其精神实质却是社会主义核心价值观的集中体现。

四 实践理论

实践是马克思主义哲学的核心观念，指人们能动的变革和探索现实世界的客观物质活动，为主观付诸客观的过程。实践过程具有能动性、现实性和历史性特征。实践性作为榜样教育的根本属性，主要体现为：榜样形象必须来源于具体的实践，榜样教育是实践化的教育过程，其功能和效果也主要在实践中得以体现。离开实践，榜样教育将是空洞的、神秘的、虚无的。

榜样形象不是凭空捏造的，而是来源于实践。人是社会化和实践化的产物，榜样人物作为社会中的先进代表，是现实的、具体的，不是空洞

---

① 《邓小平文选》第 2 卷，人民出版社 1994 年版，第 152 页。
② 同上书，第 316 页。

的、高不可攀的。毛泽东在中国把马克思主义理论实践化的过程中，提出了"从群众中来到群众中去"的著名论断。一定程度上也说明榜样是从普通群众中产生和成长起来的，其本身就是人民群众中的普通一员，是在与广大群众共同革命建设和并肩战斗中锻炼起来的优秀分子，与人民群众具有天然的情感联系，而且榜样效用的发挥最终也要回到人民群众当中去。邓小平指出："职工群众中涌现出一批劳动模范和革命骨干，他们至今还是我们学习的榜样和团结的核心。"① 江泽民强调："全国劳动模范和先进工作者，是亿万劳动群众的杰出代表。"② 榜样形象来源于人民群众，具有实践性的特征。

榜样教育是实践化的过程。实践的本质是指人能动地改造客观世界的对象性活动。榜样教育理论来源于实践，并指导实践的开展，其本身也是实践化的过程，实践性是各个时期开展榜样教育的基本立足点，是榜样教育持续发展的生命力所在。马克思非常注重实践的价值，坚信"哲学家们只是用不同的方式解释世界，问题在于改变世界"。③ 他在《关于费尔巴哈的提纲》中深刻指出："全部社会生活在本质上是实践的，凡是把理论引向神秘主义的神秘东西，都能在人的实践中以及对这个实践的理解中得到合理的解决。"④ 榜样价值不仅在于引起学习者心理活动和道德水平的变化，而且重点在于引导思想向行为的转化和社会的进步。因此，榜样教育要取得良好的效果，注重榜样自身的吸引力、感召力是前提，加强情感上的沟通、引起人们的情感共鸣是过程，而结合具体时间效仿、运用和探索才是根本。邓小平强调，"教育一定要联系实际"⑤，并指出，我们当前以及今后相当长一个历史时期的主要任务是现代化建设。榜样教育应以当前党的中心任务和方针、政策为指导，投身到社会主义现代化建设的实践中去。榜样教育的目的是指导受教育者思想和行为实践。因此，对大学生进行榜样教育，不仅要使学生认识到榜样人物的思想和行为，领悟榜样人物的精神实质，更重要的是要引导他们把学习榜样的精神落实到实际行

---

① 《邓小平文选》第2卷，人民出版社1994年版，第134页。
② 江泽民：《在全国劳动模范和先进工作者表彰大会上的讲话》，《人民日报》2000年4月30日。
③ 《马克思恩格斯选集》第1卷，人民出版社1995年版，第57页。
④ 同上书，第56页。
⑤ 《邓小平文选》第3卷，人民出版社1993年版，第144页。

动中，实现由知到行的根本转变。并在自我行为实践过程中，进一步体验榜样的精神内涵，在心理上形成情感对话和意志考验，促进个体把对榜样言行的学习模仿逐渐转化成自己的行为习惯。

理论来源于实践，并在实践中受到检验和发展，榜样教育的实践特性符合马克思主义基本原理。因而，大学生榜样教育要以实践理论为指导，从实践中来到实践中去，既使选树的榜样人物贴近实践生活，又促使广大学生把榜样行为踊跃付诸实践，达成不断发展和提升自我之"目的"。

第二节 中国古代榜样教育相关理论

榜样教育在我国源远流长，中华远古文明是其理论源头。我国古代的很多思想家、哲学家、教育家早就认识到榜样教育的重大意义，孔子、老子、孟子、庄子、荀子等一众先哲的教育思想中，均闪现出了诸多关于榜样教育的睿智见解和精辟论述，充分肯定了榜样的对照、矫正、激励和示范效用。关于榜样的选树培育方面，着实构建了一系列的精神象征和道德符号，比如儒家以"道德型"理想人格为榜样，崇尚圣人、君子；墨家以"功利型"理想人格为榜样，尊崇"贤士"；法家以"实力型"理想人格为榜样，推崇"耿介之士"。[①] 关于榜样的教育方法，先哲们提出了"以身作则、言传身教、上行下效"等诸多路径，倡导外学与内省的结合，有效提高了思想道德教育的效率与水平。可以说，中国古代优秀的传统文化精髓和思想道德内涵，为当代大学生榜样教育的更好开展，奠定了厚重的、独具特色的文化底蕴与有效指导。

一　身教重于言教理论

榜样教育实质是鲜活、生动、具体的形象教育，是榜样人物高尚思想道德浸润的潜移默化的过程。身教重于言教理论旨在倡导教育者改变单纯说教和知识传授，注重以身作则，极大丰富了思想道德教育的方式方法，并明确强调在受教育者思想道德培养过程中，榜样的思想道德实践或教育者自身能否率先垂范，直接关乎榜样教育的效果。古代的先哲们均对统治

[①] 邢贵红：《新时期榜样教育研究》，广西师范大学2009年硕士学位论文，第10—12页。

第三章　大学生榜样教育的理论基础

者、教育者、师长的身教示范进行了详细阐释。

孔子系统阐释了榜样教育理论。"巍巍乎，舜、禹之有天下也，而不与焉！"①，"甚矣，吾衰也！久矣吾不能梦见周公！"②，孔子常以先人为效仿榜样，认为"不践迹，也不入于室"③，若不追寻先人的脚步走，学问道德也难以进步，充分肯定了模仿榜样的作用。孔子明确提出身教重于言教，"其身正，不令而行；其身不正，虽令不从"④，若要正人，必先正己；并告诫统治者："政者，正也。子帅以正，孰敢不正"⑤，又谓"苟正其身矣，于从政乎何有？不能正其身，如正人何"⑥，充分强调权威人物的身教作用。关于上行下效，孔子认为："上好礼，则民莫敢不敬；上好义，则民莫敢不服；上好信，则民莫敢不用情。夫如是，则四方之民极负其子而至焉"⑦，"君子之德风，小人之德草，草上之风必偃"⑧，即百姓的德行是受君子影响的，正如随风俯仰的小草一般。因此，统治者若想治理好国家，培养顺民，需以身作则提高思想道德修养，给老百姓以良好的身教示范。

孟子、荀子在孔子的思想基础上，进一步强化了身教示范的重要意义。孟子认为，"君仁，莫不仁；君义，莫不义。一正君而国定矣"，⑨统治者具有正向的榜样示范作用，"其身正，而天下归之"⑩，即为政者要"身正"，百姓才会拥护；"身不行道，不行于妻子"⑪，即自己若不按道行事，连自己的妻子、儿女也难于实行。孟子对教育者明确指出"教者必以正"⑫，与后来古代教育家王夫之提倡的"忘言之教"异曲同工，即强调教育者要以身作则，身教示范。关于身教与言教的重要性，孟子指

---

① 《论语》，辽宁民族出版社1996年版，第87页。
② 同上书，第69页。
③ 同上书，第122页。
④ 同上书，第142页。
⑤ 同上书，第135页。
⑥ 同上书，第144页。
⑦ 同上书，第141页。
⑧ 同上书，第136页。
⑨ 《孟子》，岳麓书社2000年版，第131页。
⑩ 同上书，第119页。
⑪ 同上书，第248页。
⑫ 同上书，第129页。

出:"仁言不如仁声之入人深也"。① 通过仁言（即仁厚的言语教人）与仁声（即仁义的行动教人）的相比,"仁德"的作用更为深远、持久,即身教重于言教。荀子从人的本性出发,强调环境影响和后天习染,尤为重视身教示范与上行下效,所谓"上宣明则下治辨矣,上端诚则下愿悫矣,上公正则下易直矣"②,"君者仪也,民者景也,仪正而景正；君者槃也,民者水也,槃圆而水圆"。③ 强调君王自身端正才是民德归厚的前提条件。

老子和庄子作为道家学派的代表人物,也尤为推崇"身教"思想。老子提倡运用"行不言之教"④的方法教化臣民,要求教育者以自身的日常言行作为受教育者的学习典范,通过身体力行为受教育者提供行为示范,起到"身教"的良好教育效果。庄子进一步阐述了老子的主张,认为:"古之君人者,以得为在民,以失为在己；以正为在民,以枉为在己。故一形有失其形者,退而自责。"⑤ 古代高尚道德情操的国君常以身作则,用自己的言行去影响子民,以自身的践行来教化百姓；他们先用高尚的思想道德标准严格要求自己,进而确立引领社会思想道德风尚的标杆,用自身行为标准感化和治理子民。

二 自省修身慎独理论

教育是外在条件刺激和环境感化下的自我教育,是自发生成的过程,是外学与内省的结合。榜样教育是以外在的人物形象为示范和感召,引起受教育者内在的心理和行为变化,其落脚点和社会功效在于启发个体自我教育的自觉性,使外在的思想道德规范内化为自律要求。自省修身慎独理论侧重教育对象的内在自我教化,是外在理想人格激励和个体内在思想道德与行为改进的中间媒介与转化机制。一般可分为自省、修身和慎独三个环节,相互间环环相扣、依次推进,形成了较为完整的理论体系。

自省为先导。孔子提倡"吾日三省吾身"⑥。"省"即指自省,强调主体自我对照榜样的反省和反思,是开展自我教育的前提条件。以孔子为

---

① 《孟子》,岳麓书社2000年版,第229页。
② 《荀子》,辽宁教育出版社1997年版,第8页。
③ 同上书,第55页。
④ 《道德经》,江苏古籍出版社2001年版,第5页。
⑤ 《庄子》,中国社会科学出版社2004年版,第301页。
⑥ 《论语》,辽宁民族出版社1996年版,第3页。

代表的传统儒家学说最为系统地论述了自省的重要意义,孔子倡导个人的"内圣",注重个体自我的塑造和内化,自察自律,使之合乎礼仪规范。并在对其弟子的教育中,要求"见贤思齐焉,见不贤而内自省也"。① 即以圣贤为榜样,对照反省自己,在实践中努力达到贤者之境。孟子充分证实了普通人可通过自省实现理想的人格的可行性,认为:"舜,人也;我,亦人也。舜为法于天下,可传于后世,我由未免为乡人也,是则可忧也。忧之如何?如舜而已矣。"② 以榜样人格为对照,通过反省自我逐步促进主体行为的改进。

修身为主体。自省的目标指向是修身,即主体的健全人格塑造和端正行为之形成,为榜样教育的作用方向和着力点。儒家学者讲求"修身、力行",突出自我修身不仅是自我安身立命的基础,也是实现齐家、治国、平天下的有效途径。孔子倡导"修己以敬……修己以安人……修己以安百姓"③;孟子主张"君子之守,修其身而天下平"④;荀子肯定"以修身自强,则名配尧、禹"⑤。到了宋朝及其以后,宋明理学家立足前人理论与后期实践,总结出"去欲、主敬、立诚"三种自我修身方法,以做到正心、克己。"去欲",即祛除私心杂念,提升思想境界,"存天理,灭人欲",正如周敦颐所言:"君子乾乾不息于诚,然必惩忿窒欲,迁善改过而后至"⑥;"主敬",即思想专心致志,精神高度集中,程颢和程颐强调,"入德必自敬始"⑦ 与"主于敬,便是为善也"⑧;"立诚",即为人诚实忠厚,涵养诚德,周敦颐所谓"诚者,圣人之本"⑨,朱熹也强调"诚者,真实无妄之谓,天理之本然也"⑩。虽然这三种自我修身方法仍过分忽视自我的主体性,但其对于促进个人内心不断净化和精神境界的逐步

---

① 《论语》,辽宁民族出版社1996年版,第39页。
② 《孟子》,岳麓书社2000年版,第147页。
③ 《论语》,辽宁民族出版社1996年版,第39页。
④ 《孟子》,岳麓书社2000年版,第258页。
⑤ 《荀子》,辽宁教育出版社1997年版,第4页。
⑥ 《周敦颐集》,岳麓书社2007年版,第80页。
⑦ 《二程集》第4册,中华书局1931年版,第1194页。
⑧ 同上书,第170页。
⑨ 《周敦颐集》,岳麓书社2007年版,第15页。
⑩ 《四书集注》,岳麓书社2007年版,第50页。

提升以及道德人格的完善，具有重要意义。

慎独为产物。"慎独"指自我修养主体在独处、无人监督环境中，自我行为实践仍然能严格自律，不做任何违背道德规范之举。其实质是主体思想道德由强制转换为自发，由他律转化为自律，强调道德自觉和自我干预，是被宋明理学家极为推崇的一种自我修养方法。慎独是思想道德自律的最高境界，是榜样教育社会价值的集中体现，也是千百年来无数有识有志之人自我教育所追求的最高目标。北宋哲学家邵雍提出的"君子不可不甚独"[①] 理念，朱熹倡导的"君子慎其独"[②] 观念以及明代王阳明强调的"致中和在慎独"[③] 思想，均崇尚"慎独"，深刻反映了古代贤人对道德主体修身自觉性和真诚性的价值追求。

无论是"身教示范"或"自省修身慎独"，均指出了榜样教育的理论价值和实现路径，对于当前开展大学生榜样教育具有重要的思想启发。榜样教育是层次分明、内外结合、系统生成的复杂过程。大学生榜样的选取应具有鲜明的价值取向，适宜当时的社会文化土壤，为个体期盼或崇尚的理想人格，具备指引性和吸引力；榜样教育过程中，榜样的行为实践更具宣传价值，能有效提高教育效率，更要注重教育者自身的行为示范，以身作则；榜样教育最终回归主体的向内用功和道德自律，实现自我反省修身，提升自我素养，达到慎独的最高境界。

第三节　国外榜样教育相关理论

国外也较早开始了榜样教育的研究和实践，但多从社会学和心理学的角度阐述了榜样教育的重要意义和方法指导。普遍认为榜样教育是个体自身发展、个体与个体之间以及个体与社会之间相互作用的产物，榜样教育必须有效契合个体的认知、人格、态度、需要以及思想道德的发展水平，并注重营造良好的社会文化环境，共同促进个体的身心健康发展和社会化的实现。

---

① 《皇极经世书今说》（下），华夏出版社2006年版，第813页。
② 《朱子语类》第1卷，岳麓书社1997年版，第296页。
③ 《传习录》，中州古籍出版社2004年版，第44页。

一 社会学习理论

研究关于个体的知识、技能、思想道德品质及行为习惯究竟如何获得历来众说纷纭。20世纪70年代,班杜拉提出社会学习理论(Social Learning),强调"个体的行为是在观察他人的行为及其后果的基础上获得的"[1],在行为主义与认知理论之间架起了一座沟通的桥梁。该理论阐述了榜样示范促进个体社会化的重要意义,揭示了榜样示范对青年学生道德形成和行为塑造的作用机制,为开展大学生榜样教育提供了理论指导。

社会学习理论认为,人类的学习方式受到个体自身认知与行为的强化影响外,也受到社会因素的作用。班杜拉通过大量实验研究证明,个体的学习方式是多元的,除通过经典条件反射和操作条件反射的方式进行直接学习外,还能通过观察他人的行为及其后果而进行间接的学习。即通过观察环境中他人的行为以及行为结果来进行学习,又称观察学习、替代学习。并认为人类的许多行为都是通过观察、模仿他人的行为及其强化结果而习得某些新的反应,或使个体已经具有的某种行为反应特征得到纠正,如合作、竞争、攻击、道德伦理和其他社会反应获得或纠偏都是可以通过观察或模仿的。即"大部分的人类行为是通过对榜样的观察而习得,榜样是人成长的一种需要"[2],观察或模仿具有生成性。

作为社会学习理论的核心概念,观察学习(observation learning)是指学习者通过观察别人的行为方式及其行为后果(受惩或受罚),并在某种情境中作出或避免作出与之相似的行为方式。[3] 观察学习具有较为严密的过程,学习者在观察阶段易于对年龄、性别、爱好和价值观等相仿的榜样产生兴趣。多次重复后能使学习者以表象或言语等符号表征形式贮存所观察到的行为,进而养成行为习惯,甚至内化为心理特征和外显活动。学习者在观察、效仿榜样的过程中,也会自觉或不自觉地融入个体因素,表现出各具自我特征的反馈、评价与调节。通过观察学习可使人类获得行为

---

[1] 吴庆麟、胡谊:《教育心理学——献给教师的书》,华东师范大学出版社2003年版,第191页。

[2] [美]A. 班杜拉:《社会学习心理学》,郭占基等译,吉林教育出版社1988年版,第22页。

[3] 刘启珍、杨黎明:《学与教的心理学》,华中科技大学出版社2012年版,第121页。

的规则,而不必经过漫长的试误逐渐形成和获得社会行为。此外,观察学习的结果并不一定是通过观察者的行为表现来衡量。班杜拉认为行为习得和行为表现是两个不同的概念,个体通过观察他人的行为而习得新的反应,榜样行为是否得到强化,只影响学习者的态度和行为表现,并不影响学习者的行为习得。即学习者的行为习得结果是隐性和显性并存的,显性的学习结果便是学习具体的行为表现,而最终决定学习者行为结果的是学习者个体对学习结果的预期。

(一)社会学习的影响因素

相比行为主义者强调环境决定人的行为和人本主义夸大个体对行为的决定作用,班杜拉提出"交互决定论",即人类学习是行为、个体与环境交互作用的产物,三者彼此连接,相互影响。

环境是决定行为的潜在因素,即人接受环境的影响。社会环境(资源、行动、结果)对行为具有不回避的影响,甚至可能起到决定作用。但社会环境的影响又是潜存的,只有环境与人的因素相互匹配和结合,并被适当的行为激活时,环境的作用才能凸显出来。说明社会系统中他人尤其是榜样能对其他个体产生积极的影响,但其前提是两者具有相似性或相近性。因此,贴切社会、亲近生活的典型个体及社会文化环境能够为其他人树立良好的榜样效应。

人和环境交互决定行为,即个体(信念、期望、态度和知识)能主动对社会产生影响。人既不是全然受环境控制的被动反应者,也不是可以为所欲为的绝对自由实体,人与环境是交互决定的,充分说明了先进个体是能对社会产生影响的。社会是人组成的系统,每一个个体都是社会系统中的一分子,先进的个体(榜样)对社会产生很大的影响作用。

行为是三者相互的作用。行为、环境与个体三者是交互影响的、交互决定的,并不是单纯两者的连接或两者之间单向的相互作用。因此,榜样的可影响程度、其他个体特质、榜样结果强化都是影响榜样教育效果的重要因素。尤其是榜样行为结果强化以及社会主流价值文化环境的塑造对个体内在的行为预期具有重要的影响。

(二)社会学习的主要方式

社会学习强调个体与个体或群体之间的交流与互动,其理论把学习区分为两类:角色扮演学习(enactive learning)和替代性学习(vicarious learning)。

角色扮演学习，强调学习主体在亲身参与社会实践或体验行动结果的过程中学习，属于直接经验而获得学习行为的反应模式，即直接经验的学习。传统的条件反射式学习和传统行为主义的刺激与反应的联结式学习均属于角色扮演学习。虽说角色扮演学习能够在一定程度上提高学习者学习的有效性，加深学习者对学习对象的认识，但其学习的进度和效率较低，易受其规模的制约。

替代性学习，指学习主体可通过观察他人的行为及其结果进行学习，而不必亲身体验。替代性学习可分为自发性学习和指导性学习，自发性学习通常指个体无意识的学习，学习者往往不自觉或自发地通过观察或模仿进行学习，并产生一定的客观效果，即个体获得相关的社会信息和行为，但其中也掺杂着不良思想和行为的干扰；指导性学习相比自发学习的零散性和无目的性，具有计划性、针对性和系统性，强调学习者在教师、榜样等示范者有意识的演示和传授下，以达到预定的学习效果，在学校教育阶段多是这种教育方式，也是个体社会学习的主要方式。可见，有指导性的学习具有较强的选择性和针对性，能够减少学习者的亲身实践或盲目探索，使其能较快地适应社会制度规则和文化环境。

（三）社会学习的基本过程

班杜拉把观察学习的过程具体分为四个连续的心理活动过程，即注意、保持、复现和动机产生四个过程。实际上榜样示范或教育的过程中，均需经历这四个过程，每一个环节对榜样教育的效果都产生重要的影响。

一是注意过程（Attention）。观察学习起始于学习者对示范者行为的注意，注意过程是观察学习或榜样教育过程中的首要环节。班杜拉指出："面对示范者的各种影响，注意过程决定着哪些行为是应该观察到的以及哪些特征是需要提取出来的。"[1] 在注意过程中究竟榜样的哪些行为特征应该被学习者知觉和注意，是无论自发的学习或有指导的学习均不得不需要解决的前提条件。而影响个体注意过程的因素是多元的，其中既有示范者行为本身的特征和观察者个体的认知特征，也有观察者和示范者的关系对其产生影响。班杜拉认为具有一定特色的行为，经常能够接触的榜样行

---

[1] ［美］A. 班杜拉：《社会学习心理学》，郭占基等译，吉林教育出版社1988年版，第22页。

为和符合观察者内在学习兴趣和需要的行为,能容易成为观察学习的对象。也有学者研究表明:榜样与学习者的相似性、能力水平以及榜样者的声誉和地位也是影响注意的重要因素。[①] 即榜样行为具备较高的声誉和地位以及与学习者具有相似性、双方的差距适度,有利于榜样行为的注意和传递。

二是保持过程(Retention)。保持过程即将示范行为抽象为表象或言语等符号的形式,保留在观察者大脑中的过程。即使在观察者接收到示范行为后,榜样不再出现,贮存在记忆中的符号化的示范行为反应模式仍然能持续地影响观察者。班杜拉强调,不同个体与不同年龄阶段的观察者运用符号表征行为的能力是不同的。比如儿童阶段因缺乏言语技能,视觉映像对观察学习尤为重要;而当个体发展到一定阶段,言语编码就成为主要的记忆形式。

三是复现过程(Motor Production)。复现过程是将记忆保持的动作观念转换为行为,为观察榜样学习的中心环节和关键步骤。榜样教育并不仅是让学习者注意到榜样的存在和保持更多示范者的行为模式,更多的是要指导学习者的实践,引起其行为的改变。其过程并不是一蹴而就的,涉及诸多认知和行为的操作,受教育者对榜样行为的复现往往不能在仅有的一两次就达到准确无误,而是要反复示范和矫正。

四是动机产生过程(Motivation)。动作观念转化为行为,并非意味着观察学习者的行为习得已变成持久性的行为表现,也不是所有的行为习得均能转化成自我的行为表现,其中受到观察学习者动机因素的影响,而动机主要取决于行为结果的强化。班杜拉认为主要有三方面的因素影响观察学习者作出示范行为:一是他人对示范者行为结果的评价;二是他人对示范者的评价;三是学习者自身对自己复现行为的评估,即所谓的外部强化、替代性强化和自我强化。三种强化是对行为结果的三种评价,又构成制约复现行为的重要驱动力量。外部强化和替代性强化均能对观察学习者的行为表现形成直接的影响,但最终的落脚点还需回归到个体的自我强化,以产生恒定的作用。

社会学习的四个过程是环环相扣、不可分割的。依托社会学习理论构建的大学生榜样教育,也应有较为严谨的步骤和逻辑顺序。在榜样的观察

---

① 伍新春、胡佩诚:《行为矫正学》,高等教育出版社2005年版,第278页。

学习过程中，首先应结合观察学习者的特点，有针对性地选树榜样以引起学习者对榜样的关注；其次，通过映像和言语的传递，学习者贮存榜样的典型特征和行为模式；再次，可结合具体实践，将榜样行为转化成具体的行为表现；最后，在外部或替代的行为结果下，促使观察学习者内在动机因素的产生和持续。

（四）社会学习的可能结果

社会学习理论有助于通过对榜样的观察，逐渐实现个体的社会化。按照班杜拉的观点，观察学习可能产生五种结果：引导注意力、调整已有的行为、改变抑制、获得新行为和新态度、引发情绪。[①] 其中，引导注意力即榜样行为可作为一种诱发因素，激发学习者对榜样行为的关注；调整已有的行为即学习者通过观察示范者的行为及其结果，指导自身的实践行为；改变抑制即通过观察学习者改变原有的经验和行为发生的频率；获得新行为和新态度即从榜样行为中获取信息或模仿相应的行为模式，获得新的经验，构建新的行为表现；引发情绪即榜样行为对观察学习者情绪的变化，对正确的行为产生向往，对负面的行为形成恐惧。

社会学习的影响因素、主要方式、基本过程和可能结果均对新时期的大学生榜样教育提供了具体的思想启发和理论指导，开展榜样教育应为注重大学生榜样教育的环境性、主体性、阶段性和价值性四重特性。一是环境性。社会环境或环境中他人行为及结果能对学习者产生重要的影响，替代强化能唤起观察者的情绪反应和行为反馈；不同社会阶段具有典型的时代特征，榜样的选树和形成也应具有时代性，扎根于当代社会的文化土壤。二是主体性。青年大学生正处于身心发展的高速时期，个体发展欲望和成就动机尤为强烈，呈现出情感丰富、自我意识较强、喜欢模仿和从众等表征。日本心理学家依田新指出："在儿童期向青年期的过渡中，特别应该引起注意的是：对榜样的选择，已由青年自觉进行。"[②] 榜样教育的主体是大学生，其最终的落脚点也是大学生。三是

[①] 吴庆麟、胡谊：《教育心理学——献给教师的书》，华东师范大学出版社2003年版，第193页。

[②] 陈万柏、何英：《对青少年榜样教育效应弱化的思考》，《思想政治教育研究》2010年第2期。

阶段性。观察者的个体意识要成为持久的行为习惯，并产生良好的行为结果，需要多次良好行为的重复才能实现。而观察学习具有注意、保持、复现和动机产生的过程，榜样教育的开展应遵循其基本步骤，注意榜样宣传的长期性。四是，价值性。榜样的形象是外显的，只有外显力量内化为主体的自觉追求时，榜样的力量才能真正体现出来，正如戴锐所说，"能够召唤起学习者的崇敬心理，激发起学习者的潜在能力，使他们对这种崇高美有所向往、有所追求"。①

二 社会心理学理论

西方社会心理学理论是产生并流行于西欧、北美各种社会心理学说的统称，着重研究个人与社会之间的相互作用、相互影响。人是社会性的动物，社会性是人区别于动物的本质属性，社会中的人无不处于各种各样的正式的或非正式的群体之中。单个的个体通过与他人或群体的相互交往逐步建立人际关系和形成人格特征，有意识或不自觉地实现个体的社会化，促使个体由"自然人"或"生理的人"的状态转化为"社会的人"。从某种程度上，个体的心理或行为是社会的产物。同时，个体的心理因素（人格、态度）不同，其必然会产生不同的社会行为，即个体对社会产生着反向作用。因此，"个体的行为是个体与其所处的社会情境共同作用的结果"。② 可以说，个体的社会化、亲社会行为以及个体社会态度的形成和发展等均受到社会榜样的影响。

（一）个体社会化

个体的社会化（Socialization）是动态复杂的终生发展过程，个体从出生开始，历经整个生命历程中的不同发展阶段，经历着不同任务水平和类型的社会化。一个人的社会化，通常是"个体通过与社会的交互作用，适应并吸收社会的文化，成为一个合格的社会成员的过程"③，是"个体与社会环境相互作用获得他所处在社会的各种行为规范、价值观念和知识技能，成为独立的社会成员并逐步适应社会的过程"。④ 社会化对一个人

---

① 戴锐：《榜样教育的有效性与科学化》，《教育研究》2002年第8期。
② 倪晓莉：《社会心理学》，西安交通大学出版社2007年版，第9页。
③ 同上书，第44页。
④ 林崇德：《发展心理学》，人民教育出版社1995年版，第241页。

的成长与发展具有重要作用。

榜样是影响个体社会化的重要因素。社会心理学中有一个重要观念，即重要他人（significant others），"指在个体社会化以及心理人格形成的过程中具有重要影响的具体人物，重要他人可能是一个人的父母长辈、兄弟姐妹，也可能是老师、同学"。[①] 有学者认为：重要他人是指个体的社会化过程具有重要影响的具体人物，如父母、教师、同伴等。[②] 重要他人是影响个体社会化的关键因素，其中榜样便属于重要他人的范畴，对个体社会化具有重要的意义。影响个体社会化的因素是多方面的，涵盖社会文化、家庭、学校、同辈群体和传播媒体等因素的影响，并且各个因素之间盘根错节，相互影响。

一是社会文化对个体社会化的影响。社会文化普遍要求社会群体中的各个个体的思想、观念、心理、行为与生活实践自然地符合社会组织的一致要求和统一准则，对个体社会化的影响是潜移默化的，但也是根深蒂固的。社会文化是普遍性和独特性的统一，其中特定社会文化的独特性对个体的共同人格和社会行为具有决定作用。[③] 大学生榜样教育要充分考虑到大学生个体心理发展特点，注重统一性与多元性的结合，即社会整体需要营造对榜样行为认同和尊崇的良好氛围，形成统一的目标取向与价值标杆，但榜样选树又不可千篇一律，应符合大学生思维特点、发展志向和个人兴趣，强调榜样选树来源的多元性，并挖掘其自身独特魅力。

二是家庭父母对个体社会化的影响。家庭是个体社会化的起点，是人最早建立的社会关系，其对个体社会化的影响是最大的。童年期作为个体社会化的关键时期，父母对儿童的影响具有足够的权威和支配作用，其言语、行为是儿童模仿的首要对象和直接参照；并且父母作为社会化的中介，把内化的行为规范和社会准则直接反射到儿童身上，加速了儿童的社会化。大部分大学生虽相对走出了家庭生活，但父母对其集体生活技能和行为习惯的影响是持续渐进、深刻长远的；随着心理的逐渐成熟，父母的榜样效应也逐步显现出来，且影响作用呈现上升趋势。因此，虽然当代中

---

① 纪乃旺、张玉新：《大学生榜样教育的理论基础》，《山西高等学校社会科学学报》2012 年第 3 期。
② 鲁杰：《教育社会学》，人民教育出版社 1990 年版，第 244—246 页。
③ 周晓红：《现代社会心理学》，上海人民出版社 1997 年版，第 132 页。

国大学生与父母面对面接触的机会大大减少，但应该充分认识到父母的潜移默化的教育力量，加大家长对学生思想政治教育的有效参与。

三是学校教育对个体社会化的影响。学校是有组织、有计划、有目的地向社会成员传授知识、技能、价值和社会准则的专门机构，是个体社会化过程中的关键环节。高校作为学校教育的后期阶段，肩负着学生成才成人的社会重任，不仅需系统性传授学生赖以谋生的专业技能，更需不断塑造个体行为与健全人格特征。榜样教育比较符合当代大学生的年龄特点，而且也比较适合他们的心理发展轨迹。① 大学生自我意识不断得到发展，对榜样充满着前所未有的向往与渴求，其心理特点也需要给予及时和正确的引导，榜样示范被验证为行之有效的思想政治教育方式。

四是同辈群体对个体社会化的影响。作为个体的参照，同辈群体是促使个体获得同辈群体认可，适应群体规范和准则，并获得心理满足和习得共同行为的重要步骤。有学者通过思想政治教育、校园文化氛围、大众传媒、同辈群体、政治改革、先进典型人物示范六个因素的比较得出，先进典型人物示范作用对大学生思想政治态度的影响最大，现实生活中活生生的人物或事件是大学生最为信服的，也是对大学生的思想影响最为深刻的。② 而个体接受何种同辈群体的影响，主要取决于其成员年龄特征、权威性及与个体的相似性。即"榜样如果是强有力的、重要的或亲近的人物，引起模仿的作用更大，甚至在没有榜样言语教诲的情况下，也是如此"。③

五是大众传播媒体对个体社会化的影响。信息化时代，个体能够快速便捷地涉猎到外面社会的各方面发展信息，个体总是自觉或不自觉地从众于社会主流舆论和价值取向的影响，促进个体的社会化。比如中宣部、中央文明办等单位依托中央电视台主办的"感动中国年度人物"评选，会对青年学生产生暗示作用，诱导青年仿照传播形象去行动。当代大学榜样教育应以大众传播媒体为依托，积极广泛宣扬榜样人物，提高榜样教育的

---

① 陈琛：《大学生榜样示范教育存在的问题与对策》，河北师范大学2011年硕士学位论文，第10页。

② 魏鹏程：《大学生思想政治态度现状及影响因素分析》，《对华中科技大学415名大学生的调查》2006年，第5页。

③ 章志光、金盛华：《社会心理学》，人民教育出版社2007年版，第201页。

有效性。

总之，影响个体社会化的五个因素均具有榜样示范作用，作为个体社会化过程中重要标杆的榜样教育，应充分考虑大学生现阶段的心理发展特征，综合利用社会文化环境、家庭教育、学校教育、同辈群体以及大众传播媒体的集合效用，提高大学生思想政治教育的针对性。

（二）利他行为

利他行为（altruism）是个体亲社会行为的一种表现方式，指个体主动帮助他人，且没有明显自私动机的自觉行为。利他行为具有四大特征：一是自愿性，利他行为不是外界强迫的结果，是主体自发自愿的自觉行为；二是利他性，其唯一目标是以关心他人利益不受损失而帮助别人；三是无偿性，利他行为不期待获得任何的外部回报；四是，损失性，利他主体可能遭受个人损失和面临严重的危险，甚至失去自己的生命。其中，利他性是利他行为的主要特征，包括助人、救援等具体行为类型。它有助于个体与他人的友好交往，建立良好的社会人际关系，促进社会和谐。

榜样对利他行为的发展具有重要的引导作用。国外大量研究证明，利他行为受到家长、教师、同辈群体以及社会宏观环境的影响，尤其是儿童时期，利他行为的获取主要依赖于对榜样的模仿和行为结果的强化，而作为心理相对成熟的大学生，榜样示范对其利他行为发生也具有重要的影响。一项研究表明，榜样行为对利他行为具有显著的正向影响。研究者以女大学生为实验对象，要求女大学生和一位友好的女生（研究者助手）一同路过捐献血液的地方，结果发现：在有研究者助手率先答应志愿捐献的榜样示范条件下，有67%的被试签名答应愿意捐献血液，而在没有榜样示范的条件下，只有25%的被试志愿捐献；并且榜样对女大学生实际捐献诺言的实际执行程度影响更为深远，在没有榜样的条件下，没有一个女大学生实际捐献血液，但看到利他榜样的研究助手捐献后，有33%的实际捐献。[①]

因此，榜样行为是影响大学生利他行为生成和实践的重要因素。但相对儿童期利他行为获得，大学生利他行为更强调自发性和内在性，要求个体内化为价值观，促进个体利他行为价值取向的形成。

---

① 倪晓莉：《社会心理学》，西安交通大学出版社2007年版，第109—110页。

（三）社会态度

个体在后天长期的社会生活中，通过与他人的交往和交互作用，不断接受周围生活环境和社会文化的影响和习染，不仅会对他人或客观事物产生认知活动，也逐渐会形成其对他人、他事、他物的主观评价，进而形成个体某种特定的行为倾向，即社会态度。其指个体自身对社会存在所持有的一种具有一定结构和比较稳定的内在心理状态。[①] 按照罗森伯格（Gosenberg）和霍夫兰德（Hovland）的观念，态度是由认知、情感和行为三部分组成，并相互协调，形成一致的。而个体社会态度的形成和改变均离不开榜样的作用。

榜样行为影响社会态度的形成。社会态度是在后天的社会生活中逐步形成的，并非一蹴而就，具有渐进性。按照凯尔曼（Kelman）的社会态度形成模式，其形成一般经历了服从、认同和内化的阶段。研究证明，儿童在认知发展的他律阶段，儿童易服从、模仿父母等权威者态度言行；在认知发展的自律阶段，随着自我意识的发展，个体会积极认同榜样的态度行为，并逐步内化为自己的社会态度。而对于心智较为成熟的大学生群体而言，更加迫切需要权威与名士的引导，并在认同和内化过程中，逐步形成自己的社会态度。

榜样行为影响社会态度的改变。社会态度具有相对的持久性，但也并非不可改变。个体在社会生活中，其态度具有主观能动性或内在性，在外在因素的影响下发生转变。霍夫兰德（Hovland）和韦斯（Weiss）指出，影响社会态度转变的因素有四个，即宣传说服者变量、信息变量、渠道变量和信息接受者变量。其中说服者变量着重表现在宣传说服者的可信性和吸引力方面。阿伦森等人（E. Aronson et al.）的一项实验证明，态度转变易受权威影响。因此，加强对榜样的宣传和其事迹的弘扬，能够在一定程度上转变大学生的固有态度。

三 发展心理学理论

个体的整个生命历程，是在不断认识、修正自我的过程中向前发展的，具有阶段性和持续性的双重特征。个体通过自身本能与外部环境的相

[①] 全国13所高等院校《社会心理学》编写组：《社会心理学》，南开大学出版社2003年版，第153页。

互作用，促进个体意识、认知、人格和道德的形成，实现由"主观我""现实我"向"理想我"转化的持续过程，榜样发挥着重要的引领作用。而在不同的发展阶段，伴随着不同的心理特征和发展需求，西方发展心理学理论的主要流派均对此做了较为详尽的阐述。

（一）弗洛伊德的人格发展理论

弗洛伊德认为，人格结构"由本我（id）、自我（ego）和超我（superego）三部分构成"。① 其中本我是人格中最原始的部分，主要功能为立即满足本能的需要，受快乐原则（pleasure principle）的支配；自我是人格的执法者，为个体一般的认知过程，根据现实情况满足本我的欲望，促进个体与现实世界的交互作用，受现实原则（reality principle）的支配；超我是个体内化的道德标准，是人格中最文明、最道德的部分，由良心（conscience）和理想我（ego ideal）组成，一般形成于幼儿时期。个体人格的发展，一般是由本我、自我过渡到超我的阶段。而超我阶段为人格发展的关键时期，理想我始终代表着个体奋斗的方向，是个人追求完美的动力。其理想我也多源自于现实社会生活，趋向把父母、社会杰出人士或知名人物等作为理想的参考。因此，榜样对个体人格的发展具有重要的参照作用。

（二）埃里克森的心理社会发展论

埃里克森认为个体发展是自我与他我相互作用的结果，是持续终身的渐进过程。他按照个体生命历程中所处的特定时期经历的生理成熟和社会要求，将人的发展分为八个阶段。其中每个阶段都有其独特的发展任务，亦面临相应的发展危机，只有危机化解，才能形成良好的品质，发展健康的人格，也才能实现人格的持续发展，但健康地解决每一个危机或冲突并不意味着必须得到完全正面的结果。青春期（12—20岁）为个体同一性角色混乱阶段，建立同一性是青年时期主要的心理发展任务，迫切需求同伴群体和理想"英雄"的指引。而青年同一性的建立，更加依赖于个体与他人的比较和外部资源的支持，逐步实现同一性获得（identity achievement）。② 榜样是青年学生理想自我的投射物，对于青年学生人格健全发展和积极适应社会环境具有至关重要的作用。

---

① 郑雪：《人格心理学》，暨南大学出版社2007年版，第9页。
② 李晓东：《发展心理学》，北京大学出版社2013年版，第175—176页。

（三）皮亚杰的道德认知发展理论

皮亚杰认为认知的发展是通过个体主动建构，经过同化、顺应和平衡的作用，不断完善认知结构的一个固定连续的组织和再组织过程。青年时期，个体内在的公正、平等等高级关系转向深入发展，成人榜样和同辈群体的影响逐步增强。在影响个体认知发展的因素中，皮亚杰认为社会性经验对认知发展具有重要的影响。其中社会性经验是指社会环境中人与人之间的相互作用和社会文化的传递。个体发展是个体与外部环境相互作用的结果，并且个体并不是只能被动地接受外部环境刺激的影响，而是主动地探索周围的环境和刺激，具有主体性特征。榜样教育既是外在客观环境的营造，也是个体内在主动择取的过程。

（四）达布罗斯基的良心解体理论

达布罗斯基侧重于情感结构的变化阐释人格的发展，认为人的情感发展是通过良心解体的过程逐步实现的。并把个体人格的发展划分为五个阶段：初级完整阶段、单层解体阶段、自发的多层解体阶段、组织化的多层次解体阶段、再完整阶段。人格发展是由第一低层次阶段向最后高层次阶段逐步演化的过程。尤其在青年时期正好处于自发的多层解体阶段和组织化的多层次解体阶段，个体欲摆脱低层次向高层次发展，开始拒绝本能与习惯，对一般事物的绝对价值产生怀疑，迫切实现理想自我，出现"良性失调"。故而需要较高层次的道义目标与社会目标的指引，有意识地实现人格的重组整合。

个体的自我意识、人格、认知、思想道德是持续发展的，并具有阶段性的特征。大学生位于青年时期，自我意识不断增强，渴望实现内在需求与外部环境的和谐统一，是认知发展、人格塑造和思想道德形成的关键时期。但在自我形成与外在要求融合的过程中，矛盾、危机、失调等伴随出现，对理想人物和榜样示范具有强烈的需求。如此，有效的榜样教育契合与满足了青年心理需求，为其未来发展提供了理想范式，有助于个体自我同一性的形成。

四 人本主义理论

人本主义理论是20世纪60年代在美国兴起的一个心理学派，马斯洛、罗杰斯是这一学派的代表人物。"人本，即一切活动都从人自身角度出发，充分关注人的内在潜能、个性的张扬和主体人格的自由发展。"①人本主义心理学主张以人为本和以"全人"为研究视角，关心人的本性、价值和尊严，重视人的内在价值和个人潜能的开发，鼓励人类个体的自我实现。

"自我实现"是人本主义心理学理论的主要观点，以此为理论基石的教育理论崇尚"以人为本"，强调个体是自我主宰，需把现实具体和生命鲜活的教育对象作为出发点，重视学习者的意愿、情感、需要和价值观，把教育对象看作内心善良、积极向上和具有个性差异的生命存在；在教育过程中，必须尊重学生的主体地位，反对刺激—反应模式的机械决定论，重唤醒、激发、疏导，而不是驯服、压抑和灌输；强调新型师生关系的构建，认为教师是学生成长的"促进者"，要改变传统的"教师中心论"，以学生为中心、教师为主导，鼓励师生间的交往和对话，把改善师生关系作为教育成败的关键；并注重良好学习环境的营造，强调认知、情感和行为的相互统一，为学生创造出一个积极的成长环境。人本主义理论倡导对个体自主性、情感性、主体性、创造性等心理品质和人格特征的培育，对现代思想政治教育产生了深远的影响，为当代中国大学生榜样教育提供了坚实的理论支撑。

（一）马斯洛的自我实现理论

马斯洛认为，自我实现指一个人力求变成他能变成的样子，即"成为你自己"，是人生的最高价值，包含两层含义：一是，完满人性的实现，具体指代人性共性的潜能，如友爱、合作、求知、创造等特性的实现；二是，个人潜能的实现，具体作为个体差异的个人潜能的实现。② 但是马斯洛具有鲜明的价值取向，他更趋向于完满人性的实现，认为"能自我实现的人将注意集中在更广泛的社会目标上，而不是集中在个人狭隘的利益上，作为正常人的个性总是健康的，富有创造性的"。③ 自我实现作为人本主义心理学的核心概念，具体包含三大理论体系：一是人的本性是积极的、乐观的、有建设性的，即"性善论"（doctrine of good human nature）；二是人的价值是内在的、固有的、有倾向的，即"潜能论"（or-

---

① 刘思洁：《论人本主义的教育管理》，《民办高等教育研究》2008年第3期。
② 车文博：《人本主义心理学》，浙江教育出版社2003年版，第131—132页。
③ 高玉祥：《个性心理学》，北京师范大学出版社2002年版，第139页。

ganic potential theory）；三是人的活动是有追求的、有动因的、有内驱力的，即"动机论"（need hierarchy theory）。

（二）罗杰斯的自我概念

自我是罗杰斯人本主义理念的基石和里程碑。他认为"自我（self）是人格形成、发展和改变的基础，是人格能否正常发展的重要标志"。① 与弗洛伊德的论点相比，罗杰斯强调主体和客体两个"自我"互相作用出的产物，就是"自我"，侧重个体对自己和环境（他人、事物）及其关系的知觉和评价，即自我产生于现象域（phenomenal field），逐步形成结构相对稳定、系统和连贯的自我概念。自我的界定充分肯定了个体发展的主体性，也发现环境中的其他个体对自我的影响。除主、客体两个自我外，罗杰斯还把自我分为现实与理想自我。前者指真实存在中的自我，即个体目前的真实状况；后者指期望中的自我，即个体追求的自我形象。而且两个自我愈接近，个体的幸福感就愈强；相反，则会使个体产生焦虑和烦躁。而个体总是处于追求理想自我的过程中，即每个个体都朝着健康、积极的方向发展，成长的潜能表现为一个人最大限度地实现各种潜能的趋向，这种人类天生的、独一无二的力图在遗传的限度范围内发展自己的潜能趋向，称为自我实现趋向。它是不断进行的过程，永远不是完成或固定的状态，是有机体的中心能源，引导着个体朝向普遍积极和健康的行为。

马斯洛的自我实现理论和罗杰斯的自我概念均是人本主义理论的核心理念，对当代大学生榜样教育的开展具有重要的启示。

启示一：以学生为中心。自我实现理论充分说明，人的本性是善良的，每个个体都有充分实现自我的趋向。思想政治教育要以学生为中心，强调把学生看作目的而非手段，认为学生是教育的中心，也是教育的目的；学生是教育的出发点，也是教育的归宿；学生是教育的基础，也是教育的根本。② 因此，罗杰斯提出"以学生为中心"的教育理论，倡导"非指导性教学"。H. 戈曼指出："非指导性教学，借助于拒绝替学生思考以及他们组织起来，打破学生依赖性的需要，把教师自己的任务看成是促进

---

① 车文博：《人本主义心理学》，浙江教育出版社2003年版，第174页。
② 陈瑄：《人本主义理论在大学生思想教育中的应用》，《中国成人教育》2009年第9期。

学习的自我指导。"① 这些教育原则对榜样教育具有重要的启发意义，即充分尊重教育对象的主体地位和能动作用，帮助教育对象主动接受榜样的感染和激励，积极学习榜样的精神品质，发展自己的潜力。应该说，正是人的善性和自我发展的趋向为榜样教育提供了可能。

启示二：注重个性化教育。个体自我的发展是多元的，并非统一的。人本主义心理学强调，"人受自我意识的驱动与支配的力量，注重人性的差异，并尊重这种差异，主张应该把人看成是一种有思想、有情感、有需求、具有创新能力的高级生物体"。② 榜样形象应该是真实可信和丰富多元的，一方面，榜样应该是学习者可接近、可实现的，如果榜样太过于完美，现实自我与理想自我差距悬殊，学习者可望而不可即，难于实现理想自我，就会降低榜样和榜样教育本身的吸引力；另一方面，榜样应该是学习者期望的、喜爱的，这是榜样教育能否取得实效的重要前提。

启示三：构建情感性师生关系。情感是认知的动力，为提高学生学习效率，更好地开展教育教学，实现教育的目标，需要教育者与学习者双方积极的情感交流，以诚相待、相互理解、互相接纳，建立民主的、融洽的、开放的、诚意的、相互支持的师生关系。为此，榜样教育应注重构建良好的师生关系，加强教育者与学习者的情感交流，激发学习者的学习热情，促使教育对象自觉、自愿地接受教育内容和榜样形象，进而实现对教育者以及榜样的情感认同，积极学习和效仿榜样。

启示四：创设良好环境。个体在自我实现过程中可顺应自我趋向作出适当自由的选择，具有主动性和主体性。开展大学生榜样教育，要充分考虑不同年龄阶段、各种不同类型、各个时期不同学习者的不同需要，营造一种选树榜样、效仿榜样的社会学习氛围，多视角、多层面、多渠道地选树榜样。同时，结合时代的发展进步，要与时俱进地不断塑造榜样新的形象，使榜样所体现出的思想内核与外显行为能有效契合不同年龄、不同经历、不同层次、不同时代的个体学习需要。

---

① 姚本先：《高等教育心理学》，合肥工业大学出版社2005年版，第101页。
② 路全社等合编：《教育理论基础》，北京教育出版社2012年版，第138页。

第四章 当代中国大学生榜样教育的发展历程与基本经验

作为一种教育实践形式，榜样教育是一定社会形态下时代特征的体现，同时也反映着该时代文明的建构方向。改革开放作为中国历史上具有深远意义的伟大转折点，不仅开启了社会主义中国发展的新篇章，也开启了中国榜样教育发展的新征程。在新的历史时期，系统梳理改革开放以来大学生榜样教育的发展历程，有利于更好地继承和发扬大学生榜样教育在实践过程中所积累的经验和所取得的成果，也能为进一步做好新世纪中国大学生榜样教育工作提供有益的借鉴。

第一节 当代中国大学生榜样教育的发展历程

当代中国大学生榜样教育的发展历程，只能从其纵向发展轨迹，并结合不同时期的社会背景、重大事件与学生特点来划分。大致可以分为以下四个发展阶段：

一 大学生榜样教育的恢复和重建时期（1978—1984年）

1977年9月，全国高等学校招生工作会议在北京召开。会议决定，恢复因"文化大革命"而中断了十年的中国高考制度。一夜之间，中国青年知识分子的光明前途被重新点亮，570万青年纷纷从田间地头、工厂车间、军营哨所奔赴考场，由此我国又重新迎来了尊重知识、尊重人才的崭新时代。1978年初春，一群年轻人带着上山下乡插队时的风尘仆仆，带着艰难岁月中追求人生真谛的好奇目光，走进了中国各所高等院校的大门。作为恢复高考后第一批入学的青年大学生，他们冲出了十年"文化大革命"浩劫的阴霾，涅槃重生，成为时代变革最活跃的因子，成为社会知识阶层的中坚力量，终于给遭受了十年风霜雨雪的大学校园带来了新的希望和生机。

（一）大学生榜样教育恢复和重建时期的标志性事件

1. 真理标准大讨论和十一届三中全会

1978年5月11日，《光明日报》发表文章展开真理标准问题的大讨论。同年12月18—22日，党的十一届三中全会召开，全会高度评价了关于"真理标准问题"的大讨论，确定了解放思想、开动脑筋、实事求是、团结一致向前看的指导方针，实现了思想路线的拨乱反正，解开了社会主义中国改革开放的序幕。在深刻的思想解放潮流的推动下，作为时代思想先锋的大学生开始对历史进行一系列的反思。"人们对过去特别是极端压抑人们思想和个性的人生观、价值观进行了深刻的反省、痛苦的反思和毫不留情的质疑！进行这些反省、反思和质疑，是一些经历过痛与苦的洗礼的时代大学生。"[1] 大学生在可谓是"舔着伤痕反思"的过程中没有了拨乱反正后的喜悦，表现出的是更多的无所适从、疑惑和迷茫。

2. "潘晓来信"引发的人生观大讨论

最能体现当时大学生困惑的思想状况的就是"潘晓来信"。"潘晓来信"刊登在《中国青年》杂志1980年第5期。来信述说了一个23岁的青年的坎坷经历和苦闷心情：任何人不管是生存还是创造，都是主观为自我，客观为别人；时代在前进，可我触不到它有力的臂膀；世界上有一种宽广的、伟大的事业，可我不知道它在哪里。于是纷纷感叹人生的路呵，怎么越走越窄？[2] 这封饱含人生创伤的信，交织着沉重、郁闷、诚挚和激愤的信，是我国"十年动乱"的苦果在青年思想上的反映。由此，围绕着"人生到底为了什么"的话题，以《中国青年》为阵地，在全国范围内掀起了一场热烈的大讨论。这场大讨论暴露出一代青年经历"文化大革命"后，思想上和精神上存在的各种问题。为此，各大高校积极响应党和政府的号召，加强了对广大青年学生的马克思主义世界观、人生观、价值观教育，主要是通过榜样和榜样教育引导大学生逐步形成正确的世界

---

[1] 廖小平：《分化与整合：转型期代际价值观变迁研究》，高等教育出版社2007年版，第119页。

[2] 潘晓：《人生的路呵，怎么越走越窄？》，《中国青年》1980年第5期。

观、人生观和价值观。因此，在 20 世纪 80 年代初，各高校广泛开展了"向英雄模范学习"的榜样教育活动。

（二）大学生榜样教育恢复和重建时期的榜样代表

1. "救人英雄"——张华

张华是第四军医大学空军医学系三年级学员，中共党员，1982 年 7 月 11 日为抢救淘粪落池的农民魏志德而英勇牺牲，年仅 24 岁。《光明日报》在 1982 年 8 月 5 日头版报道了张华的感人事迹，高度肯定这是一曲"社会主义精神文明的赞歌"。之后的几个月里，张华占据着《光明日报》重要版面最显著的位置，对张华的报道几乎天天出现在第一版的位置。与此同时，《人民日报》也发表了题为《当代大学生的榜样——记人民解放军第四军医大学学员张华》的长篇通讯。张华舍己救人的英雄壮举迅速传遍古城西安，传遍祖国大地。英雄的事迹也如同一股清风，吹进了大学校园，感动了无数年轻大学生。张华以实际行动，在一代年轻学子的脑海中激起了波澜，有力回答了潘晓发出的"人生的路呵，怎么越走越窄"的人生疑问和困惑。

1982 年 7 月 18 日，第四军医大学集会表彰张华，校党委追授他为优秀共产党员和革命烈士，追记一等功；10 月 28 日，叶剑英为张华题词："新时代的理想之歌"；11 月 25 日，中央军委授予张华"富于理想勇于献身的优秀大学生"荣誉称号。教育部、解放军总后勤部号召在高等学校学生和全军后勤战线中开展向张华同学学习的活动。以后第四军医大学每名入校的新生，都会在张华的铜像前举行宣誓仪式。

在一个信仰缺失的年代，张华这种舍生取义、无私奉献的精神影响了一代又一代人：1983 年 5 月，西岳华山旅游区，多名游客不慎从登山道悬梯上摔下，造成某地段严重堵塞，千百名游客随时都有可能跌入深谷，千钧一发之际，第四军医大学和西安体育学院的百名大学生，迅速成立了抢险队，他们奋不顾身成功地抢救了伤员，疏散了游客，这一壮举再现了张华舍己为人的精神。张华和华山抢险英雄集体至今都被誉为四医大"两华"精神。张华没有白白牺牲，他树起的是一个时代精神的丰碑。

2. "奋斗英雄"——张海迪

1983 年 2 月，《中国青年报》发表了一篇题为《是颗流星，就要把光留给人间》的长篇自述，并配发社论《让理想的光芒照亮生活之路》，宣传张海迪怀着"活着就要做个对社会有益的人"的信念，以及她以保尔·柯察金为榜样,勇于把自己的光和热献给人民的感人故事。自此,全国人民认识了这位美丽的残疾女孩——张海迪。张海迪5岁时因患脊髓血管瘤导致高位截瘫,身体的三分之二都失去了知觉。在残酷的命运面前,她没有沮丧和屈服,而是以顽强的毅力和恒心与疾病做斗争,不仅自学了具有大学水平的英、日、德三种语言,攻读了本科和硕士阶段的课程,她还从事文学创作,自学各类医学专著,学会了针灸等医术并义务帮别人治疗,鼓励遇到困难的青年重新找回生活的勇气,张海迪由此获得"八十年代新雷锋"和"当代保尔"两个美誉。1983年,共青团中央授予张海迪"优秀共青团员"称号,中共中央发出《向张海迪同志学习的决定》,邓小平等多位党和国家领导人为张海迪题词,以表彰她积极进取、无私奉献的精神。

可以说,面对生活的挑战,张海迪不是沉沦、不是喟叹,不是甘于平庸,而是勇敢奋起,做了许多连常人也做不到的事情。她面对逆境时自信的笑容,聪慧的头脑,坚强的毅力,以及坚韧不拔的精神,深深地打动着当时的青年大学生,给予他们战胜逆境的精神"正能量"。张海迪用自我奋斗的精神力量造就了生命奇迹,极大地鼓舞了20世纪80年代初期迷茫、困惑的青年大学生去努力,去奋斗,去战胜困境,造就属于自己的人生奇迹。当时,她的个人名言传诵于大学校园的每个角落,如:"活着就要做个对社会有益的人";"我不能碌碌无为地活着,活着就要学习,就要多为群众做些事情。既然是颗流星,就要把光留给人们,把一切奉献给人民";"我是一个有理想的人,不愿意一生无所作为,做一个无聊的人。不多学些东西,我就不舒服。我愿把我的一生献给我喜爱的事业。我的腿虽然不好,可是多年我一直是那样的乐观,对美好的生活充满激情",等等。我们看到,张海迪是身体力行地回应了当时亿万青年在世界观、人生观和价值观上的困惑,无愧于成为影响那个时代青年学生的鲜活榜样。

面对"文化大革命"这场浩劫给大学生精神面貌造成的巨大挫伤,各高校积极利用"张华""华山抢险集体"和"张海迪"等榜样事迹,引导大学生树立正确的世界观、人生观和价值观。其实,20世纪70年代末80年代初,社会和高校为青年学生树立的英雄榜样还有很多,如:1980年"刘文学式的少年英雄"王继秀、陈秀华;1984年"舍己为人小英雄"韩余娟;还有攻克了世界著名数学难题"哥德巴赫猜想"的陈景润,研制出中国第一台光学传递函数测试装置而过度劳累、病情恶化、不幸英年早逝的光学专家蒋筑英等优秀知识分子代表。他们形成了一股股催人奋进的精神合力,使经历了"文化大革命"动荡的国人深受感染,为当时的知识分子树起了一面面先锋旗帜,提供了激发广大青年学子与时代共进步的前行动力。与此同时,各级党和政府也广泛开展学榜样、赶榜样的活动,激发了当时大学生的思想情感,引起了广泛共鸣,充分调动和发挥了大学生的积极性与创造性,扫除了"文化大革命"遗留给当代大学生的迷茫和困惑,使他们迅速地走出了"文化大革命"的阴影,重拾信心争作有抱负、有理想的新一代青年。

应该说,"文化大革命"时期由于国家政策方针上的失误,大学生榜样教育畸形发展,其积极作用和正面性受到很大冲击,榜样教育的作用跌入深谷。改革开放实现了政策和思想的拨乱反正,从此,中国迈入了一个全新的时期,踏上了建设中国特色社会主义的道路,同时大学生榜样教育也获得了新的发展与突破,日趋正规,进入到了发展的全新轨道之中。党和政府深刻吸取"文化大革命"期间的残酷教训,大力扶持新时期下大学生榜样教育工作,积极塑造正面的,与社会实际生活相贴切的,具有说服力的榜样形象以进行正确的榜样教育,逐步使榜样教育在重建和引领大学生精神世界的积极作用得以恢复。"沉舟侧畔千帆过,病树前头万木春"。在经历"文化大革命"时期的挫败之后,大学生榜样教育终于迎来了发展的新希望。

二 西方思潮冲击时期的大学生榜样教育(1985—1989年)

1984年10月,党的十二届二中全会一致通过了《中共中央关于经济体制改革的决定》,中国实质性的改革开放由此展开,社会转型正式开始。随着现代化建设序幕的徐徐展开,一批批中国人也走出国门,踏上新时期"开眼看世界"的征程。但是,由于这一时期中国社会正处于新旧价值体系交替转变的历史关头,很容易使当时的中国人,把中西文化的交锋、碰撞中涌入的各种西方思潮,误读为"现代的思想",并在行动上比较盲目地追求西方思潮中的一些价值理念,忽视了当时中国社会发展的现实国情。这种思想行为特点,在感知社会思想最敏感群体的大学生身上,表现得尤其明显。

1985—1989年的大学校园在"存在主义""实用主义"以及西方资产阶级自由化思潮的冲击下日益复杂起来,"西方文化热""西方思潮热"

"《河殇》热""忧思热"成为大学生热烈拥抱的时尚思潮,大学文化甚至出现了"全盘西化"的倾向。由于这一时期大学生价值观的无措与混乱,对西方绝对自由、绝对民主等错误观念的盲从,他们中的一部分人对中国共产党的领导和社会主义道路产生了怀疑。而西方资本主义国家及一些别有用心的人,顺势利用了社会转型中大学生世界观、人生观、价值观的"空窗期",最终导致1989年政治风波的发生。虽然政治风波很快平息,但很多大学生原来所持有的投身"改革开放、努力奋斗、立志成才"的热情逐渐被现实冲淡,大学生的价值观走向失落、消极甚至颓废,许多大学生感到失去了生活的目标,感到理想和信仰无家可归。

鉴于此,为应对西方社会思潮,特别是一些社会不良思想对大学生带来的消极影响,各级党委、政府和高校有针对性地加大了榜样教育工作的力度,积极主动地以榜样来引导大学生树立和坚持正确的世界观、人生观和价值观,有效地阻止了不良思潮对大学生造成的负面影响。

(一)西方思潮冲击时期影响大学生的榜样代表

1. 中国女排榜样群体

"20世纪80年代让所有人都引以为荣的榜样群体"——中国女排,从1981年到1986年,她们创造了世界"五连冠"的辉煌,成为世界排球运动史上首支连续5次夺冠的队伍。中国女排的辉煌战绩,让无数中华儿女热血沸腾,让国人为中国体育叫好助威。"无私奉献,团结协作,艰苦创业,自强不息"的女排精神成为整个中国社会20世纪80年代昂扬奋进的集中体现,同时也成为民族精神和时代精神的典型象征。在20世纪80年代,"女排精神"是中华儿女实现中华民族崛起的精神表征,是无数中国人民走向世界的行动宣言。正是在这一精神的感召下,越来越多的中国人开始意识到:原来我们一样能追赶和超越别人。"女排精神"因其朴实、崇高,涤荡了整整一代青年大学生的灵魂,成为他们学习的榜样。

2. "人民科学家"——钱学森

"伟大的科学家、中国航天之父"——钱学森,行得正,立得端,靠着自己的钢筋铁骨和聪明才智,为使中华民族屹立于世界民族之林作出了巨大贡献。即使遭遇再大的挫折、风险和诱惑,钱学森对祖国仍是痴心不改,毅然学成归国为祖国和民族的崛起贡献自己的力量。在钱学森的心中,国为重,家为轻,科学最重,名利最轻。他以矢志不渝的爱国情怀、朴实坚定的报国之志、数十年如一日的爱国之行,为共和国建立了不朽功勋，成为享誉中外的"人民科学家"。钱学森堪称中华民族历史上知识分子的典范，特别是他不信邪"外国人能干的，中国人也能干"的精神风骨，成为广大青年学生追求科学新知与创新意识的助推器，理所应当地成为大学生学习的榜样。

（二）西方思潮冲击时期大学生榜样教育的基本特点

通过这一时期的大学生榜样教育，不难看出其有下述两个特点：

1. 时代先进人物成为榜样教育的重要内容

先进榜样人物成为这个时期的标志性符号，为正在盲从、迷失的青年大学生树立起了一列列时代的标杆。在这些榜样及其先进事迹的感召下，大学生也开始重新审视自身的人生价值，不再一味盲从，并努力开辟自我成长的途径，创建实现人生价值的舞台，积极投入到为实现"四个现代化"而努力奋斗的实践中去。党和政府及各高校也分别采取了多种形式，全方位、全过程、全领域地大力宣传榜样人物，有效鼓舞了大学生向榜样学习的热情。

2. 榜样类型呈现多样化发展趋势

这一时期，思想政治教育在致力提升大学生整体素质的同时，也开始注重大学生榜样教育内容的多样化，各种类型的榜样从社会的各行各业开始涌现出来。这一时期大学生榜样教育形象主要分为两类：一类是传统的社会道德楷模，如少年英雄赖宁；另一类则是各行各业的精英，如夺取"五连冠"的中国女排，敢闯敢拼的鲁冠球等一批企业家、改革者形象，等等。特别是改革者榜样，在荧屏上得到青年人的追捧甚至超越了今天的刘翔跨栏夺冠、杨利伟冲出地球。如1986年根据柯云路同名小说改编的电视连续剧《新星》，以一个县为背景，浓缩了中国农村大刀阔斧改革的社会生活，它以其振聋发聩的主题和对生活的贴近，赢得了前所未有的反响和收视率。同时，对于大学生榜样教育形象的树立趋于现实性、平民性和真实性，这些贴近年轻人生活的榜样形象对大学生榜样教育更有说服力。

三 大学生榜样教育承前启后时期（1990—1999年）

20世纪90年代，以1992年邓小平南方谈话为标志，中国的经济发展与社会转型又进入了新的历史阶段。江泽民在党的十四大报告中明确提出："我国经济体制改革的目标是建立社会主义市场经济体制，以利于进一步解放和发展生产力"。① 从此，中国经济迅速发展，政治局面和社会秩序相对稳定，综合国力稳步提升，这些都为大学生榜样教育提供了坚实的物质基础，促进了大学生榜样教育的进步。与此同时，市场经济存在的一些消极影响，使部分大学生对市场经济的本质没有理解透彻，存在片面认识，在思想上奉行利己主义，在行动中盲目追求个人利益，导致个人主义、功利主义思想在大学生中悄然蔓延，思想道德人格出现功利化倾向。面对新形势新问题，各级党委、政府和各高校及时利用榜样教育为大学生追求高尚的思想道德品质亮出盏盏明灯，指引青年大学生积极向上、克己奉公、无私奉献。

（一）承前启后时期影响大学生的榜样代表

1. "见义勇为、不怕牺牲"——徐洪刚

1993年8月17日，年仅22岁的济南军区某通讯连班长徐洪刚在探亲归队途中，见危相助，挺身而出，同欺负妇女的歹徒英勇斗争，胸部、腹部、臂部被歹徒连捅14刀，肠子流出体外50多厘米，他忍着剧痛，用背心兜着肠子，从车上跳下，追赶歹徒。后经当地群众和医院全力抢救，终于转危为安。其见义勇为的英雄壮举，在全国引起强烈反响，各大媒体竞相报道了他的英雄事迹。时任党和国家领导人江泽民、李瑞环、胡锦涛等先后接见和题词嘉勉。徐洪刚见义勇为、舍己救人、甘于奉献的精神为青年一代所动容，激励着大学生为国为民敢于担当。

2. 改革开放新时期的"活雷锋"——徐虎

徐虎和雷锋一样，也是用一颗赤诚火热的心温暖着千家万户。作为一名平凡岗位上的水电修理工，十几年如一日，用休息时间为群众排忧解难。"心系群众，爱岗敬业，全心全意为人民服务"的"徐虎精神"感动了千千万万中国人民。在"徐虎效应"带动下，"徐虎班组""徐虎群体"等先进团体纷纷成立。大学校园里，"徐虎精神"也如一盏明灯，帮助大学生认识自身人生的成长方向。可以说，徐虎的出现，是时代和事业的需要，其助人为乐、舍己为人、淡泊名利、兢兢业业、勤勤恳恳、任劳任怨等高尚品质呼应了那个时代的召唤，也教育和激励了正在成长的新一

---

① 江泽民：《加快改革开放和现代化建设步伐　夺取有中国特色社会主义事业的更大胜利——在中国共产党第十四次全国代表大会上的报告》，《人民日报》1992年10月21日。

代大学生。

3. 真情为他人的标兵——李素丽

北京 21 路公共汽车售票员李素丽，是一位"岗位做奉献、真情为他人"的模范标兵。这条线路连着北京北站和西站，南来北往的外地客人一下火车，往往就通过这路车接受北京人的第一次服务。李素丽在平凡的岗位上作出了不平凡的业绩，得到了党和人民的肯定。她先后获得"全国优秀售票员""五一劳动奖"和"优秀共产党员"等多项荣誉，被人民群众誉为"老人的拐杖，盲人的眼睛，外地人的向导，病人的护士，老百姓的亲闺女"。李素丽的事迹在校园也广为传播，激励着青年学生服务社会，无私奉献。

4. 新型知识分子的典型——陈章良

作为改革开放后第一批公派留学回国生，陈章良一直从事生物技术及分子生物学研究，主要集中在基因的"克隆"上，他利用现代生物技术获得抗虫、抗病的转基因植物，研究卓有成就。在植物蛋白质工程和基因农业等课题研究上硕果累累的陈章良，最令同行们羡慕的是兼具科学家和成功的企业老板双重身份，他很喜欢被称为"老板"，因为自己一直致力于开创中国的生物工程产业。站在生物科学前沿的他，更懂得技术产业化对中国的意义，他深感"技术如果没有开发，躺在实验室里就永远是技术"，把开创中国的生物工程产业作为他这一代生物学者的天职。1992年，他以企业家的智慧，和潘爱华等人在北大未名湖畔成功创建了目前中国最大的生物基因工程制药企业之一——北大未名生物集团公司，开始致力于生物技术的产业化实践，北大"未名"很快便成为拥有 17 家子公司的集团；接着又创建起中国北大生物城——一个中国未来最大的集科研、开发、生产为一体的现代化生物工程产业基地。他亦由此获得第三届"中国十大杰出青年"荣誉称号，其身上集聚知识、产业与财富有机耦合的标签，加上会生活的率真性情，成为无数青年学子倾慕与效仿的对象。

（二）大学生榜样教育承前启后时期的基本特点

1. 榜样教育的主题更加突出群众性

此时期，大学生榜样教育在坚持以党和政府为主导的基础上，更加突出群众性。榜样人物的树立更多的是具有典型意义的普通人，从徐虎到李素丽，再到陈章良，他们都是在平凡岗位上默默耕耘，作出不平凡贡献的普通工作人员。对大学生群体而言，这种榜样真实可信，有着很大的亲和力和感染力,更容易为他们所认同和接纳。虽然20世纪90年代的榜样比80年代更加群众化和民间化,但从总体上看,20世纪90年代推出的榜样不及80年代的榜样对广大青少年和群众影响的广度大、程度深。1983年,当人们知道了张海迪的感人事迹后,无不为她那种身残志坚的精神所鼓舞。说起自己年轻时的榜样,生于20世纪70年代的湖北大学艺术学院教师马新平表示,那时候每天都会主动从报纸上了解张海迪的事迹,天天写学习心得。许多从那个年代走过的年轻人都曾受到张海迪、中国女排等榜样精神的激励,至今都忘不了她们的感人事迹。

2. 大学生榜样教育的形式更为多样化

20世纪90年代,随着社会变革的不断深化,社会分工的细化催生出了许多新职业,使得榜样的范围不再局限于传统的生产生活领域,而是向其他领域不断延伸;榜样产生的方式,不再是仅由政府树立,社会机构也开始参与到榜样的评选过程中来,如:在全国和各地开展的"十大杰出青年""优秀企业家""优秀青年""巾帼英雄"等榜样评选活动中,榜样评选的形式就更加丰富多样。这期间,影响最大的是由中华全国青年联合会创意策划,联合中国青少年发展基金会及《人民日报》、中央电视台、中央人民广播电台、《光明日报》、《中国青年报》、《解放军报》、《科技日报》、《经济日报》、《工人日报》、《农民日报》等十家主要新闻单位共同主办,旨在举荐青年人才,宣传杰出青年,树立时代楷模的"中国十大杰出青年"评选活动。该活动自1990年面世以来,努力营造崇尚杰出、追求卓越的良好社会氛围,为培养跨世纪的青年人才大军,为实现中华民族的伟大复兴作出了积极努力。活动不断规范举荐渠道,完善评选机制,拓展交流途径,加大宣传表彰力度,现已形成了层层选拔、逐级推报的候选人举荐渠道、专家评审和社会参议相结合的评选机制及党政关心、青年关注的良好社会环境。活动成功揭示了当代青年的成长成才轨迹,充分展示了杰出青年们在为全民族共同理想努力奋斗的过程中实现个人价值的奋斗历程。"十大杰出青年"均具有鲜明时代特征的丰满形象和艰苦创业、追求卓越的成长经历,极大地激励了广大青年学生脚踏实地、锐意创新、立志成才、开拓进取的热忱,上文所述的陈章良便是"十大杰出青年"的优秀代表。

3. 大学生榜样教育的内容开始受到偶像崇拜的影响

20世纪90年代,社会主义市场经济的发展逐渐催生的一大批明星式的偶像人物使得娱乐文化、影视明星、商界巨贾成为这个时代青年偶像的主流。单一的、固化的理想榜样教育已越来越不能适应新时期大学生对榜样教育的需求,很多大学生崇拜的榜样不再是科学家、诗人或者积极进取的英雄,而是娱乐明星。这一时期,港台歌星、影星等娱乐明星如周润发、张国荣、"四大天王""小虎队"、林志玲等许多演艺明星成了青年人模仿和追逐的对象,明星偶像层出不穷,让人眼花缭乱。偶像崇拜逐渐兴起,并对大学生榜样教育产生影响,大学生榜样教育呈现出榜样与偶像同在共生、榜样教育与偶像崇拜并行发展的局面。这个时代的大学生由于受到偶像浪潮的影响,虽然推出的一些榜样非常优秀,但却很难像以往那样引起大学生的广泛关注和普遍认同。

这一时期,大学生榜样教育呈现出承前启后的特征。随着市场经济快速发展带给人们价值观念的深刻冲击,大学生群体的价值观念也开始从崇尚集体主义、追求理想信念,向重视个体发展、注重实现个人利益的方向转变,对思想道德和榜样的认识也在发生变化。大学生对政府和学校树立起来的一些理想主义的榜样的激情和热情开始降低,转而更加理性地看待和选择,传统榜样的影响力和榜样教育的效果都有所下降。此时期,国家现代化建设日新月异、社会利益多元化发展、社会生活日益丰富,大学生榜样教育承前启后的特征体现在:一方面,保持了传统大学生榜样教育以行政力量为主导的惯性,彰显无私无畏的顽强精神和奉献精神类的榜样人物,依旧是大学生群体敬仰和学习的榜样;另一方面,大学生榜样教育多元化的趋势初步显现。

四 多元化背景下大学生榜样教育的繁荣发展时期(2000—2014年)

迈进21世纪,中国这艘大船,开始驶向一个更为开放、多元和多样的时代。此外,信息技术的更新换代,使人类社会进入到以互联网的大规模运用为主要特征的信息时代,信息环境的深刻变化,对人们社会生活的方方面面都产生着广泛而深刻的影响,人们的思想观念也发生着深刻的变化,以人为本、科学发展的理念深入人心。这些因素极大地影响了青年大学生对榜样及榜样教育的重新认识与思考。大学生不再是两耳不闻窗外事,一心只读圣贤书的"书呆子"。多元化的世界环境开阔了新时期青年学生的视野,增强了他们的自信心、独立性和自主意识。大学生对于各种新鲜事物倾向于根据自我的经验、性格特点、兴趣、爱好等进行判断,不再对学校所提倡、所树立的传统标准化的榜样无条件认同与接受。

(一) 繁荣发展时期大学生榜样教育的新发展

1. 大学生榜样教育逐步实现由传统到现代的转型发展

传统大学生榜样教育存在的缺陷，已为思想政治教育者所重视。在新的历史条件下，教育者们开始重新思索大学生榜样教育的价值意义，并努力冲破传统教育理念的惯性思维，积极探索大学生榜样教育适应时代发展的新途径。我们欣喜地看到，大学生榜样教育不再只限于传统的思想政治教育口头灌输等单调的形式，而是开始运用歌曲、电影、电视剧、文学作品等多种文艺形式。一首"学习雷锋好榜样"再次传唱于大学校园，激励着当代的大学生；大力宣传诸如《焦裕禄》《恰同学少年》《建党伟业》《建国大业》《解放》和《毛泽东》等一系列优秀影视作品，使广大大学生被革命先烈的革命热情和满腔报国之志所打动；话剧《郭明义》使大学生认识到雷锋精神并没有失传，大学校园纷纷成立"雷锋社"学习和实践以郭明义为代表的"当代雷锋"的雷锋精神；大学图书馆里《雷锋日记》《钢铁是怎样炼成的》《假如给我三天光明》等书籍使广大青年学生看到朴实无华却又令人景仰的雷锋形象；学习到保尔和海伦·凯勒身残志坚、永不言弃的崇高品质等。新时期，大学生榜样教育形式、方式、手段等的创新，使大学生榜样教育更为可感、可知、可学，各类榜样形象也更易于被广大大学生所接受。

大学生榜样教育从传统到现代的转型过程，不是简单的前后顺序或依次递进过程，也不存在前后割裂，而是相互融合、互不否定。为分析这个问题，下文主要列举、剖析笔者身边，且活跃在大学生学习、生活之中的徐本禹、"同心兄弟"和钱俊东三个榜样案例。

志愿服务的榜样：徐本禹。

中央电视台"感动中国·2004年年度人物评选"于2005年2月17日晚揭晓，来自山东聊城的青年志愿者徐本禹入选"感动中国·2004年年度人物"。1999—2003年就读于华中农业大学的徐本禹，2003年考取该校农业经济管理专业公费研究生，但没有立即就读，到贵州省大方县猫场镇狗吊岩村岩洞小学与大水乡大石村大石小学支教。徐本禹因天涯社区的文章《两所山村小学和一个支教者》而被中国人所熟知，后获选"中国十大杰出青年""中国十大杰出青年志愿者"。而至为重要的是，在极端匮乏中，从徐本禹开始，一群年轻人十余年接力守护，让清脆的读书声在群山中回响，收获着心灵的富足，深刻改变了那块贫瘠土地的面貌。

2013年12月,在中国青年志愿者行动实施20周年暨第28个国际志愿者日之际,中共中央总书记、国家主席、中央军委主席习近平给华中农业大学"本禹志愿服务队"回信,肯定他们在服务他人、奉献社会中取得的成绩和进步,勉励他们弘扬志愿精神,为实现中华民族伟大复兴的中国梦作出新的巨大贡献,并向这支志愿服务队和全国广大青年志愿者致以诚挚的问候和崇高的敬意。回信全文如下:

"本禹志愿服务队"的同学们:

来信收悉。得知你们在徐本禹同志感召下,积极加入青年志愿者队伍,走进西部,走进社区,走进农村,用知识和爱心热情服务需要帮助的困难群众,坚持高扬理想、脚踏实地、甘于奉献,在服务他人、奉献社会中收获了成长和进步,找到了青春方向和人生目标,感到十分欣慰。值此中国青年志愿者行动实施20周年之际,我向你们以及全国广大青年志愿者,致以诚挚的问候和崇高的敬意!

当前,全国各族人民正在中国共产党领导下,全面贯彻党的十八大和十八届三中全会精神,满怀信心为实现中华民族伟大复兴的中国梦而奋斗。你们在信中表示,要勇敢肩负起历史赋予的责任,积极投身改革发展伟大事业,奉献社会,服务人民,说得很好。

历史和现实都告诉我们,青年一代有理想、有担当,国家就有前途,民族就有希望,实现中华民族伟大复兴就有源源不断的强大力量。希望你们弘扬奉献、友爱、互助、进步的志愿精神,坚持与祖国同行、为人民奉献,以青春梦想、用实际行动为实现中国梦作出新的更大贡献。

习近平
2013年12月5日①

确如习近平总书记所说,在榜样感召下,广大青年找到了青春方向和人生目标。徐本禹的事迹不仅充分体现了当代青年大学生理想信念坚定、价值取向正确、积极进取、奋发成才、勇于战胜困难、乐于奉献社会的精

---

① 习近平:《习近平给华中农业大学"本禹志愿服务队"回信》,《中国青年报》2013年12月6日。

神风貌,也体现了高等学校自觉履行社会责任、积极服务经济社会发展的良好社会形象。在徐本禹身上体现了当代青年大学生乐观向上、艰苦奋斗、自强不息的宝贵品质。他面对贫困,始终保持自强不息、昂扬向上的精神状态和艰苦奋斗的作风,不抱怨,不消沉,不等、靠、要,坚持勤工俭学,依靠自己的奋斗战胜困难,改变命运。在徐本禹身上反映了当代大学生志存高远、勤奋学习、勇于实践的精神风貌。徐本禹始终坚持把"成人"和"成才"统一起来,把理论学习与社会实践结合起来,思想上追求崇高理想,政治上积极要求进步,学习上刻苦钻研,生活上艰苦朴素,努力掌握专业知识,不断提高实践能力,热情投身社会实践,真正做到了品学兼优。在徐本禹身上显示了当代青年大学生关注社会、关爱民众、无私奉献的高尚情操。徐本禹始终坚持把个人价值与社会需要结合起来,把高尚的道德情操、远大的理想志向同实实在在的奉献活动结合起来,树立正确的人生观、价值观,自觉承担社会责任,追求崇高的生活意义,把自己融入人民群众和现实生活之中,既体现了知识分子的思想、才华和激情,又体现了共产党员的先进性。徐本禹作为优秀青年大学生的典型,集中体现了新时期我国高等学校思想政治教育工作,特别是贫困生帮扶工作和大学生社会实践教育的成果,是全面贯彻中央16号文件精神,进一步加强和改进大学生思想政治教育工作的生动教材。徐本禹的事迹可感、可知、可学,既典型又鲜活,既崇高又质朴,既能感染心灵又能启发思考,具有鲜明的时代特征。对于教育引导青年大学生,特别是贫困大学生树立正确的人生观和价值观,坚定正确的政治方向,乐观向上,自强不息、勤奋学习、勇于实践,自觉履行社会责任;同时,对提高大学生思想政治教育的针对性、实效性和吸引力、感染力,都具有积极意义。

朋辈扶持的榜样:"同心兄弟"。

2014年6月26日,《光明日报》头版报眼位置发表题为"同心兄弟"宿舍的故事的长篇通讯,报道湖北大学"同心兄弟"的故事,并在第七版进行了延伸报道和配发评论。全文如下:

湖北大学哲学院,有这样一个特殊群体——6年来,贺方、刘伟、曾灿、李慧峰、闫然、张训、周著7位同学一起照顾双腿残疾的黄冠。

从大一到研二,6年求学路,他们一起走过,相互照顾、相互学习、相互影响。大家都亲切地称他们是"同心兄弟"、湖北大学"琴园风云学子"。"6年中遇到数不尽的困难,幸运的是,我身边有同心兄弟。"黄冠感慨，没有同学们的支持和帮助，自己或许早已放弃了学业。

照顾黄冠成为习惯

初见黄冠，微胖，挂着拐杖，闫然扶着他，笑呵呵地走到记者面前。"你状态看起来不错嘛！"

"还行。以前，我可没这么乐观。"黄冠笑说。

小学 6 年级，黄冠因车祸双腿落下残疾，右腿无法长时间站立，没人扶着，容易摔跤。受伤的膝盖不能长时间弯曲，他连轮椅都不能坐。

身体上的不便，并没有影响黄冠的学习。2008 年，他考取湖北大学哲学系。爸爸很担心，想留下来陪读，黄冠拒绝了，"想自己一个人试试"。

开学第一天，黄冠独自去食堂吃饭。短短几百米的路，摔了七八次还没到。这时，室友刘伟、曾灿扶起他，送上热腾腾的饭菜："以后带饭、打水这些事就交给我们吧。"

"报到那天，妈妈看到黄冠的情形就叮嘱我，一定要多帮助、照顾他，同学之间要相互关照。"刘伟说，大学四年，带饭、打开水、取快递、买东西，"照顾黄冠已经成为我们的一种习惯"。

刚进校，大家对校园环境都不熟悉。曾灿和刘伟已经把地图查清楚了——超市在这里，里面有黄冠需要的生活用品；计算机中心在那里，黄冠想上网得去那里交费；琴园风景不错，有空时可以带黄冠去逛逛……室友们的细心照顾，温暖了黄冠的心。

正式开课后，接送黄冠上课的任务由会骑车的曾灿一人承担。大二时，曾灿转专业离开了寝室，住对面的贺方揽起了接送黄冠的活儿。一天，他载着黄冠去晒太阳，自己在旁边打篮球，意外受了伤，眼角撕裂，牙也磕掉了，血流不止。为了不耽误黄冠上课，贺方只是简单地处理了一下伤口，忍住痛，咬咬牙，仍然坚持先骑车把他送到教室，才去医院。

班主任倪霞说："本科四年，黄冠从来没有缺过课。"

"我和他们，胜似亲兄弟。"黄冠感动地说。

同班同学介绍，兄弟们常常扶黄冠去操场锻炼，慢慢地，他发现有些困难是可以克服的；还带他去东湖游玩，让他与同学们一样看风景；和他聊天，让他感受到生活原来可以如此快乐。

"同心兄弟"爱心接力

本科毕业，贺方找到了工作，黄冠、李慧峰、张训考上了本院研究生。"黄冠怎么办？"李慧峰拍着胸脯跟离校的兄弟们保证："放心，黄冠交给我!"

考虑到黄冠上下楼不方便,李慧峰放弃光线好、更舒适的高层寝室,多次到学校后勤中心申请,要求和黄冠一起住在潮湿、阴暗的 1 楼;怕黄冠坐车受颠簸,选择走没有减速带的路,情愿多绕路。主修西方哲学的李慧峰,却和主修伦理学的黄冠选修了同样的课程,避免上课时间发生冲突。"以前,上课都是边走边吃早餐。现在,我必须在寝室吃早餐,然后载黄冠去上课,下课也是先送他,再去做自己的事情。"李慧峰说,自己的作息时间完全是按照黄冠的作息时间制定。

7 位同学各有分工。住 7 楼的闫然,每天的任务就是给黄冠带饭和打水,一天上下好几趟。黄冠说,给他打电话最多的是闫然,发短信最多的也是闫然,"吃了没?""想吃啥?我给你带。""要不要去超市?我带你去。"……

和黄冠一样身体不便的张训,也在力所能及的范围内给予帮助。同病相怜,更容易交流,有时,黄冠一个眼神,张训就知道他在想什么。黄冠也被张训的坚强自立感动了,"我曾经自怨自艾,抱怨上天不公,张训用行动让我获得了直面挫折的勇气"。

求学 6 年,黄冠和兄弟们的感情日渐深厚。生活和学习中,兄弟们相互关照,黄冠的自强不息也鼓舞着兄弟们。

黄冠的成绩一直在系里名列前茅,每当同学们有问题请教他,他都会放下手上的事,耐心解答。闫然本科毕业后"北漂"一年,快节奏、压力让他喘不过气来,黄冠经常打来鼓励电话,一年后,他又考回母校读研。刘伟第二次跨专业考研时,备考十分辛苦,黄冠经常帮他搜集考研资料,考研成绩一出来,比刘伟还急着查分数。擅长计算机、动手能力强的黄冠,还经常接受老师和同学相托,帮忙制作精美的 PPT、解决各种电脑难题,甚至修补寝室的桌椅等。

"黄冠的寝室总是聚集着很多人,总是充满欢歌笑语。"学弟周著羡慕地说。

"伦理学最生动的教材"

帮助黄冠的不仅仅是同学,还有学校和老师——管理哲学课的教室原本定在 4 楼,任课老师冯军担心黄冠和张训上下楼困难,写了好几份材料,向学校申请将教室调到了 1 楼;黄冠常常和阮航老师讨论问题,阮老师多次直接跑到寝室与他交流;每年学校评选助学金,黄冠总在其中。

哲学院党委副书记余燕说:"院里给予了黄冠更多的关心和帮助。这6年,我看着黄冠和他的兄弟们一路走来,很不容易。"

"这群孩子从不认为自己做的事有什么了不起。他们认为,大家是室友,这是应该做的。正因为这样,更难能可贵!"哲学院党委书记万明明介绍,刘伟、闫然、李慧峰等日复一日坚持帮助黄冠,让人感动;黄冠自立自强、奋发向上,让人动容,"最重要的是,黄冠和他的室友都拥有阳光的心"。

哲学院院长戴茂堂告诉记者,"同心兄弟"的故事充分体现了学院伦理学教育的成果和学校"日思日睿,笃志笃行"的校训,"这种超越了血缘亲情的博爱、大爱,就是伦理学道德课堂所讲的人格自由选择的精神和魅力,'同心兄弟'的故事将作为伦理学最生动的教材"。

"同心兄弟"的故事,感动着湖北大学师生。研究生院组织各学院研究生代表召开座谈会讨论,300多个本科班级开展主题班会学习他们的事迹。文学院大二学生小杜说:"如果黄冠学长继续留校读博,接送和生活问题由我们承担。"

"自我、没有责任感、情感淡漠,是社会对'90后'大学生的一些指责之词。可是,从黄冠和他的室友身上,我们看到了当代青年的责任和担当。"湖北大学副校长杨鲜兰认为,"同心兄弟"展现了相互友爱、团结互助精神和质朴、真挚的同学情,展现了当代大学生善良纯朴的本质,以实际行动践行了社会主义核心价值观。①

应该说,"同心兄弟"的故事,是学生主体性教育的典范,体现了学生自育的高度自觉和朋辈扶持关爱的强烈担当。正如《光明日报》主任记者夏静在题为《当代大学生的精气神》的评论文章中说的:一个人做点好事并不难,难的是持之以恒。湖北大学"同心兄弟"的故事,让人感动。榜样的力量,源于良好的校园文化和家庭教养。黄冠等8位同学家庭背景各异,但他们的理想、追求是一样的,面对有困难的同学、室友,心中充满关爱,生活中相互帮扶。有人说,现在一些大学教授上课像开会,手里夹着公文包,一下课就不见人影。而湖北大学哲学院的老师课外经常与学生在一起,呵护、关爱学生,值得学习和倡导。"同心兄弟"的乐于奉献、崇德向善,传承了中华民族的传统美德,展示了当代大学生的价值取向。在他们身上,我们看到了当代大学生的精气神,更看到了培育

---

① 夏静、张晶:《"同心兄弟"宿舍的故事》,《光明日报》2014年6月26日。

和践行社会主义核心价值观的不竭动力。①

"同心兄弟"的故事感动、感染了许多人,他们不仅成为享誉校内外助人为乐的典范,也成为当代青年大学生积极践行社会主义核心价值观的典范,光荣入选2014年度湖北"荆楚楷模·好人榜"。爱激发爱,爱感染爱,爱传递爱,"同心兄弟"的事迹表明,当代青年存博爱!青年学生以"同心兄弟"为榜样,就要学习他们出入相友、守望相助的高尚精神,学习他们和谐友善、乐于助人的道德品质,学习他们自强不息、克难奋进的人生态度,学习他们热爱学习、成就理想的人生追求,积极践行社会主义核心价值观,为实现中国梦贡献力量。

创新创业的榜样:钱俊东。

2012年7月,国务院召开全国就业创业工作表彰大会,作为"全国创业就业先进个人",西安三人行信息通信有限公司、合肥三人行教育科技有限公司、北京橙色风暴有限公司董事长兼总经理钱俊东受到表彰,并受到温家宝、李克强等党和国家领导人的亲切接见。

钱俊东1980年出生于安徽省无为县,曾是一名贫困大学生,为了学费当起了"倒爷"。2000年至2003年,经过3年的经营和积累,他拥有了一个50万元注册资金的公司,不仅替父母偿还了家里所有的债务,还摘掉了"贫困生"的帽子,也成就了自主创业的理想。如今,他是一个领导着110人的团队、年产值5000万元的企业负责人。

2000年,钱俊东考取了长安大学,由于凑不齐学费,他通过学校设立的绿色通道办好了入学手续,开始了他的大学生活。与其他同学不同的是,钱俊东在完成学业的同时还要抓紧时间通过勤工俭学积攒学费。在他的记忆当中,除了教室、图书馆,去得最多的地方就是西安的批发市场。每当下课铃声响起,钱俊东就背着大包,去批发同学们需要的日用品和学习用品。通过这样的积累,大一那一年,他挣下了自己的第一个1万元。

"虽然付出了比其他同学多几倍的艰辛,但是我自己解决了学费和生活费。那个时候,我还不知道什么叫'创业',只是想多挣几个钱,减轻父母的负担。"钱俊东说。直到2001年10月,钱俊东看到学校的展板上贴着"挑战杯"创业计划大赛的海报时,他才知道,销售学生日用品的这些行为,还有个名字叫"创业",报名参赛后,虽然只获得了优胜奖,

---

① 夏静:《当代大学生的精气神》,《光明日报》2014年6月26日。

但让他明白了，大学生可以利用所学知识、技能去创业。也就是从那天开始，钱俊东的内心世界，有了一个坚定的信念：将来一定要自己创业，自己给自己"造饭碗"。

随即，钱俊东利用积攒下来的钱开始了他的创业之路，代理销售校园卡、手机等各种通信产品。2003年，校园通信市场蓬勃发展，钱俊东紧紧抓住了这个契机，迅速扩展业务，一年就积累了50万元的资金。那年暑假，在陕西省有关部门的支持和帮助下，钱俊东用这笔钱成立了他的第一家公司，毕业后，他就全身心地投入到了创业的热潮之中。2005年，经过了精心策划，钱俊东注册了他的第二家公司，从商品代理销售，转型发展到"校园媒体"。2006年，公司制定了"打造高校第一传媒，传播高尚校园文化"的奋斗目标。由于熟悉校园，公司业务增长很快，在北京、上海等高校集中城市还设立了办事处。

然而，创业的道路并非一帆风顺，2007年，由于缺乏经验，公司扩张过快，新的市场迟迟打不开局面，资金链的高度紧张等原因，公司的发展遇到了前所未有的困难。困难和压力并没有让钱俊东想到放弃，他想到的是，我现在最需要创业成功人士的指点。冲着这个方向，钱俊东报名参加了《赢在中国》的比赛，凭着执着和坚韧，钱俊东成了全国15万选手中首位晋级十强的选手，在知名企业家的指点下，钱俊东对创业的内涵有了更深的理解。2008年，经过调整经营思路，积极拓展业务，公司逐渐回到了良性运行的轨道上，得到了新的发展。

公司的发展与成功，让钱俊东懂得，自主创业不仅能够实现大学生的自我价值，改变一个人和一个家庭的命运，更重要的是，还能充分发挥大学生的聪明才智，为社会作出贡献。他也没有忘记，是国家的资助，使他顺利完成了大学学业；是国家的扶持政策，帮助他走上了自主创业的道路。他要承担起一份社会责任，回报国家、回报社会。因此，在招聘新员工时，钱俊东特别注重招收应届毕业生，为100多名大学生提供了工作岗位，累计上缴利税300多万元。

钱俊东说："创业，是一辆永不停止的战车，没有持之以恒的决心，坚持不懈的毅力，不可能实现创业的梦想。"从卖学生日用品开始，钱俊东受过冷眼，遭到过拒绝，受过很多委屈，但他从来没有想过放弃。因为他深深地懂得，明天的路在今天，今天的路在脚下。

通过上述三个榜样案例的阐述，我们不难看出，不论是传统道德榜样，还是现代创业典型，其年龄结构趋向年轻化，行业领域趋向多元化，社会阶层趋向大众化是世之大势，反映了青年大学生对优秀身边人、身边事的关注与趋向。三个榜样身上都明显体现了践行社会主义核心价值观，为中华民族伟大复兴中国梦早日实现而努力的时代印记，反映了无论经济如何发展，社会如何进步，青年大学生对中华优秀传统文化，诸如道德、勤勉、互帮互爱等的追求从来都是一以贯之的，并没有随着市场积极的大潮而弱化与淹没，相反，随着物质的不断繁荣，他们将更加注重精神上的富足与愉悦。

2. 大学生榜样教育开始注重融入信息化发展元素

在新形势下，党和政府以及社会各界加大了对大学生榜样教育的力度，体现之一就是积极运用各种先进手段如新兴媒体和互联网络对大学生进行榜样教育，传播榜样精神。大众传媒方式中最值得一提的就是"感动中国年度人物""双百人物"和"中国大学生年度人物"评选等活动。

以 2002 年创办的"感动中国年度人物"活动为例，此项活动为全国人民展示出了一个个真实鲜活、深入人心的经典榜样形象。通过群众性的榜样评选活动，使先进人物的教育效果入脑、入心，广受全国人民好评，被媒体誉为"中国人的年度精神史诗"。例如，2004 年"感动中国年度人物"徐本禹，其颁奖词是这样述说他的："如果眼泪是一种财富，徐本禹就是一个富有的人，在过去的一年里，他让我们泪流满面。从繁华的城市，他走进大山深处，用一个刚刚毕业大学生稚嫩的肩膀，扛住了倾颓的教室，扛住了贫穷和孤独，扛起了本来不属于他的责任。也许一个人的力量还不能让孩子眼睛铺满阳光，爱，被期待着。徐本禹点亮了火把，刺痛了我们的眼睛。"[①] 徐本禹的先进事迹，充分体现了新世纪的大学生勇于同困难作斗争、全心全意奉献社会的崇高精神品质。他的事迹感动了无数青年学生，纷纷称他为"新时代大学生的楷模"。又如，2009 年"感动中国年度人物"中国登山队，该队于 1955 年正式成立，2008 年 5 月 8 日上午 9 时 17 分，中国登山队完成了一项伟大壮举，让奥运火炬第一次登上了珠穆朗玛峰峰顶，实现了奥运圣火在世界之巅的传递。中国登山队员们凭着坚强的毅力和意志，克服了重重困难，实现了所有中国人的梦想，激

---

① 舒亦颖主编：《感动中国孩子心灵的 60 个杰出人物》，中国少年儿童出版社 2009 年版，第 270 页。

励着一代青年大学生团结拼搏，奋发向上，等等。

"双百活动"是2009年，为迎接新中国成立60周年，我国评选出"100位为新中国成立作出突出贡献的英雄模范人物和100位新中国成立以来感动中国人物"。其评选标准是：坚决贯彻落实党的路线方针政策，坚定理想信念，牢记党的宗旨，廉洁奉公，一心为民的基层优秀党员干部；为国家发展、民族振兴、社会和谐、人民幸福作出重大贡献的各行各业杰出代表；在平凡岗位上作出不平凡业绩的工人、农民、知识分子和解放军官兵、青年学生以及其他先进典型。

"100位为新中国成立作出突出贡献的英雄模范人物"分别是（按姓氏笔画排序）：八女投江、于化虎、小叶丹、马本斋、马立训、方志敏、毛泽民、毛泽覃、王尔琢、王尽美、王克勤、王若飞、邓萍、邓中夏、邓恩铭、韦拔群、冯平、卢德铭、叶挺、叶成焕、左权、白求恩、任常伦、关向应、刘老庄连、刘伯坚、刘志丹、刘胡兰、吉鸿昌、向警予、寻淮洲、戎冠秀、朱瑞、江上青、江竹筠、许继慎、阮啸仙、何叔衡、佟麟阁、吴运铎、吴焕先、张太雷、张自忠、张学良、张思德、旷继勋、李白、李林、李大钊、李公朴、李兆麟、李硕勋、杨殷、杨子荣、杨开慧、杨虎城、杨靖宇、杨闇公、肖楚女、苏兆征、邹韬奋、陈延年、陈树湘、陈嘉庚、陈潭秋、冼星海、周文雍和陈铁军夫妇、周逸群、明德英、林祥谦、罗亦农、罗忠毅、罗炳辉、郑律成、恽代英、段德昌、贺英、赵一曼、赵世炎、赵尚志、赵博生、赵登禹、闻一多、埃德加·斯诺、夏明翰、格里戈里·库里申科、狼牙山五壮士、聂耳、郭俊卿、钱壮飞、黄公略、彭湃、彭雪枫、董存瑞、董振堂、谢子长、鲁迅、蔡和森、戴安澜、瞿秋白。

"100位新中国成立以来感动中国人物"分别是（按姓氏笔画排序）：丁晓兵、马万水、马永顺、马恒昌、马海德、中国女排五连冠群体、孔祥瑞、孔繁森、文花枝、方永刚、方红霄、毛岸英、王杰、王选、王瑛、王乐义、王有德、王启民、王进喜、王顺友、邓平寿、邓建军、邓稼先、丛飞、包起帆、史光柱、史来贺、叶欣、甘远志、申纪兰、白芳礼、任长霞、刘文学、刘英俊、华罗庚、向秀丽、廷·巴特尔、许振超、达吾提·阿西木、邢燕子、吴大观、吴仁宝、吴天祥、吴金印、吴登云、宋鱼水、张华、张云泉、张秉贵、张海迪、时传祥、李四光、李春燕、李桂林和陆建芬夫妇、李素芝、李梦桃、李登海、杨利伟、杨怀远、杨根思、苏宁、谷文昌、邰丽华、邱少云、邱光华、邱娥国、陈景润、麦贤得、孟泰、孟二冬、林浩、林巧稚、林秀贞、欧阳海、罗映珍、罗健夫、罗盛教、草原英雄小姐妹、赵梦桃、钟南山、唐山十三农民、容国团、徐虎、秦文贵、袁隆平、钱学森、常香玉、黄继光、彭加木、焦裕禄、蒋筑英、谢延信、韩素云、窦铁成、赖宁、雷锋、谭彦、谭千秋、谭竹青、樊锦诗。①

"双百活动"系统地表达了中国共产党领导下的公民道德建设的主流价值取向，推动了爱国主义教育活动在全国广泛深入地开展，进一步弘扬了伟大的爱国主义精神和带动了全国人民爱国精神境界的提升。榜样的力量是无穷的。党和政府以及社会各界，广泛运用新媒体技术，通过调动、发起人民群众共同参与的榜样教育方式，是新时期创新榜样教育的一种可贵尝试，收到了良好的效果。这种新的教育尝试，不仅是大学生榜样教育可以依赖的创新途径，还是提升中国文化软实力的重要载体。

新时期的大学生榜样教育，互联网络成为主要手段之一。一是国家开发了各类型各层次的弘扬榜样精神的网站，比如有"学习雷锋好榜样网""中华见义勇为网"等各类红色网站；一些主流榜样教育网站还开设了学雷锋活动专栏，进一步在大学生群体中传播雷锋精神正能量。二是榜样人物开设的实名认证博客、微博，使得大学生能直接与榜样模范人物进行交流互动，如徐本禹的博客粉丝就达到数万之众，进一步使榜样精神得到了广泛传播。

这里需要特别阐述的，就是与大学生贴得近、影响大的"中国大学生年度人物评选"。评选活动由中共中央宣传部、教育部、共青团中央、人民日报社指导，由人民网和大学生杂志社联合主办。评选活动围绕立德树人根本任务，积极培育和践行社会主义核心价值观，深入挖掘和宣传表彰大学生先进典型，集中展现当代大学生的精神风貌，充分发挥先进典型的示范引领作用，在全社会营造促进大学生健康成长的良好环境。从2006年开始，该项评选活动已经进行了十届，具有六大亮点：一是活动得到了教育部、共青团中央、《人民日报》等部委有关部门的大力支持，权威性强、公信度高；二是活动是大学生们自己的活动，是一场2300万大学生寻找和学习身边榜样的年度盛会；三是选手覆盖面广，直达全国各大高校，人选众多，规模更大、影响力更强，大学生们参与热情高；四是

---

① 参见中国文明网（http://www.wenming.cn）。

活动是树立新一代大学生形象活动，是弘扬传统文化与现代观念相结合的活动，是树立青少年社会主义荣辱观的活动，是帮助青少年健康成长、融入社会的活动；五是各大媒体重视程度高，各大媒体竞相报道，社会反应强烈，全国各大权威媒体将对本次活动进行广泛报道，宣传、推广力度大；六是全国重点城市重点高校巡回推广，组委会将走进十个城市近20所高校举行优秀学生演讲报告会，并适当开展研讨、文娱等活动。

下面是第十届中国大学生年度人物（按姓氏笔画排序）及其简要事迹：

他的名字命名科研室：丁云广。男，汉族，共青团员，南京理工大学2011级本科生。通过自主招生入学，丁云广就读于机械工程学院飞行器设计与工程专业。在南京理工大学，有个科研室很特别："丁云广科研工作室"，它是唯一用在校本科生名字命名的科研室。他获得21项专利，1项国防专利，发表1篇ISTP国际会议论文，被中国江苏网、《南京日报》、《扬子晚报》等媒体报道。

高素质拔尖学生：王青璨。男，汉族，中共党员，北京大学2011级本科生。2014年，王青璨获评北京大学授予学生个人的最高荣誉——学生"五四"奖章，以及学生年度人物。本科期间，王青璨曾获省级及以上学术竞赛奖9次，综合素质测评及数学专业必修课平均分（97）均列年级第一，参与多个科研项目获北京大学创新奖，两次代表北京大学主持全国基础学科拔尖计划学生学术交流会；曾任学生党支部书记和院团校秘书长；通过小提琴十级。

勇于实践努力钻研：刘佰全。男，汉族，中共党员，华南理工大学材料物理与化学专业，2012级博士研究生。作为第一作者，刘佰全发表25篇论文（SCI 16篇），发明专利3项。其中2014年SCI一二区7篇，三区3篇，EI 1篇，专利1项。2014年成果先后被 *Nature Photonics* 收录为 Research Highlight，在 *Nature* 子刊 *Scientific Reports* 发表，并被推荐在国际、国内顶尖会议做口头报告。参与研发我国首款柔性彩色AMOLED。2014年研发>70lm/W柔性白光，第三方权威结构认证（第一作者已发表）。

自立自强乐于公益：邢二朋。男，汉族，中共预备党员，黄河水利职业技术学院2012级学生。邢二朋3次跳入黄河急流，成功救起3名落水人员，并保证了自身安全，荣获河南省"感动中原"年度人物。邢二朋自立自强，荣获2013年度"全国大学生自强之星标兵"。邢二朋乐于公益，荣获开封市"十佳公益人物"。邢二朋孝敬父母，荣获"鹤壁市孝亲敬老之星特别奖"。

坚持学习自强不息：杨乃斌。男，汉族，共青团员，河北工业大学城市学院机械工程系测控技术与仪器专业2011级本科生。杨乃斌双耳失聪，但并没有屈服于命运的安排，他凭着自强不息、奋斗不止的信念，在妈妈的坚持与扶助下，走进了课堂，走进了大学。杨乃斌在大学期间取得优异成绩，曾获校"三好学生""优秀团员"等称号。在2014年"感动中国"年度人物评选中，杨乃斌和妈妈陶艳波被评为"感动中国"年度人物。

善于创新强于执行：马仁义。男，汉族，群众，上海交通大学2012级硕士研究生。两年时间，马仁义将@上海交通大学研究生会（微博）粉丝从7000人增长到12万人，成为最受粉丝好评、被@人民日报（微博）转载次数最多、影响力稳居同类第一的高校微博。马仁义善于创新、强于执行，热衷探索利用新媒体展开服务和传承文化的新模式、新实践，策划并成功举办首届全国高校研会微博峰会和2014年全球华语大学生短诗大赛。

不畏困难全面发展：古丽加汗·艾买提。女，维吾尔族，中共党员，北京师范大学历史学院2011级免费师范生。古丽加汗·艾买提立志献身边疆教育事业，以新疆地区民语系统文科高考状元的身份考入北京师范大学。大学期间，古丽加汗·艾买提不畏困难，全面发展，作为党支部书记，带领党支部获得多项荣誉，个人获得"优秀共产党员""十佳大学生"等荣誉称号。2014年9月9日，古丽加汗·艾买提参加第三十个教师节座谈会，作为唯一学生代表，向中央领导进行了汇报，并得到了中央领导的肯定与鼓励。

全能博士"闯先生"：汤明磊。男，汉族，中共党员，南开大学行政管理2013级博士研究生。2014年，响应"大众创业、万众创新"号召，汤明磊放弃哈佛交流机会，创办"飞地孵化器"——闯先生。"飞地孵化器"——闯先生实现一站式创业云服务，帮助数千大学生创业，获得全国"创青春"创业大赛金奖，相关报道被中央人民政府网站头条转载。汤明磊在学术和实践多方面表现突出，被称为"全能博士"。

热爱科研甘于奉献：何美丹。女，汉族，中共党员，海南大学2012级博士研究生。何美丹热爱科研，吃苦耐劳，是稻田的守望者。何美丹乐于助人，无偿捐献"熊猫血"6550毫升，获海南省无偿献血奉献奖，被媒体誉为"最美女博士"，系2014年"感动海南"十大人物评选候选人之一。何美丹朴实、善良、勤劳、敬业，传播正能量，荣获2014年"中国大学生自强之星标兵"称号。

求学创业无翼飞翔：杨孟衡。男，汉族，共青团员，云南大学2014级硕士研究生。前云南省残疾人游泳队队员杨孟衡，2010年被誉为"无臂高考状元"，2014年毕业于中山大学英语翻译专业，作为免试研究生被家乡云南大学录取。同年，他创办"唯梦文化传播有限公司"，在澳门及内地各省演讲百余场。2014年下半年开始撰写第二本个人文集。2014年受邀参加电视选秀节目《我是演说家》，表现突出。广东卫视大型纪录片《追梦在路上》将其作为标杆性人物，拍摄个人纪录片《无翼也飞翔》，记录其求学及创业经历。①

上述三个榜样评选活动，主办方不一，标准不尽相同，程序与形式也各式各样，但无一例外，都十分注重网络等信息化手段的应用和广大普通群众的积极参与。活动均畅通群众推荐渠道，及时向社会公开电子邮箱、通讯地址、热线电话等联系方式，广泛开辟广播、电视、报纸等路径通道，充分利用手机短信、网上留言、网络博客等现代传播方式和手段，切实把那些群众公认、反响良好、最有代表性的先进人物推选了出来。

（二）繁荣发展时期大学生榜样教育的基本特点

1. 更加凸显"以人为本"的教育理念

近年来，随着主体性等新的德育理论的广泛应用和德育观念的不断革新，榜样教育出现新的气象：榜样教育更加关注普通人的生活和诉求，更加重视受教育者的主体地位，更加强调评选方式的大众化。与此同时，榜样教育的主体也更加多元化，榜样教育的方法也更为多样化、人性化，树立的榜样不仅是典型的正面形象，在榜样的身上集中反映出社会所希望具有的某些思想品德或能力素质，而且还表现出人性的丰富多彩和情感的多重性，显现出较强的人文化、生活化色彩。如被中宣部、教育部誉为"群星璀璨"的湖北高校大学生榜样群体，不论是2002年献身基层的中国地质大学学生张国旗，2004年感动中国年度人物华中农业大学学生徐本禹，2011年中国优秀青年志愿者武汉理工大学学生郎坤，还是2006年中华孝亲敬老模范荆门职业技术学院学生刘芳艳，2006年中国大学生十大年度人物武汉大学学生黄来女，2009年全国道德模范湖北职业技术学

---

① 参见中国大学生网（http://stu.chinacampus.org）。

院学生谭之平,抑或是2014年习近平访问韩国,在首尔大学的演讲中提到的"遭遇车祸,康复后继续为韩国患者捐髓的中国志愿者"——武汉船舶职业技术学院学生张宝,他们作为大学生追逐的榜样的背后,隐含与外显的无一不是浓郁的人本理念。

2. 更加彰显生活化的教育形象

新世纪以来,大学生榜样教育形象彰显出多样化、个性化、生活化、多层次化等特征。社会生活的改变使得广大青年学生对榜样形象有了自主性的认识与思考,注重现实的风气不断侵蚀着人们的思想,传统的艰苦奋斗、无私奉献的榜样形象不再是一呼百应、响者云集,榜样形象不再是标准化、统一化,而是更加多样化、个性化、生活化,榜样形象既有党和国家树立的标兵,也有群众推选出来的典范;既有有关部门推出的不同领域中涌现的杰出代表,也有群众团体、民间组织评出的先进人物、道德模范和诸如姚明、刘翔、周杰伦等文体明星;既有党员干部,也有大学生群体和平民英雄,还有如张瑞敏等一批优秀企业家,袁隆平、王选等一批技术专家和中国网络创富成功的马云、陈天桥、丁磊、张朝阳等传奇人士,以及超出国界、国籍的杰出企业家比尔·盖茨、巴菲特等成功人士。新时期榜样人物的多领域涌现,使大学生榜样教育呈现多元化的发展趋势。一方面,大学生榜样教育继承了依托多样化榜样深入社会各领域的传统;另一方面,大学生榜样教育又坚持与时俱进,产生了具有时代特色的新形式。

新的历史条件下,我们要把握中国社会全面转型的有利契机,既要继承和发扬大学生榜样教育的优良传统和有益经验,树立更多的榜样引领社会发展新风尚,又要汲取时代发展的新养分,将大学生普遍认同,具有普遍代表性的榜样人物推选出来,以榜样人物的美德善行,塑造社会主义时代的"四有"新人,为努力建设有中国特色的社会主义伟大事业提供重要条件。

第二节 当代中国大学生榜样教育的基本经验

简单梳理、归整当代中国大学生榜样教育的发展历程,拿捏其大致脉络,感觉我国改革开放30多年来的大学生榜样教育虽有瑕疵,就如本书绪论所言,但总体还是与时俱进、基本成功的,较好地发挥了其在特定历史时期的积极作用。总结经验,对于进一步推动我国大学生榜样教育的理论研究与实践拓展，有着积极的意义。概括来讲，我国30多年来大学生榜样教育的基本经验在于以下五条：

一 高度重视榜样教育的作用

在我国，运用榜样的示范作用对高校大学生进行思想政治教育是一种普遍的且行之有效的方法，也是许多望子成龙、望女成凤的父母在教导子女时常挂在嘴边的话题。改革开放以来，大学生榜样教育的建设不断加强，形成了较为浓郁的榜样文化氛围。大学生榜样教育之所以能够卓有成效地开展，与党和政府一直高度重视榜样在精神文明建设中的示范引领作用，把榜样教育作为思想政治教育工作的重要手段和方法是分不开的。

（一）注重加强对大学生榜样教育工作的领导

党和政府高度重视并不断加强对榜样教育工作的领导，把其作为一项长期的战略任务来抓。只有党和政府掌握了榜样教育工作的领导权和主导权，才能牢牢把握榜样教育的主动性和方向性，才能使榜样教育的目标渗透到榜样教育全过程，从而对广大青年学生产生应有的教育作用。因此，党和政府历来重视发挥先进模范人物的示范带动作用，长期从日常工作中、基层党员中选树先进模范人物，采取有效措施加以学习宣传，不断激发青年学生学先进、赶先进、争先进的热情，有力推动了大学生榜样教育的实施。如改革开放以来，国家层面就榜样教育开展了一系列重大选树活动，其中影响力最为广泛的有：全国"双百"人物评选，系统表达了中国共产党领导下的公民道德建设的主流价值取向；全国道德模范评选，褒扬了先进，弘扬了正气，推动了全社会的道德建设；"中国好人榜"评选，促进了全社会形成崇尚、学习、关爱和争当道德模范的长效机制与浓厚氛围，等等。正是由于党和政府的高度重视并大力推行，各级各部门全力实施，使榜样教育活动在各级各类学校也如火如荼地展开，并蔚然成风。

（二）注重加强大学生榜样教育工作队伍建设

大学生榜样教育工作队伍的建设，决定着高校思想政治教育的性质和方向，影响着榜样教育的效果，关系到榜样教育的成败。一支敢打硬仗、具有战斗力的榜样教育工作队伍，才能不断开拓榜样教育的新局面。党和政府注重不断加强大学生榜样教育工作队伍建设，广泛动员师生参与到榜样的学习、宣传和教育活动中，如出台《普通高等学校辅导员队伍建设规定》《关于进一步加强高等学校思想政治理论课教师队伍建设的意见》等一系列文件,通过增强榜样教育的示范效应吸引教职员工、学生骨干及社会各界践行榜样行为并加之以宣传,加入到榜样教育的队伍建设中去,在全社会形成合力,推动了当代中国大学生榜样教育的发展和完善。各高等学校也相应加强了大学生思想政治教育的"三支队伍"建设,从人员、经费等方面较为充分地保障了榜样教育工作开展的队伍建设之需。

总之,大学生榜样教育作为高校思想政治教育的重要手段和方法,历来受到党和政府的重视,正如十七大报告中指出的:"大力弘扬爱国主义、集体主义、社会主义思想,以增强诚信意识为重点,加强社会公德、职业道德、家庭美德、个人品德建设,发挥道德模范榜样作用,引领人们自觉履行法定义务、社会责任、家庭责任。"[①] 可见,在思想政治教育工作中突出榜样教育的重要作用,并将抓典型、树榜样,发挥先进典型的示范作用,作为党的思想政治教育工作行之有效的方法,切实推动中国特色社会主义建设不断取得新的成就。

二 注重建立榜样教育的运行机制

大学生榜样教育的运行机制,是指大学生榜样教育各项紧密关联的功能或环节,如宣传、激励、评估等,能够经由一套运转系统,有效地发挥其最大作用。改革开放30多年来的大学生榜样教育之所以能取得一定成效,很重要的一点,就是注重建立这样的运行机制。

(一) 注重建立宣传机制

首先是把大学生榜样教育作为宣传教育工作的一项长期的重要任务来抓,一般是党委宣传部门牵头抓总,学生工作部门、共青团组织等参与配合,开展各种形式的宣传教育活动,对大学生施加教育影响,以确保榜样教育目标的实现。其次是突出了以人为本的科学理念,特别是进入新世纪后,十分强调应秉持彰显大学生主体地位、注重人文关怀和心理引导的教育理念。如在对长江大学"'10·24'见义勇为舍己救人英雄集体"、武汉船舶职业技术学院跨国捐髓学生张宝等先进事迹的宣传引导时,都体现了以人为本,突出强调了人文关怀与心理帮扶。再次是在宣传榜样的内容方面,坚持了社会主义核心价值观这个主体,把社会公德建设、家庭美德

[①] 《十七大报告学习辅导百问》,党建读物出版社2007年版,第32页。

建设、职业道德建设、个人品德建设等涵盖其中,有效发挥了榜样的教育引导作用。

(二) 注重建立激励机制

首先是注重营造优良氛围。氛围主要是指通过环境的优化,来激发大学生内心对榜样的情感认同。以1999年为界,之前软性氛围营造居多,之后随着高等教育的大发展,物质基础越来越雄厚,硬性氛围营造异军突起,但两者不论独立或融合发生作用,其所构筑的校园物质环境、文化环境和管理环境等,都对大学生的思想行为发挥了潜移默化的积极作用,为大学生榜样教育提供了充满正能量的内外环境。其次是积极开展主题活动。激励塑造机制的功能发挥,有赖于主题鲜明实践活动的开展。在这方面,高校做了大量卓有成效的工作,如定期举办榜样表彰会、榜样报告会、榜样微评比(论)、榜样微电影及各类主题征文、事迹展览、社会实践活动等,在提升大学生综合素质的同时,切实调动了大学生学习榜样的积极性,使大学生榜样教育常葆实效性。再次是注重精神物质激励。大学生榜样教育应当重在精神上的激励,辅之以物质上的激励。这也可以1999年为界,之前精神激励占据绝对地位,之后物质激励渐渐多了起来。近几年,随着形势的发展,物质激励在大学生榜样教育方面又呈现不太被提倡的趋势。但不论何种激励,教育者借助各种资源和载体,来启迪、塑造、激励大学生,满足大学生的榜样需求,引起大学生在思想政治素质、情感认知、心理体验和行为方式等方面发生积极变化,激发学生效仿榜样的精神动力,还是取得了较好的效果。

(三) 注重建立评估机制

首先是明确了大学生榜样教育评估机制的内涵。经过多年的理论和实践,大学生榜样教育评估机制是涵盖反馈和调节等环节在内的动态系统,它由内部评估机制、外部评估机制和内外联动评估机制共同组成,是一个以大学生榜样教育评估为核心内容构成的复杂而具有操作性的评估体系。其次是建立了大学生榜样教育评估机制的操作系统。大学生榜样教育的评估,由教育主管部门、高等学校和有关社会机构组成团队,依据发展性评估理念,从学校、教师、学生、教育各要素等方面,对大学生榜样教育目标的实施情况作出价值性评价,以构建可操作性的系统化的评估体系,并通过反馈环节来整合调节多方教育力量,以保障大学生榜样教育的实效性。再次是丰富了大学生榜样教育评估机制的内容。就过去30多年的情况来看，大学生榜样教育评估机制的内容大体包括：学校对榜样教育的重视程度，如校园硬件设施建设情况，软件文化氛围营造情况；开展榜样教育活动的内容、形式及效果；思想政治理论课中榜样教育的内容、形式、效果；榜样教育工作者的队伍建设情况，等等。

三　榜样教育坚持贴近大学生活

大学是追求个性自由和思想自由很高的阶段，大学生热衷于自己的想法，强烈渴望自己有足够的自由去选择自己的人生道路，不愿他人刻意甚至强制性地要求自己做什么。因此，充分认识和理解大学生这一心理特征，在榜样教育的过程中适当地引导大学生去正确选择符合自己的人生榜样，十分重要。改革开放30多年的大学生榜样教育实践，坚持贴近大学生活实际，努力把大学校园打造为大学生榜样教育的主阵地，收到了明显的效果。

《中共中央　国务院关于进一步加强和改进大学生思想政治教育的意见》中指出："全社会都要关心大学生的健康成长，支持大学生思想政治教育工作……要坚持团结稳定、鼓劲、正面宣传为主，反映高等学校思想政治教育工作的先进典型和优秀大学生的先进事迹"。[①] 按照这一要求，近年来，一大批献身祖国教育和科技事业的先进模范人物，一大批大学生身边的榜样如雨后春笋破土而出，成为大学生效仿学习的先进典型。如："全国模范教师"孟二冬，"忠诚党的创新理论的模范教员"方永刚；在平凡中实践生命意义的"感动中国年度人物"徐本禹、洪战辉，体现当代大学生精、气、神而被《光明日报》头版长篇通讯报道的湖北大学"同心兄弟"故事等。他们的先进事迹，完全根植于大学生活中，与学生近在咫尺，而深深震撼、感动了当代大学生。此外，文化宣传部门还推出了一系列以榜样人物的先进事迹为内容的电影和电视剧，为大学生榜样教育创造了良好的社会氛围，提供了大量鲜活的教育素材。

其实，大学生可塑性大，模仿性比青少年更强，有了生动具体的形象作为榜样，便容易具体地领会标准和行为规范，容易受到感染，容易跟着学，跟着走，这样有助于他们养成良好的品质和行为习惯，有助于他们养

[①]《中共中央　国务院关于进一步加强和改进大学生思想政治教育的意见》，《人民日报》2004年10月15日。

成正确的世界观、人生观和价值观。一个人的人生方向的选择很大程度上取决于大学时代向往什么，以什么为榜样。可见，榜样的确定、培育和宣传对于一个大学生能否顺利成长、成才十分重要。一定程度上，大学生在成长的道路上，自身去发现、寻找他们身边适合的榜样，才能使榜样教育发挥长期持久的作用，才会对学生的发展产生更深远的影响。

四 榜样教育顺应时代发展的需要

每个时代的榜样都具有鲜明的时代特色，是时代精神的真实写照，是一定的具体社会生活条件的产物，是历史性与现实性的有机统一。榜样作为时代的产物凝聚着时代的精华，榜样的魅力在于它的应运而生。榜样教育要具有时代感，必须树立能满足时代需求，必须紧扣时代脉搏的榜样。在榜样教育实践中，我们令教育对象在思想情感上形成对榜样的崇拜，在行动上坚定对榜样的追随，既是对时代特征的一种表达，也是对时代需要的一种回应。新中国成立以来，虽然树立的榜样在不同时代有着各自的不同，但他们都在其所处的时代引起了广泛的共鸣。例如，在社会主义建设探索时期，"向雷锋同志学习"的号召激发了无数青年增强了听党的话的政治觉悟；学习"铁人"王进喜则鼓舞着全国人民为了新中国不畏艰难勇于奉献。改革开放以来，学习张海迪身残志坚、乐观豁达的精神品质，会激励青年大学生树立"生命在于奋斗"的生活志向；学习孔繁森会引导青年大学生树立勤政廉洁、全心全意为人民服务的公仆意识，等等。

正如前文所述，改革开放以来四个不同的发展阶段，大学生榜样教育均较好地贴近了时代的需要并相互衔接。如2011年5月18日，《人民日报》刊登了一篇题为《张华：新一代大学生的杰出代表》的文章，再次向世人展现了这位牺牲时年仅24岁的大学生的光辉事迹："对于张华这个榜样，也许当下会有一些大学生说，张华就是个傻子，他那么有才华，那么年轻，为了救一个掏粪老人牺牲自己太不值得。是的，从传统价值角度衡量，张华的做法确实有些不值得，但是如果从道德角度去衡量，从弘扬社会正义角度去衡量，可能就会得到不同的答案。当前，中国经济发展，社会进步，按道理说，人的道德也应该有所进步，但不时诉诸媒体的是：面对行凶的歹徒，大家只忙于围观而无动于衷；面对跌倒的老人，无人敢去扶一把；公交车上无数年轻人占着优待座位漠视身边站立的孕妇和老人。如此现状，每一个人都会感到寒心。社会的发展进步，为什么人本性里的那份善没有了,都变得这么自私了,如果这个社会的每一个人都只想自己,而不顾及他人,那么这个社会到底谁能幸福的生活。所以,这篇文章对榜样张华先进事迹的再现,提醒着现今的青年学子:张华虽然牺牲了,但是他却给这个社会无穷的精神财富,他热爱学习品学兼优,他热心公益无私奉献,他疾恶如仇敢于斗争,他爱一行钻一行勇于创新,他富于理想勇于献身。试问,这样的精神难道不是我们这个时代的青年大学生所应该具备的精神吗?"[1]

"时代精神是社会发展要求的核心,为青少年树立的榜样其言行应该是时代精神的体现,这是榜样时代性最基本、最主要的要求。"[2] 什么是当今社会的时代精神?党的十六届六中全会作出了明确回答,即"坚持以改革创新为核心的时代精神"。[3] 因此,为青年大学生树立榜样,应该是具有创新意识和创新精神的个体(群体),无论是积极进取、破解难题的科学家,还是身边敢于打破常规,勇于创新的普通教师、同学等,都可以成其为榜样。除此之外,生命、责任、宽容等都是我们这个社会急需的,正如钱理群所认为的:"当今社会所需要的时代精神是以生命至上为核心的仁爱精神,以多元社会、文化并存为核心的宽容精神,以社会参与和承担为核心的责任意识。"[4]

随着社会进步和时代变迁,我国大学生眼中的榜样呈现出多样多元的发展态势。这就要求教育者,在树立榜样时应顺应时代要求,注重突出时代性,使榜样更加符合时代发展的需求。榜样的时代性和时代性的榜样,是具有一致性的,两者并不冲突,它们都在提醒教育者,无论时代条件发生了何种变化,教育者都需要以时代精神为指引,注重新的榜样资源的开发与运用。

---

[1] 张华:《新一代大学生的杰出代表("双百"人物中的共产党员)》,《人民日报》2011年5月18日。

[2] 万美容:《优选与创设:榜样教育创新的方法论视角》,《中国青年研究》2009年第9期。

[3] 《党的十六届六中全会〈决定〉学习辅导百问》,学习出版社2006年版,第17页。

[4] 钱理群:《当今中国青年和时代精神》,《书摘》2008年第12期。

五 榜样教育注重运用新兴媒体

20世纪90年代以来，以网络、手机为代表的新兴媒体，一夜肆虐大江南北，成为现代人生活中所不可或缺的交流与沟通平台。新兴大众传媒全方位、广覆盖、多角度地向人类生活的各个方面快速渗透，打破时空局限，让世界变得越来越小，使人们生活的空间越来越大。它在极大地丰富人们文化生活的同时，也改变了人们的价值观念和生活方式，并深深地影响着国民的素质。作为全新的社会力量，新兴大众传媒也日益构成现代社会青年大学生健康成长的重要环境，与家庭、学校和同龄群体一样，是影响其社会化的重要因素。

在世界范围内，未成年人接触新兴大众传媒的频率和时间迅速增长，有对学校教育形成挑战之势。与家庭教育、学校教育和社会教育相比，新兴大众传媒对青少年成长的社会控制作用日益显著，其影响更具有普遍性和不可替代性。表现在：新兴大众传媒使青年学生获得必要和充分的信息资源，有利于提高他们认识世界的能力，但更多地使他们形成了自己的意见和见解；在社会生活中，信息环境的便利化，青年学生开始具备与教育者同等的信息获取权利，却由此使他们拥有了自己都不敢想象的比以往更平等、更民主的地位，个性发展因此更为充分。特别是新媒体，如微博、微信等，由于知识获取的快捷、信息沟通的互动、话语地位的平等，满足了青年学生学习知识、追逐时尚、情感交流和自由表达的需求。所有这些，均对大学生群体的日常学习与生活，给高校大学生榜样教育，带来了新的机遇和挑战。

应该说，虽有瑕疵与不足，但各高校还是基本上抓住了信息网络大发展的机遇，充分运用新兴媒体，实现了新媒体环境下大学生榜样教育的创新发展。一是各高校均加强了新兴媒体的硬件建设，校园网络（内、外网）基础较好。二是组建了网络舆情监管引导部门，一般设在党委宣传部或网络中心。三是建立了一批榜样教育网络阵地与平台，如建设红色网站，利用多媒体进行教育教学。四是利用网络开展一系列榜样教育活动，包括榜样的选树、榜样表彰与事迹展示等。

当然，无论是教育观念，还是教育内容，抑或教育方式和手段，以及与之相应的教育模式，新媒体时代下大学生榜样教育受到的影响，都是全面而复杂的。在此情形下，我们更有必要准确把握新媒体的特点和规律，正确运用新媒体的传播优势,进一步拓展榜样教育的发展空间,以实现大学生榜样教育在新的信息发展环境下的新发展。总之,合理利用大众传媒,使其成为青年大学生社会学习和人格发展的有效工具,其积极意义不可忽视。

管窥一豹。上述五条基本经验,可通过笔者参与的湖北大学"同心兄弟"榜样团队的发掘和培育过程得到一定程度的体现。

一是选苗要有基础。

先进典型的培育需要合适的土壤,"同心兄弟"的故事发生在湖北大学哲学学院,看似偶然,实则必然。原因有三:

第一,学院只有哲学1个本科招生专业,哲学专业对学生的身体状况基本是零要求、无限制,因此,"同心兄弟"的核心人物黄冠,小学六年级时因车祸双腿落下重度伤残,生活无法自理,他被湖北大学录取后偶然但又必然地被调剂到哲学专业。因为他的到来,才有了后面的故事。

第二,学院精细化育人理念深入人心,为"同心兄弟"的发掘和培育营造了良好氛围。哲学学院学生规模小,本科生、研究生总数在300人左右,本科只有1个专业,每年招生保持在30人左右,是全校唯一一个研究生人数超过本科生的学院。学院一直推行"精细化"育人的理念,并积极引导全院教师在教学中育人、在管理中育人。学院师生关系融洽,无论是辅导员还是任课老师,对学院学生的情况非常熟悉,老师们谈起学生来如数家珍。2008年湖北大学招生录取工作结束时,学院分管学生工作的老师第一时间即从录取信息中获知了黄冠身有残疾的情况,同时也从录取信息中发现还有一个名叫张训的学生眼睛和腿部均有残疾(张训后来也成为"同心兄弟"中帮助和照顾黄冠的一员)。1个学生总数不到40人的班级里有2名残疾学生,其中1名生活还不能完全自理,这个情况不得不引起学院的重视。黄冠入学至今,学院教师给予了他很多关注与关心。因他行动不便,宿舍调整时向学校申请安排他入住一楼;管理哲学课的教室原本定在4楼,任课老师向学院、学校申请将教室调到了1楼;导师主动到寝室与他讨论、交流学习上的问题;每年评选助学金,他总是被倾斜照顾的对象;研究生入学时,学院为他争取公费指标,减轻他及家庭的经济压力。

第三,"同心兄弟"是学院、学校教育的成果。身边没有父母陪伴,不能完全自理的黄冠如何应对日常生活、如何完成课堂学习成了老师们关心的问题。但是很快老师们发现,黄冠从未缺过一堂课,他的身边总有同学的陪伴,或用自行车驮着他往返于宿舍和教室之间,或搀扶着他漫步在校园。大学四年过去,黄冠的生活如常,学业优秀,并于2012年考取本院的硕士研究生继续深造。研究生生活开始后,与他一起考上研究生的本科同班同学为了方便照顾他,主动申请和他同住一个宿舍,身体有残疾的同学张训也主动为他提供力所能及的帮助。没有来自黄冠父母的请求,也没有来自辅导员的叮嘱,同学们自觉自发地团结在黄冠周围,成为他的双腿,帮助他完成求学之路,在他们看来,帮助黄冠自然而然已经成了生活中的一部分。可以说,"同心兄弟"的故事充分体现了学院伦理学教育的成果和学校主体性教育及"学生自育工程"的实施成效,这种超越了血缘亲情的博爱、大爱,就是伦理学道德课堂所讲的人格自由选择的精神和魅力,同心兄弟的故事是伦理学最生动的教材。

二是育苗要看时机。

先进典型的发掘要看时机,湖北大学"琴园风云学子"评选活动为"同心兄弟"崭露头角提供了舞台。2013年11月,湖北大学学工处开展"琴园风云学子"评选活动,目的是选树优秀学生典型,充分发挥优秀学生的示范引领和朋辈教育作用,营造良好的育人环境和成长氛围,评选包括自强之星、学习之星、创业之星、孝悌之星等10个类别。当时,同学们数年如一日照顾黄冠,陪伴其求学的故事在学院内为师生们所熟知,师生们在深受感动的同时,也以他们为榜样,为自豪。"琴园风云学子"评选活动的通知下发到学院,分管学生工作的老师就决定要适时推出这个有温情重情义的群体。学院在征得了所有当事人的同意之后,将他们的事迹材料整理,并第一次以"同心兄弟"的名称上报,参评"琴园风云学子"孝悌之星,最终毫无悬念地当选,成为十大"琴园风云学子"中唯一的研究生团体。至此,"同心兄弟"的故事在校园里流传开来,并逐步引起了学校学工处、研究生院、党委宣传部等职能部门和《武汉晚报》《楚天都市报》等媒体的关注。

学院也尽力为"同心兄弟"群体及个人的成长提供平台。一方面,加强对"同心兄弟"中两名残疾学生(黄冠和张训)的帮扶,不仅帮助他们从经济上解困,更重要的是帮助他们树立自信心,从心理上解困。辅导员老师从班级QQ群上黄冠制作的一段视频判定他有一定的电脑操作水平,于是指导他学习制作PPT,并将学院各项工作汇报的PPT材料交由他制作。在与他的交流中，发现他多才多艺，性格乐观向上，他的自强不息也激励着兄弟们。另一名残疾学生张训，能主动参与学院学生工作，学院为他提供锻炼机会，选拔他担任班干部，在学院勤工助学，后吸纳他加入中国共产党；另一方面，继续培育，深度挖掘"同心兄弟"的故事。通过"琴园风云学子"的评选，一向低调的"同心兄弟"被推向前台，让他们讲出催人泪下、感人至深的故事细节，他们总是无话可说，认为自己做的事情很平凡，没有什么了不起。为了深度挖掘他们的故事，学院相关老师经常深入他们的寝室，通过谈话谈心，了解近6年来发生在他们中间的故事尤其是细节，在他们片断式的描述中还原出整个故事的原貌。

三是结果要靠合力。

先进典型的发掘和培养是一个系统而复杂的过程，关键一条就是要形成宣传推介先进典型人物事迹的强大合力。单凭哲学学院一己之力，"同心兄弟"难成气候。湖北大学非常注重对先进典型的培育和宣传，"琴园风云学子"评选结束后，学校党委高度重视，校领导主动关心、过问"同心兄弟"的情况，并为"同心兄弟"先进典型的培育和宣传牵线搭桥。研究生院、学工处、校团委积极联动，适时在各大媒体推出系列报道，加强舆论引导，并组织表彰、事迹报告会，成立了以"同心兄弟"命名的志愿服务队等，在校园内外引起强烈反响。湖北省教育厅刊发《湖北教育简报》，号召青年学子们以"同心兄弟"为榜样。《光明日报》曾三次来校采访该团体，并在头版显著位置大篇幅刊发相关报道。《武汉晚报》连续3天追踪报道"同心兄弟"的感人事迹，报道被国内数十家媒体转载，央视、新浪、腾讯微博的转评量达数十万，进一步扩大了"同心兄弟"的社会影响。

"同心兄弟"的发掘、培育和引起的良好社会效应，留给我们的启示有三点：

一是榜样的选树要体现时代性。

不同的时代需要塑造不同的人物形象，高校树立大学生榜样要考虑到时代性的要求。只有具有鲜明时代特色、层次特点分明的大学生榜样，才会引起青年大学生群体的共鸣，才会引导青年群体的思想，成为青年群体学习的楷模，成为青年群体行动的指南针，并对大学生思想政治教育工作的开展提供强大的动力。"同心兄弟"之所以在社会上引起强烈反响，引起众多的回应与共鸣，重要原因在于"同心兄弟"的出现顺应时代要求，符合社会对大学生成长成才目标的心理预期。

"睡在上铺"的兄弟姐妹，曾经是许多人大学生活中最珍贵的回忆。然而，随着马加爵案，清华大学、复旦大学、中国矿业大学投毒案等恶性事件的发生，频频拷问着"上铺兄弟"的情谊。当这些恶性事件曝光于公众面前，社会舆论总是一边倒、以偏概全地将矛头指向了高等教育，并给当代大学生贴上了"自我、没有责任感、情感淡漠"的标签。"同心兄弟"的出现，恰好从正面为当代大学生正名，展现了当代大学生的责任和担当。他们相互友爱、团结互助精神和质朴、真挚的同学情，展现了当代大学生善良纯朴的本质，是当代大学生主流群体的代表。《光明日报》曾三次来校采访该团体，其副主编李春林在听完"同心兄弟"的故事后，认为"这是一个既有高度又有温度的故事，'同心兄弟'的精神与《光明日报》宣传社会主义核心价值观之和谐友善的内容不谋而合"。

二是榜样的挖掘要深、准、真、高。

挖掘榜样的事迹一定要深入、准确、真实并且有一定的高度。大学生榜样反映的是当代青年学子的时代特性和群体风采，是高等教育、当代大学生整体精神风貌的一个缩影。如何真正立足实际，做好榜样的挖掘培育，是关系榜样生命力的关键所在。因此，发掘和培育榜样一方面应把视野打开，立足现实生活，寻找发生在同学们身边的榜样。一方面应立足实际，坚持实话实说，实情实报，在反映事实的基础上找高度和深度，并接受社会公众的评判和现实的检验。如果离开了这两点，榜样就缺乏说服力，也没有生命力。关于"同心兄弟"，初看是一群身体健全的学生帮助残疾学生完成学业的单向度的好人好事，但经过深入发掘，"同心兄弟"的故事中还有亮点，其一是"同心兄弟"成员之一张训自身有残疾，但他还尽己所能帮助身体比他更不方便的黄冠，他的行动激励了其他成员加入"同心兄弟"的队伍；其二是黄冠身残志坚，自强不息，一心向学的顽强信念鼓舞了同学们，两个曾经在本科照顾过他的兄弟，经过一年的备考，又回到湖北大学继续深造，并成为黄冠求学的坚强后盾。这些活生生的事例丰富了"同心兄弟"的先进事迹，真切表达了"同心兄弟"友爱互助的内涵，增强了这一榜样事迹的说服力、感染力和示范性。

三是榜样的培育要持之以恒。

榜样培育持之以恒，就是要长久地动态地关心爱护榜样的成长。榜样和其他一切新生事物一样，都有一个逐步完善发展和提高的过程。成功的榜样都需要经历一个"发现—培育—宣传—再培育"的过程。"同心兄弟"的成长并非一蹴而就,他们的故事时间跨度达6年之久,正是因为同学们对黄冠六年如一日的坚守才让这个故事有了让人感动的力量,让这个在当事人眼中觉得平凡普通的事情在社会公众看来难能可贵。"同心兄弟"的发掘和培育大致经历了三年时间,学院、学校不急于求成,在"同心兄弟"于"琴园风云学子"评选脱颖而出后还酝酿、培育了一段时间,对"同心兄弟"的先进事迹深入挖掘并在时机成熟时加大宣传力度,适时推出。

"同心兄弟"成为先进典型之后,学院、学校并未放松对他们的跟踪扶持和培养。学院领导、分管学生工作的老师经常与他们交心谈心,了解他们的现状和需求,发展他们当中的积极分子加入党组织,为他们的成长成才提供更多的锻炼平台。学校党委把"同心兄弟"先进典型的树立作为加强大学生思想政治教育的主要抓手,凝练出"思想上同心同德、目标上同心同向、行动上同心同行"的"同心"精神,并发出《关于在全校开展向"同心兄弟"学习活动的决定》,号召全校学生向"同心兄弟"学习。要求各级党、团组织要认真组织、积极开展向"同心兄弟"学习的活动,切实把学习实践活动与贯彻落实习近平总书记"五四"讲话精神结合起来,教育引导青年学生自觉践行社会主义核心价值观,在勤学、修德、明辨、笃实上下功夫;要把事迹学习与推动实践结合起来,立足实际,开展各类爱心帮扶活动,让"同心兄弟"的精神遍布校园、永驻湖大。学工处积极推选"同心兄弟"参评"武汉市武昌区政府奖学金",将"同心兄弟"的先进事迹报送参加全国大学生道德实践优秀事迹征集活动,进一步扩大这一榜样的影响力,使其保持旺盛的生命力,从而带动更多更好榜样的选树工作。

第五章　当代中国大学生榜样教育存在的问题与原因分析

如第四章所论，改革开放 30 多年来，我国大学生榜样教育受到了党和政府及社会各界的高度重视，各高校大学生榜样教育实践活动蓬勃开展，效果较为明显，经验可资借鉴。但是，与人们的高期待还有所差距的，却是现实中榜样的影响力不断弱化，大学生群体对榜样教育的认同度持续走低，甚至部分大学生对榜样教育产生懈怠、排斥和抵触心理，一些学者甚至呼吁，"进入 21 世纪，榜样的力量日渐式微，其一呼百应的时代已不复返"，[①] 这一现状引起了社会各界的深入思考，大家纷纷探究，当代中国大学生榜样教育存在的问题在哪里，原因又为何？

第一节　当代中国大学生榜样教育调查数据分析

2010 年 2 月 5 日，《中国青年报》刊登了一篇题为《先进事迹报告会成潮流，大学生拒绝包装出的典型》的文章，全文如下：

> 这两年，大学生先进事迹报告会在各大高校成了一股潮流，花样翻新的巡回演讲、事迹报告打造出了一个个"圣人学生"和"校园红人"。这些学生典型都被包装得光鲜亮丽，个个都是品学兼优，德智体美劳全面发展。
> 不过，对于这些高坐在台上的学生典型，不管他们的演讲有多么动情，事迹有多么感人，台下的观众，就连他们的同学似乎都不买账。

[①] 秦川牛：《榜样的力量不是"无穷"的》，《思想政治工作研究》2009 年第 1 期，第 62—63 页。

"晕，他好假！"

"平时怎么不知道他这么'伟大'？"

"听得我直冒冷汗！"

……

好多大学生"听众"走出报告会现场都会有这样的惊叹。报告会让这些学生中的佼佼者和普通同学之间有了很大的距离感。不可否认，这些"校园红人"身上有许多让人艳羡的闪光点：奖学金大户、竞赛获奖、社会实践、荣誉称号等等，但走上台之后，那些原本发生在我们身边的事情变得那样地遥不可及，甚至会让人觉得虚伪。

据我所知，这些在台上作先进事迹报告的学生典型都经过了包装。在"包装组"的要求之下，作为某类典型，报告人稿子的内容要有倾向，事例不够了，就要编造一些比较靠谱的事迹出来，总之最后打造出来的就是一个完人！

大部分的演讲人都有一个特点，就是在说完了主脉络之后都会再加一段，要么，告诉大家，他并不是书呆子，他还有丰富的社会活动经验；要么，说自己在为同学做好服务，担任好学生干部的同时成绩也是名列前茅！于是，在包装之下，这些学生典型似乎都是一个模子刻出来的。

其实，同学们也知道学校的良苦用心，不过是想通过这种典型事迹教育来激发大家上进的斗志，但过于形式主义的报告实在是不受用，结果只能使大学校园的榜样教育变了味儿。

上世纪60年代以雷锋与80年代以张海迪为代表的榜样教育，曾经在大学生中引起强烈反响，塑造了一代人的理想，这样的典型堪称经典。

为什么如今的大学生先进典型缺乏那种权威性呢？也许是因为受众找不到真实感了，张海迪的事迹就是那样简简单单、平铺直叙地被表达出的，不加矫饰和包装，却生动真实。现在的报告会上，PPT精致得了不得，演讲人好似受过专业训练，整场报告下来犹如一场大型表演，可就缺了那么点亲切感，多了些距离感。

有些感动关乎心灵，我们学习的是实实在在的、身边的榜样，并不是那些为了塑造某个典型而包装出来的代表。更进一步讲，大学生先进典型的作用应该是指引大学生树立更加正确的人生观和价值观，这种作用是潜移默化的，而不是一两场报告会的灌输就可以达到目的的。

先进事迹报告仍继续，典型还在涌现并不断升温，然而我们，期待看到校园、身边更多实实在在的学生榜样,不同于台上的"精英",这些人身上有缺点、有不足、不完美,但就是那些朴实无华的美好品质扎根在我们心底,感动我们的心灵。①

"管中窥豹,可见一斑",从这篇文章不难看出,我国大学生榜样教育工作在实践中已经出现了一些明显弊端,并直接导致这项立德树人的工作不能满足高等教育育人实践的客观需求。那么,当前大学生榜样教育的现状究竟如何呢?笔者专门设计了当代大学生榜样教育研究调查问卷,于2014年在武汉部分高校进行了抽样调查,获取了当前我国大学生榜样教育现状的第一手资料,具体数据及结果如下:

调查设计部分:

1. 调查对象。调查采用分层随机抽样的方式,对武汉大学、湖北大学、湖北中医药大学、武汉工程大学的普通本(专)科学生进行了大学生榜样教育研究的抽样调查。

2. 信度分析。调查将问卷随机分发给不同学校不同年级不同专业的学生填写,保证了调查抽样的多样性和科学性,调查问卷结构严谨,要清楚说明。发放问卷4500份,回收有效问卷4280份。当然,由于采取了随机抽样,样本的随机性必然会导致调查结果中存在着抽样误差,因此考虑到抽样误差的存在,对本次调查问卷的结果分析中我们默认的置信度为95%。由于各种原因,本次调查没有进行二次问卷测量,对回收问卷的结果进行了信度分析时采取了最为常用的 α 信度系数法,结果约为0.783,说明具有较好的内部一致性,可信度高,从而也保证了动态分析中总体抽样的科学性。

3. 数据处理。全部问卷资料经检查核实后,利用 Microsoft Excel 2007 输入计算机,再利用 Excel 2007 和 SPSS 20.0 软件进行统计分析,分析方法主要有比例、信度和方差分析等。报告中有些数据比例相加总和不为100%的情况是由于问卷中出现漏选或缺值等情况所造成,但所录入的调查报告数据真实、客观、有效,不影响总体的可靠性和结果分析。

调查对象分析部分:

在调查对象中,男生比女生少约14个百分点,比例分别为42.8%和

---

① 梦里花开:《先进事迹报告会成潮流,大学生拒绝包装出的典型》,《中国青年报》2010年2月5日。

57.2%;来自城镇和农村的调查对象比例分别为29.7%和50.4%,相比较来自城市调查对象的只有19.9%,整体来看来自农村的调查对象较多,通过对不同地域不同生活环境的调查对象来了解他们对榜样的认识;调查不同年级的对象发现大一、大二学生比例较大,为71.2%,大三和大四的调查对象比例为28.8%,可知低年级的对象比高年级的更加积极一些;而从专业性方面考虑,文科生比例为44.1%,理科生比例为55.7%,相差超过10个百分点,通过对不同专业的对象进行调查,以便进一步分析不同专业对大学生榜样教育的异同点。具体情况见表5—1:

表5—1　　　　　　　　基本信息

项目	选项	频数	百分比(%)
性别	男	1830	42.8
	女	2450	57.2
合计	—	4280	100
地区	城市	850	19.9
	城镇	1270	29.7
	农村	2160	50.4
合计	—	4280	100
学校	武汉大学	952	22.2
	湖北大学	1428	33.4
	湖北中医药大学	940	22
	武汉工程大学	960	22.4
合计	—	4280	100
年级	大一	1320	30.8
	大二	1730	40.4
	大三	860	20.1
	大四	370	8.7
合计	—	4280	100
专业	文科	1887	44.1
	理科	2384	55.7
	其他	9	0.2
合计	—	4280	100

结果分析部分：

（一）榜样关注情况

1. 榜样类型。经统计，可以看出大部分调查对象都有自己崇拜的榜样。不同的榜样崇拜可能反映了一个人对某个职业的向往和热爱或是精神追求。此次调查中有 25.1% 的同学最崇拜的榜样类型是政治领袖；16.9% 的同学最崇拜的榜样类型是道德模范；26.9% 的同学最崇拜的榜样类型是企业高管；32.6% 的同学最崇拜的榜样类型是知识分子；22.2% 的同学最崇拜的榜样类型是文体明星；其他崇拜类型为 16.2%。其百分比相差不大，知识分子崇拜比例略高，这可能与学生们从小所受的学校教育有关，也说明了当今国家对知识的重视。具体情况见表5—2、表5—3：

表5—2　　　　　　　　您心目中有无尊崇的榜样

类型	频数	百分比（%）
有	2866	67
没有	544	12.7
不好说	870	20.3

表5—3　　　　　　　　您最尊崇的榜样类型

类型	频数	百分比（%）
政治领袖	1075	25.1
道德模范	723	16.9
企业高管	1151	26.9
知识分子	1396	32.6
文体明星	950	22.2
其他	693	16.2

2. 了解情况及途径。通过对被调查大学生对榜样人物及其事迹关注的频率，详细反映出了大学生对榜样的了解情况，其中经常和有时关注的学生共占80.5%。调查大学生对榜样了解途径的具体情况，其中列举了大学生对榜样了解的6种具体形式，从中可以清楚地看出大学生对榜样了解的前三种途径分别是网络（72.9%）、报刊书籍（48.7%）和广播影视（42.6%）。其中网络是最主要的途径，这符合当今社会的信息化和数字

化的发展主流,越来越多的大学生利用网络来获取相关信息。具体情况见表5—4、表5—5：

表5—4　　　　　您是否经常关注榜样人物及其事迹

类型	频数	百分比（%）
其他	253	5.9
经常	986	23
有时	2460	57.5
极少	451	10.5
从不关心	130	3.1

表5—5　　　　您一般通过哪些途径了解榜样人物及其事迹

途径	频数	百分比（%）
报刊书籍	2085	48.7
网络	3121	72.9
广播影视	1823	42.6
先进事迹报告会	441	10.3
听人讲述	706	16.5
亲眼看见	198	4.6
其他	171	4

（二）榜样现状及看待态度

1. 榜样现状。通过被调查大学生对当前所选榜样现状的认识,其中认为形象有所夸大不真实的学生（37.9%）和认为符合时代发展特点的学生（39.6%）所占比例大体相同,这表明大学生对当前所选榜样有着不同的认识,有肯定也有否定。具体情况见表5—6：

表5—6　　　　　您认为当前所选树的榜样现状如何

现状	频数	百分比（%）
其他	196	4.6
真实可信不浮夸	689	16.1
形象有所夸大不真实	1622	37.9
符合时代发展特点	1695	39.6
与时代特征不符	78	1.8

2. 看待态度。调查中有34.5%的同学认为他们其实和社会大众都一样，应该以平常心对待；62%的同学认为应该选择性接受，取长补短；10.6%的同学认为没有必要过度追捧；22.8%的同学认为他们的经验不一定适合所有人，做自己更好；其余被调查同学没想过，说不清楚。超过一半的人（62%）认为应该选择性接受，取长补短，这是对榜样的一种正确的认识，可以使榜样的作用发挥到最大。大部分大学生心目中最看重榜样的人格魅力（72.6%），人格魅力则指一个人在性格、气质、能力、道德品质等方面具有的很能吸引人的力量，可见其重要性。具体情况见表5—7、表5—8：

表5—7　　　　　您认为应该如何看待榜样人物

如何看待	频数	百分比（%）
他们其实和社会大众都一样，应该以平常心对待	1476	34.5
选择性接受，取长补短	2641	62
没有必要过度追捧	455	10.6
他们的经验不一定适合所有人，做自己更好	977	22.8
没想过，说不清楚	137	3.2

表5—8　　　　　　　　您最看中榜样的哪方面

方面	频数	百分比（%）
人格魅力	3107	72.6
成长经历	1343	31.4
技能特长	1202	28.1
生活时尚	244	5.7
身上的光环	163	3.8
其他	90	2.1

3. 榜样素质。通过调查反映出当今时代大学生榜样应符合的标准，其中具有强烈的社会责任感和事业心（70.5%）排在首位，说明了其重要程度；其次具有崇高的思想道德品质（55.7%），具有强烈的创新意识和卓越的创新能力（53.9%）也是大学生榜样应符合的标准。通过调查同时也反映了不同的榜样人物个体因素，几乎都是积极向上阳光的特质，不同人对其侧重点不同，其中修养高，综合素质好，社会责任意识强（59.7%），有积极的人生态度，不断追求创新（60.7%）所占比例最大。具体情况见表5—9、表5—10：

表5—9　　　　　您认为当今时代大学生榜样应符合哪些标准

标准	频数	百分比（%）
具有强烈的社会责任感和事业心	3018	70.5
具有崇高的思想道德品质	2384	55.7
具有强烈的创新意识和卓越的创新能力	2306	53.9
在某一领域和方面作出了突出的成绩	124	29
具有其他开领先河和开风气之先的先进事迹	73	17

表 5—10　　　　　您认为榜样人物生成的个体因素

因素	频数	百分比（%）
修养高，综合素质好，社会责任意识强	2556	59.7
有积极的人生态度，不断追求创新	2598	60.7
贵在坚持，有毅力，有韧性	2020	47.2
踏实肯干，为人务实	1562	36.5
个性鲜明，有独特的个人特征	852	19.9

（三）榜样作用

1. 自我影响。通过调查表明人在成长过程中最重要的人就是父母（60.5%），他们在青年学生心中从小就树立了高大的榜样形象，他们的一举一动都成为大学生学习模仿的对象。其次，老师（43.8%）和朋友（33.4%）也占了不小的比例，所谓的良师益友就是指的老师朋友这些榜样对他们起到的思想行为上的作用。具体情况见表 5—11：

表 5—11　　　　　对您的思想行为起作用最大的人

对象	频数	百分比（%）
父母	2590	60.5
老师	1874	43.8
同学	1036	24.2
亲戚	274	6.4
朋友	1430	33.4
名人	463	10.8
其他	231	5.4

2. 发挥作用。通过调查，反映出有 72.9% 的同学认为榜样人物应该走进大众，用实际行动带动大家来发挥作用；22.1% 的同学认为榜样人物应该通过一定的形式被确定为榜样，以此来影响他人；11.3% 的同学认为榜样人物应该依靠媒体和政府的宣传影响他人；6.7% 的同学认为榜样人物应该依靠事迹报告会，让更多的人知道榜样人物的事迹。具体情况见表 5—12：

表 5—12　　您认为榜样人物应该发挥怎样的作用

作用	频数	百分比（%）
走进大众，用实际行动带动大家	3120	72.9
通过一定的形式被确定为榜样，以此来影响他人	946	22.1
依靠媒体和政府的宣传影响他人	484	11.3
依靠事迹报告会，让更多的人知道榜样人物的事迹	287	6.7

调查结果表明，大部分的人认为走进大众，用实际行动带动大家最能发挥榜样的作用，而不是靠媒体等让人没有真实感的东西传播榜样的精神，所谓"近朱者赤、近墨者黑"就是讲的身边榜样的力量。表 5—13 反映了大学生对榜样人物在当今社会发挥了怎样的作用的认识，其中大部分都认为榜样有着其重要的积极作用，为社会传递了正能量。具体情况见表 5—13：

表 5—13　　您认为榜样人物在当今社会发挥了怎样的作用

作用	频数	百分比（%）
有良好反响，促进了社会道德新风尚的形成	1875	43.8
产生了教育作用，许多人都在向他们学习	1460	34.1
发挥作用需要一个渐进的过程，不可能立竿见影	1875	43.8
发挥作用不大，效果不明显	193	4.5
没有关心过，说不清楚	133	3.1

58.2% 的同学认为身边的榜样就在我们的生活中，很真实，学习起来更现实可行，比社会的榜样影响力大。具体情况见表 5—14：

表 5—14　　"身边的榜样"与"感动中国人物、全国道德榜样"相比较

作用	频数	百分比（%）
社会榜样的事迹更加鲜活，更具有感染力，他们比身边的榜样更值得学习	1143	26.7
身边的榜样就在我们生活里，很真实，学习起来更现实可行，比社会的榜样影响力大	2491	58.2
说不清楚	646	15.1

3. 改进途径。学校开展不同形式的活动能使榜样发挥出更大的作用,不同的学生倾向于不同的活动。调查表明,有41.9%的同学倾向于学校开展"讲述你身边的榜样故事"演讲活动;30.9%的同学希望学校开展榜样事迹话剧;9.6%的同学倾向于学习榜样征文比赛;32.3%的同学喜欢榜样进校园宣讲活动;其他活动占17.5%。说明演讲活动是比较受学生欢迎的活动,值得进一步推广。

此次调查也反映了大学生对怎样做才能更好地发挥榜样人物的教育作用的不同看法,其中将榜样人物的事迹大众化、平民化(48.8%),充分利用报刊、电视、广播、网络、广告牌等媒介宣传榜样人物的事迹(45.6%)这两种方式占主要比例。具体情况见表5—15、表5—16:

表5—15　　　　　　您更倾向于在学校开展哪项活动

活动	频数	百分比(%)
"讲述你身边的榜样故事"演讲活动	1793	41.9
榜样事迹话剧	1322	30.9
学习榜样征文比赛	411	9.6
榜样进校园宣讲活动	1383	32.3
其他活动	749	17.5

表5—16　　您认为应该怎样做才能更好地发挥榜样人物的教育作用

做法	频数	百分比(%)
将榜样人物的事迹编写入学生的课本	634	14.8
分时期编写榜样人物的事迹介绍材料,作为案例读本在全社会普及	1151	26.9
将榜样人物纳入思想政治教育体系,适当的灌输还是必要的	955	22.3
充分利用报刊、电视、广播、网络、广告牌等媒介宣传榜样人物的事迹	1952	45.6
将榜样人物的事迹大众化、平民化,这样教育的效果会更好	2089	48.8

(四) 榜样教育

1. 教育内容。通过对大学生关于榜样教育内容的看法的统计：其中 52.3% 的同学想了解榜样的成就和成长经历；48.2% 的同学希望榜样教育的内容包括榜样成功的经验和体会；44.6% 的同学希望了解榜样的人格特质；少数仅占 3.4% 的人缺乏主见判断意识，说不清楚。表明大学生对榜样教育的内容都有着自己的看法，且对榜样的教育意义有着重要认识。具体情况见表5—17：

表 5—17　　　　您希望大学生榜样教育包括哪些内容

内容	频数	百分比（%）
榜样成功的经验和体会	2063	48.2
榜样的成就和成长经历	2239	52.3
榜样的人格特质	1909	44.6
说不清楚	146	3.4

2. 教育方式。通过调查大学生对学校各种报告会和讲座的看法，可知 76.1% 的学生会根据自己的兴趣参加一些可以激励自己的报告会和讲座，并且有 13.6% 的学生会经常去，而只有总共 10.3% 的学生表示不会去听。这表明大学生对学校安排的各种榜样报告会和讲座持有积极和支持的态度，他（她）们觉得榜样对自己有激励作用，这对学生的思想有着积极意义。具体情况见表5—18：

表 5—18　　　　对学校安排各种榜样报告会和讲座的看法

看法	频数	百分比（%）
不去	9	0.2
经常去，感觉内容挺激励我	582	13.6
偶尔去，选择自己感兴趣的、能激励自己的	3257	76.1
无所谓，他们的事迹与我无关	90	2.1
从来不去，感觉太虚假	343	8

(五) 榜样选择

1. 榜样人选。通过对大学生对于身边学生榜样的看法的调查，其中

59.5%的学生认为有创新意识和创新能力的同学适合作为榜样，42.8%的同学认为组织协调能力强的同学适合作为榜样，而其他三种类型所占比例相差不大。这表明当代大学生更加注重创新意识和组织能力，他（她）们更希望拥有这样能力的学生作为榜样，而这两种能力也符合当今社会对人才的需求。

而对大学生对大学生学习榜样的看法的调查，有51%的学生对榜样的要求是奉献社会的热心人，49%的学生支持孝敬父母的好儿女，这两种观点所占比例相对较大，而其他五种观点所占比例相差不大。这反映出当代大学生更希望热心和有孝心的人作为榜样，这也正是我们中华民族所提倡的优良传统。

综合来看大学生对榜样人选的品质有着积极的看法，也符合国家对人才品德和能力的培养。具体情况见表5—19、表5—20：

表5—19　　您认为身边什么样的同学可以作为您的榜样

类型	频数	百分比（%）
优秀的学生党员干部	1258	29.4
学习成绩优异的同学	1066	24.9
多才多艺的同学	1177	27.5
组织协调能力强的同学	1832	42.8
有创新意识和创新能力的同学	2547	59.5

表5—20　　您认为哪些人应该被选树为大学生学习的榜样

类型	频数	百分比（%）
孝敬父母的好儿女	2097	49
奉献社会的热心人	2183	51
见义勇为舍己为人的英雄	1284	30
奋发成才的杰出人物	1571	36.7
保卫祖国的忠诚卫士	1374	32.1
廉洁奉公一心为民的好干部	1639	38.3
各行各业有突出贡献的榜样	1528	35.7
其他	35	8.1

2. 选择方式。通过大学生对身边的榜样选树形式调查结果的分析,可知65.1%的学生认为应该以学生推荐评选的形式选树;28.3%的学生认为应该以组织评选的形式选树;而以个人申报和教师指定的形式选树的学生分别占17.7%和8%。这表明大多数学生支持以公平公正公开的形式选树出榜样,让每一个人都有机会推举自己心目中的榜样人选。

通过大学生对选树榜样需要改进的地方的看法分析,其中45.3%的学生认为应该针对不同年龄、对象和情况选树榜样;38%的学生认为应该选择多样化的榜样;32%的学生认为应该选择体现时代精神的榜样;25.7%的则认为选择可亲可敬可信的榜样。这反映出大学生对以后榜样的选树都有着自己的看法,这为以后的榜样教育的发展提供了有用的参考,也表明当前的榜样教育存在着一些问题需要改进。具体情况见表5—21、表5—22:

表5—21　　　　　　　　榜样人物产生形式

形式	频数	百分比(%)
组织评选	1211	28.3
教师指定	343	8
学生推荐评选	2786	65.1
个人申报评选	758	17.7

表5—22　　　　您认为以后选树榜样需要在哪些地方加以改进

改进	频数	百分比(%)
选择体现时代精神的榜样	1370	32
选择多样化的榜样	1626	38
选择可亲可敬可信的榜样	1100	25.7
针对不同年龄、对象和情况选树榜样	1939	45.3

(六)榜样人物

表5—23为当代大学生对现实生活中可以作为榜样的人选举例。从整体可以看出,当代大学生对心中的榜样人选呈现出多样化的特点,各个领域、各种职业、不同年龄段、不同国家的都有,但总的来说排名靠前的从政的较多,包括有习近平(747)、周恩来(431)、邓小平(309)、毛泽东(266),他们都对中国的发展作出了贡献,有着精彩的政治生涯,值

得学生们学习。

具体来看，表中反映出马云和习近平排在前两位，分别为751和747。他们一位是中国著名的企业家，一位是中国国家主席，一位是从商，一位是从政，都是当代著名的成功人士，都是值得学习的榜样，他们有创新和组织协调能力，有为大众服务的奉献精神，这些也都符合前面分析的大学生对榜样要求的分析结果。所以，可以看出大学生对榜样有着清楚、积极的认识。当然，还有近30名学生认可与接受的榜样分别是自己的父母亲。具体情况见表5—23（出现频数前50名）：

表5—23　　　　　　　请列举出三位您认可与接受的榜样

榜样	频数	榜样	频数	榜样	频数	榜样	频数
马云	751	习近平	747	周恩来	431	邓小平	309
毛泽东	266	乔布斯	252	鲁迅	138	雷锋	111
胡歌	98	李克强	97	袁隆平	91	陈欧	88
彭丽媛	83	钱锺书	79	胡锦涛	78	吴天祥	77
科比	69	李嘉诚	68	马化腾	66	钱学森	66
王健林	66	温家宝	65	爱因斯坦	59	成龙	59
林丹	53	普京	53	周杰伦	52	雷军	47
朱镕基	46	李娜	46	马克思	45	苏轼	45
俞敏洪	44	岳飞	43	奥巴马	40	朴槿惠	39
乔丹	39	乔振宇	38	三毛	37	史铁生	37
孙中山	37	王安忆	37	杨幂	37	徐本禹	36
姚明	35	毕淑敏	33	邓稼先	33	季羡林	33
焦裕禄	32	李易峰	31				

（七）主要的问题与最紧迫的任务

1. 存在的主要问题。当前大学生榜样教育也存在一些问题，比如不接地气，自身约束力不够等，从调查结果中我们挑选出排在前五位的问题列举如下：

一是假、大、空。部分学生认为现在的大学生榜样教育太空泛、空喊口号、浮夸、不切实际，太过于形式主义，大型报告会式的榜样教育使榜样格式化，千篇一律的报告，听太多会使人感到疲惫，从中也得不到多大裨益。

二是无法产生一个真正意义上成为大众榜样的人。如部分学生素质低，无法将其作为榜样；榜样没有向心力与执行力；榜样评选过程不公平、不透明，评判标准有问题。

三是榜样距离太遥远，通过第三者介绍没有切身体会，有时与生活学习距离较远，与生活联系不紧，太高大上，不接地气。

四是榜样形象单一，不够多样化、多元化。

五是缺乏宣传，缺乏让榜样和大学生面对面交流与实践的机会。

2. 最关键最紧迫的任务。提高大学生榜样教育的实效性是教育工作者一直都在追求和努力的目标，而学生对此也非常关注，从对"您认为最关键最紧迫的任务是什么"的调查结果中，我们挑选出排在前五位的问题列举如下：

一是榜样的选树要体现时代性，选树后要接地气，不应拒普通学生于千里之外。

二是要加强对榜样自身的约束，一以贯之地严格要求。

三是要改革创新榜样教育的方式方法，利于广大青年学生认同与接受。

四是采取多样化手段，特别是运用网络媒体加大榜样宣传和推广力度。

五是走近大学生心灵，从思想深处培养青年学生的榜样意识。

第二节 当代中国大学生榜样教育存在的主要问题

从中国青年报的报道和笔者自身调查情况，按照大学生榜样教育的逻辑环节，笔者认为当代中国大学生榜样教育在选树、教育、保障及氛围等方面，主要存在以下七个大的问题：

一 选树大学生榜样的长效机制不健全

榜样之所以能对大学生产生积极的引领作用，是因为榜样在思想观念、道德水平、实践能力、工作事迹等方面具有一定的先进性和代表性，承载了其他社会主体对"理想的我"状态的向往和追求，并将美好的道德和行为规范予以"理想化"和"人格化"，因而具有强大的感染力，能够有效激励和催发大学生产生认同和模仿心理，满足弘扬社会主流价值观念的现实需求。但大学生榜样教育作为一个动态发展的过程，其选树机制还不健全，主要体现在以下三个方面：

（一）大学生榜样发现选择机制不健全

在我国众多高校，大学生榜样教育往往并不全是一项长期性、持久性的工作，个别高校实施榜样教育只是为了应付完成上级领导安排的工作任务而开展的对应之举，工作的功利性、短期性、应景性极强。教育者主要是通过临时突击等方式在较短的时间内匆忙选择一批榜样进行宣传推广，忽视了在平时工作中的发现和挖掘，这样匆忙选拔的过程不够规范，缺乏公开与民主，使学生对产生出来的榜样不全能心悦诚服。部分榜样固然在道德品质、实践能力等方面具备一定的先进性，但同时也还是较为粗糙的雏形，优势和特色还不够突出鲜明，感染力不够强烈，迫切需要榜样教育工作者尤其是上级部门和领导给予他们充分的帮助、指导和完善，使其尽快提高代表性和先进性。但目前这种发现选拔的机制还很不健全，大学生思想政治教育工作者往往只是通过举办座谈交流会、组织理论学习及个别谈话等方式，帮助榜样提高理论修养和思想觉悟，但是在具体实践技能提高等方面所开展的培养帮助还不够，导致榜样在实践能力方面的先进性大打折扣。

（二）大学生榜样培育塑造机制不健全

在发现选择出榜样后，就要对榜样进行培育与塑造，但教育者往往忽视了人的成长成才规律，从自己主观意愿出发开展培育塑造工作，导致大学生榜样选树工作往往呈现出鲜明的"保姆化"和"催长化"特征，不利于榜样持续发挥先进性。育人工作讲究循序渐进，在大学生榜样选树工作中，教育者是教育主体，而榜样个体是受教育者，教育者应当针对榜样个人的特点和发展需求，适时适度开展理论指导、经验传授等柔性教育工作，引导榜样在困境中锤炼自身素质。而现实中教育者经常给予榜样过度的包办式帮助，甚至是给予不适当的政策倾斜和特殊照顾，容易让榜样失去自主思考和实践的创造性与积极性，逐步放松自我要求，丧失持续进步的动力，甚至是泯然于众人。另一种情形是教育者人为地为榜样设定过于理想化的期待和过高过快的发展要求，容易让榜样产生沉重的心理负担和一定的畏难情绪，难以实现自身的顺利成长。

（三）大学生榜样后期培养机制不健全

马克思主义辩证唯物史观认为，运动是物质固有的根本属性，是一切物质形态的存在方式，一切事物都处于不断运动、不断发展的状态中。同样，榜样教育本身也是一个动态发展的过程。大学生榜样教育是一项长期性的育人工作，榜样只有保持不断实现自我发展和自我提升，才能维持对大学生群体的相对先进性，为榜样教育注入经久不衰的活力。而在实践中，大学生榜样教育通常只是一项纯粹为了宣传和教育而开展的应对性工作，一旦阶段性工作任务结束，对榜样的跟踪培养也就会随之结束。这样一来榜样的先进性难以得到长期维持，大学生榜样教育工作的成效也产生了明显的边际效应：其一是榜样本身在道德品质、实践能力等方面原本具有一定的先进性，但随着被教育者从榜样身上学习和吸纳优点，榜样和大学生群体之间的先进性差距会逐渐缩小，可仿效性慢慢消失，榜样本身也会逐渐失去教育价值；其二是榜样向大学生群体和社会公众所展现的大多都是正面、积极、闪光的一面，能够对大学生群体产生积极的示范影响，但是人无完人、金无足赤，随着榜样身上的缺点和不足之处慢慢为公众所知晓，大学生便会认为榜样也不过如此，不值得自己去崇拜和学习，从而导致大学生对榜样和榜样教育工作失去认同感。

二 评价大学生榜样的尺度和标准模糊化

随着世界政治多极化、经济全球化和文化多元化趋势日益增强，以及我国社会高速发展和急剧转型，造成了多种价值观念并存，社会主流价值标准模糊化、多元化的现实问题，并带来青少年崇拜偶像，而传统榜样逐渐边缘化的后果，评价大学生榜样的尺度和标准面临统一性难题。

我国大学生榜样教育多年来倡导的标准化、一元化的主流社会价值体系和思想观念，与当前新形势下社会多元的非主导道德之间产生一定矛盾。人们不再以他人的或者权威的道德意识作为主要的评判标准，个体在道德生活中的权利、义务将越来越统一，社会公众的价值观越来越多元化、复杂化和动态化。[①] 大学生群体亦根据自己的兴趣爱好、知识结构和生活经验，对权威的价值观念有着更加理性和自由的判断、认知和选择。同时，大学生群体处于主体意识开始萌发，容易吸纳新鲜事物和思想观念的年龄阶段，有着个性化、多元化的价值追求目标，但思想和情感又不够成熟，因此往往对于追求快乐的"本我"没有得到有效的节制，而代表理想信念的"超我"又不清晰，现实中的"自我"向往感性的生活，对

---

① 高长江：《全球化与中国文化发展战略》，《青海社会科学》2000年第2期。

"毫不利己，专门利人"型榜样感到难以理解，也无法接受，个人利益、个人发展成了当今青少年最关心的话题。[①] 他们会将与自己的兴趣爱好、个人利益更加贴近的价值观念作为认可的榜样价值，因此影视明星偶像便成为当代大学生喜闻乐见的新型榜样形式之一。

近年来我国政府、高等教育学界开展的一系列大学生榜样教育调研活动都充分显示了大学生在榜样选择上的多元化、个性化趋势，企业家、政治家、明星偶像已经取代了传统道德模范在大学生心目中的地位。例如，2009年，共青团中央"基于榜样激励的青少年励志教育研究"课题组选取了北京、上海、湖北、广东、福建、陕西、山东、江西等8省（市）作为样本区域开展问卷调查，在"对青少年所起励志作用最大的人物"的项目调查中分析，父母排在第一位（占45.9%）、优秀企业家为第二位（占43.7%）、政界领袖为第三位（占40.1%）、影视体育明星为第四位（占39.0%）、道德楷模为第五位（占38.8%），[②] 其他类似问卷调查结果也反映了同样的现实问题。时下，周杰伦、范冰冰、都敏俊（金秀贤）等影视明星成为大学生热衷追捧的偶像，一些大学生对影视明星的生日、籍贯、个人喜好等情况倒背如流，对歌星个人演唱会极为热衷，《中国好声音》《超级女声》等选秀类节目在短时期内红遍大江南北。同样，在"基于榜样激励的青少年励志教育研究"课题调查中，对于"学雷锋日是哪天"一题，只有占51.4%的人选择了正确的选项，选择不知道和选择错误的有近一半人。[③] 如前文所述，笔者在武汉高校4000多名在校大学生中进行的大学生榜样教育研究调查问卷发现，对"您心目中有无尊崇的榜样"作出肯定回答的有2866人，占67%；作出否定回答的有544人，占12.7%；未作出明确回答的有870人，占20.3%。"您最尊崇的榜样类型是什么"，大学生从高到低选择的类型（排除重叠）分别是：32.6%的同学选择知识分子，26.9%的同学选择企业高管，25.1%的同学选择政治领袖，22.2%的同学选择文体明星，16.9%的同学选择道德模

---

① 彭怀祖、王啸天：《精神分析视域下的青少年榜样教育》，《理论学刊》2010年第10期。

② 李祖超、邵敏：《青少年榜样教育困境与策略分析》，《中国教育学刊》2011年第1期。

③ 李祖超、邵敏：《青少年榜样激励与励志教育现状研究》，《中国青年研究》2011年第11期。

范，16.2%的同学选择其他。这些问卷调研不难说明，雷锋、焦裕禄、孔繁森等传统道德模范在大学生心目中的地位逐渐下降，甚至成为部分大学生心中可有可无的边缘化人物。

应该说，偶像崇拜是一种特殊的社会心理现象，它作为一种亚文化圈层，是思想还不够成熟的大学生群体寻求心理认同和情感依附的一种重要载体形式，其心理依据主要来源于大学生对偶像群体的价值观、行为模式和外表形象的崇拜模仿和欣赏，而深层次的社会根源则在于传统的榜样典型过于单一化，不能满足大学生丰富的多元化精神需求，偶像则正好扮演了这一重要的角色。有些学者指出，"传统文化背景下的偶像崇拜主要是一种宗教仪式活动和强权统治下的教化运动，而大众文化背景下的偶像崇拜则主要是一种娱乐和休闲，在当代中国，教育被异化为一种单纯的技术训练，对付考试、应付升学似乎成为教育生活的全部意义……青少年学生在求真、向善与求美之间不能形成和谐的发展状态。对于他们来讲，偶像崇拜或许就是一种暂解饥渴的希望"。[①] 但是，在榜样标准日益模糊化的今天，大学生群体过度崇拜明星偶像，导致传统道德模范已经在学生心目中被边缘化，失去了应有的地位。而明星偶像本身是否承载着人们理想化和社会最先进的思想道德品质，以及能否有效引导大学生形成健康稳定的人格和价值观念体系，却是一个值得探讨和商榷的问题。目前这种现状不仅不利于大学生形成健康稳定的人格和价值观念体系，也对传统榜样教育工作弘扬社会主流价值观的崇高使命造成了较大的负面影响。

三 宣传大学生榜样的形式和内容欠科学

对选树出来的大学生榜样进行宣传教育，是大学生榜样教育工作中的重要内容。我国宣传大学生榜样工作存在重形式和过程，轻内容和结果，人为色彩浓厚的问题，一定程度上制约了大学生榜样教育工作的成效。

（一）宣传大学生榜样的模型有格式化倾向

宣传大学生榜样的工作经常片面地将榜样人物塑造为"高大全"的模范，人物类型千篇一律，这种现象被有些学者称为榜样宣传"泛道德

[①] 徐红波、彭怀祖：《偶像崇拜现象的德育思考》，《教育学术月刊》2010年第11期。

化"现象。自古以来,通过树立榜样弘扬崇高道德品质的做法一直受到我国的推崇,如早在秦朝时,秦始皇就在其"会稽石刻"中提倡贞洁,并树立典范来表彰贞洁。到了汉代,汉朝的历代君主都表彰奖励孝子、忠臣、廉吏、贞女和义妇等,目的也在于宣明教化。唐代对于孝行卓著者除了要发布旌表之外,更有物质方面的奖励。① 新中国成立后,革命英雄烈士、劳动模范成为榜样宣传的主要对象,他们被塑造成满怀崇高道德品质、大公无私、一心奉献、不求回报的"圣人",成为只有优点、没有缺点的"高大全"榜样,缺乏层次性和差异性。有学者认为,"无论是过去还是现在,无论是事件还是人物,在形塑典型和树立榜样时,我们总是简单地把它拔高、再拔高,或彰显一点而掩全面,认为只有把形象塑造得'高、大、全'才有说服力和影响力"。② 应该说,这种以榜样人格方式存在的伦理价值观念寓于我国的传统文化与价值之中,有着崇高的德性志向与追求,但这种"心性"追求恰如韦伯所认为的那样缺乏真正世俗超越的宗教性的特征,亦即圣贤人格无法超然于它所栖身的现价值,只能是借助种种极度理性化的、近趋完备的纲常规约,模塑出极具权威意义的"圣人"与"君子"的光辉样式与崇高德性来规范人们的社会行为,倡导人民承担社会责任,并以此来赋予和评判个体的道德价值。③ 可是,榜样固然在思想道德水平方面有着极高的先进性,但毕竟他们来源于人民群众之中,也是普遍一员,人民大众也是在日常生活中了解到榜样的崇高精神和先进事迹,才能萌发认同感和仿效感。而宣传大学生榜样的工作片面将榜样打造成高大全的"完人",有意无意忽视榜样与群众间的共性因子,人为超越了大学生思想道德水平和政治觉悟程度,这样只会拉大榜样与大学生之间的心理距离,使榜样教育失去普适性,较难实现对大学生情感的融合和激励。正如有些学者所指出的,榜样宣传"往往忽视了群众,不是认为人民群众这个水涨了,先进人物这个船才能高出水面。而是认为人民群众这个水落了,先进人物这个石才能露出水面。为了表现先进人物思

---

① 王俏华:《对学校道德教育中榜样教育方法的伦理学追问》,《教育探索》2011年第4期。
② 白明亮、姚敏:《幽暗意识与榜样教育——一种道德教育的反思》,《南京师范大学学报》2004年第3期。
③ 彭怀祖:《论榜样人格的现代转型》,《中国青年研究》2006年第11期。

想解放，就把群众写成观念十分陈旧；为了突出先进人物无私奉献，就把群众写成自私自利，甚至把群众的智慧写成是先进人物一个人的创造"。① 实际上，随着互联网的高度普及，大学生已经发展为"宅男宅女"一族，从以往的"脚踏实地"向"足不出户"转变，大学生往往生活在自己的亚文化圈，同龄人之间容易相互感染和激励。但宣传大学生榜样教育的工作却很少关注、挖掘大学生身边的榜样，从大学生的家人、同学等平凡的人群中选择闪光点进行宣传教育并塑造一些有血有肉的生动形象，因而难以引起大学生的认同。

（二）宣传大学生榜样的内容有失真化倾向

大学生榜样教育的目标是弘扬社会先进文化与价值，吸引和激发大学生自觉学习和传承社会主流价值思想观念，因此宣传大学生榜样应该遵循实事求是的原则，既不能过度拔高，言过其实，也不应无中生有，无端吹嘘。应该说，榜样是理想与现实的统一，不仅寄托了一般群众的理想化品行典范，更是来自于现实社会普通群体的真实个人。宣传大学生榜样工作越是具备真实性和客观性，便越是具有感染力和吸引力，越能够有效激发大学生主动学习和仿效的心理欲望。然而，少数教育和新闻工作者为了塑造"高大全"的榜样人物，对榜样进行了不切实际的宣传。"一个典型挖掘出来，怎样报道，已经不由被报道者本人的实际决定，而是完全由报道者的意愿左右。不少新闻宣传工作者还坚信：只有模范非常全面，无一'非'处，才能真正感染群众。"② 一大批被宣传为无欲无求，如同大禹"三过家门而不进"一般，甚至是对家人生老病死都毫不关心，一心只扑在学习、工作上的榜样，这些过于理智的冷冰冰的人物则会让大学生产生怀疑，这样的榜样究竟是生活在天国中的天使，还是只是小说家杜撰出来的道德模范，而在现实的生活中究竟能否找到这样大公无私、无欲无求的榜样原型呢？因此，这种凭空、片面塑造榜样人物的做法，直接导致了大学生榜样教育失去真实化和生活化的土壤，公信力受到严重侵害，也使得大学生对公共媒体所宣传的榜样人物产生严重的不信任心理，对于塑造出来的"神"一样的榜样只能敬而远之。

---

① 黄锡景：《先进人物典型报道三忌》，《新闻爱好者》2003年第3期。
② 胡钰：《我国新闻传播负效果研究》，《清华大学学报》（哲学社会科学版）1998年第2期。

（三）宣传大学生榜样的方式有单一化倾向

目前，大学生榜样教育所采取的宣传手段和方式较为机械和枯燥，基本都是政府或带有官方色彩的非官方或者校方组织牵头，形式以号召、宣传、说教为主，如挂横幅、报刊网站电视宣传、优秀事迹报告会、参观革命胜地、组织主题教育活动等。这种自上而下的政治化推进方式对榜样的精神品质挖掘和凝练不够，还是停留在简单描述英雄事迹，最后喊上一句"向某某同志学习"的口号，大多只强调榜样所取得的个人成绩和具体言行，特别是注重榜样为"舍小家，为大家"而作出的豪言壮语，而相对忽视他们付出的艰辛努力和群众基础，以及广大群众给予他们的有力帮助。这样就使榜样教育始终在形而上的层次逡巡，"接地气"不够，导致教育重点强调"宣"而非"教"，注重学习上的表面形式而不是精神品质的内化，注重学其表而不是践其行，如此，作为群众的大学生主体性意识就得不到有效激发。

特别是对于大学生而言，课堂讲授是宣传榜样和榜样事迹的重要形式，但通过思想政治理论课教师向大学生讲授道德模范的事迹，弘扬榜样品质的教育形式往往呈现出"灌输式"特征，而且讲授的内容通常与大学生的生活实际没有关联。对于大学生来说，如果思想道德学习只是处于对于学校制度的服从和遵守，而不是自发、自愿地服从和学习，可能导致学生们道德学习同自身的道德需要之间发生脱节，而这种脱节则导致学生们道德学习动机的多样化：纯粹为了学习而学习，只把道德当成一种知识来掌握；为了应付考试而学习，将道德知识停留在纸面上；为了图个"懂道德"的名声而学习；为了获得某种奖赏而学习；等等。[①]

与此同时，科学技术日新月异，信息化成为当前时代最显著的特征之一。大学生喜欢追求新鲜的事物，QQ、微信等互联网社交工具在大学生中高度普及，成为大学生最喜闻乐见的社交和了解信息的媒介，只要使用一部智能手机便能够轻而易举通过朋友圈、好友空间等方式及时了解全球讯息。近年来，网络上出现了一些对榜样恶搞、抨击的负面言论行为，例如雷锋历来以"为人民服务"的光辉形象展现在人们面前，而网络上却频频恶搞雷锋，甚至还出现一些专门讨论雷锋做好事是否有私心、雷锋是

---

① 石共文：《大学生道德生活中的"知行脱节"现象探析》，《现代大学教育》2002年第2期。

否一辈子没有做过坏事等消极讨论。尽管这些言论和做法的出现客观上源于人们多元化的价值取向和对权威的理性思考，但毕竟对榜样形象产生了负面效应，影响了榜样教育的效果，而对此教育工作者却缺乏及时有效的应对举措。可以说，大学生榜样宣传教育的形式与方法没有跟上时代的步伐，没有及时打造网络教育的主阵地，没能真正让教育有效走进学生的心灵。

（四）宣传大学生榜样的时段有应景化倾向

宣传大学生榜样的时段应景化，通俗地说就是宣传时间节点的不合理、不恰当，或者说临时抱佛脚现象。表现在：一是宣传榜样人物层出不穷，没有给予大学生吸收和内化的充足时间。我国古代教育家孟子曾说："罕譬而喻"，[①] 即举例不宜太多，紧扣中心思想，能产生较好的影响效应即可。而当前从中央到地方，从中央党报、社会主流媒体到高校组织的学习活动，榜样宣传层出不穷，甚至有些单位为了片面追求榜样宣传的数量和规模，每出现一个榜样就进行大张旗鼓的宣传，有时候没有榜样也要生搬硬造几个榜样出来进行宣传，榜样在某种程度上成为贯彻上级领导要求，按照领导个人意志所"塑造"出来的人物。层出不穷的榜样铺天盖地而来，不禁也会引起大学生的极度反感，正如即便是山珍海味，让人每餐吃也会觉得乏味。二是宣传榜样工作应景性多、持续性少，榜样不再是榜样教育工作的"主人"，而成为短暂的"过客"。如在每年的雷锋学习月期间，有关向雷锋同志学习的宣传报道等活动层出不穷，但一旦"雷锋月"结束后，相关宣传教育活动便再也很难看到。因此有种诙谐的说法，"雷锋同志没户口，三月里来四月走"，客观上也讽刺了当前这种应景性宣传教育的状况。同样，孔繁森、李素丽等一系列道德模范也成为榜样教育的匆匆过客，当榜样宣传教育工作需要时，这些榜样便从天而降；一旦教育工作结束他们又会顿时消失得无影无踪。榜样教育是一种兼具理论性和实践性的思想政治教育工作形式，个体品德的形成是知、情、意、信、行和谐统一的循序渐进过程，大学生不仅仅要对榜样精神和行为进行学习探讨，更需要进行自我道德内化、重构和养成，最终落实到实践锻炼、行为养成方面，才能取得良好的教育成效。而由于榜样教育方式的单一性，导致大学生只是在被动接受教育的过程中了解榜样精神的内容，而

[①] 《礼记》，辽宁教育出版社2000年版，第123页。

无法转化到思想内化和外在的实践进程中。若如此,大学生榜样教育工作做得再多也只是徒劳之举。

四 大学生榜样教育适应受教者心理特征与现实需求不足

马克思主义唯物史观深刻阐释了对普遍性的把握和研究都离不开以特殊性为基础的基本原理,"具有普遍性的世界观,同样是源于特殊性,即欧洲文明的传统和资本主义发展的内在矛盾"①,"必须研究矛盾的特殊性,认识各别事物的特殊的本质,才有可能充分地认识矛盾的普遍性,充分地认识诸种事物的共同的本质"。② 在大学生榜样教育工作中,教育工作者有时会忽视教育对象的差异性和多层次性,没有立足于大学生群体的个性化心理特征和需求,将教育内容、教育形式统一化,导致榜样教育在把握普遍性和特殊性、共性和个性的关系方面存在不可调和的现实矛盾。

(一)大学生榜样教育工作的统一性与大学生群体的个体心理特征存在矛盾

心理学家在多年的研究中发现,大学生正处于人生过渡时期,自我意识逐渐增强但定位仍然不准;抽象思维能力迅速发展,但易趋于主观片面性;情感更加丰富,但情绪波动较大;意志明显提高,但个体发展不平衡。③ 与他们的父辈相比,当代大学生视野更加开阔,他们对世界充满了激情,希望探索客观世界的真实应然状态,同时情感不够成熟、情绪容易多变;他们既充满了坚定的理想信念,对于追求人生目标,成就一番理想事业有着执着的追求,但时常又对人生和命运抱有怀疑的态度。因此,随着大学生群体的主体性意识日益萌发,他们的独立精神、批判意识、创新意识,以及探索世界、追求真理的欲望不断增强,自我判断、自我决断、自我探究的能力日益提升,形成了自己独特的个体价值观系统,对于权威性的思想观念有着较为强烈的抵触心理,特别容易追求标新立异的个性化,以致出现行为失范现象。同时,不同类型的大学生群体的心理特征也

---

① 陈锡喜:《论马克思主义中国化的内在根据》,《思想理论教育》2010年第3期。
② 《毛泽东选集》第1卷,人民出版社1991年版,第310页。
③ 汪士华:《增强高校榜样教育实效性的思索》,《学校党建与思想教育》2010年第19期。

存在个性化差异,如学习成绩优秀、家境优越的大学生往往心态阳光积极,自信心强烈,充满朝气,更加渴望获得成功,在人生大舞台上展现才干,实现人生价值;而一些家境困难、学习成绩较差的大学生心态较为消极,自尊心强烈,既希望获得人们的尊重,又难以平和心态接受人们的善意的帮助。再如,有的大学生较为自信、自傲,甚至是自负,认为自己就是自己的榜样,没有必要学习他人;有的大学生较为悲观,认为榜样离自己的实际生活甚远,学习榜样也难以达到与榜样相似或持平的境界,学习榜样因此没有多大实际意义。

因此,大学生榜样教育只有建立在教育工作与大学生个人的心理特征和价值观念实现对接的基础上,才能有效地推动大学生将社会主流价值观予以内化的进程。但是,大学生榜样教育为了传递社会主导思想的价值观,往往简单地将每一个大学生个体都视为相同的个体,认为每一个大学生个体都能够通过榜样教育工作,具备与榜样相同或类似的道德品质和行为模式,这种"一刀切"的做法过度拔高了同一性的地位,忽视了大学生的个性化心理特征。对于世界观和价值观已经较为成熟,自主意识和叛逆心特别强烈的大学生群体而言,如果榜样教育者推出、宣传的道德榜样与他们个性化的心理特征不相符,他们往往不会在心理上予以认同。"榜样只是少数,榜样的存在只能说明有某种人,但不一定说服所有人做这种人,这构成了对榜样教育的行为模式传导功能(也即榜样的示范价值)的极大限制。它往往会使榜样丧失教育意义,而只具有举例的意义。"[①] 在某种程度上而言,当下港台影视明星之所以能得到大学生的广泛追捧和认同,不仅仅是因为明星的思想观念、行为模式和外表打扮举止与大学生较为新潮的思想观念较为契合,更重要的是通过港台影视公司的精心包装、打造和宣传,偶像明星更加贴近大学生的心理特征,使大学生群体和偶像之间产生了浪漫的依恋情怀,从而成功吸引了大学生的兴趣,这也正是当代大学生榜样教育工作的严重不足之处。

(二)大学生榜样教育工作与大学生的个体实际利益需求不太契合

马克思曾指出"人们奋斗所争取的一切,都同他们的利益有关",[②]

---

① 戴锐:《榜样教育的有效性与科学化》,《教育研究》2002年第8期。
② 《马克思恩格斯全集》第1卷,人民出版社1956年版,第82页。

邓小平强调："不讲多劳多得，不重视物质利益，对少数先进分子可以，对广大群众不行，一段时间可以，长期不行。革命精神是非常宝贵的，没有革命精神就没有革命行动。但是，革命是在物质利益的基础上产生的，如果只讲牺牲精神，不讲物质利益，那就是唯心论。"① 在马斯洛提出的需求层次理论中，他把人的需要从低到高分为五个层次，依次为生理的需要、安全的需要、爱和归属的需要、尊重的需要和自我实现的需要，其中生理的需要是最基础、最根本的需要层次。② 在市场经济体制下，受到实用主义、功利主义等价值观念的影响，无论是榜样还是作为受教育者的大学生群体，都会将追求合理的物质利益作为自己实现需求。因此"对受教育者具有功利意义（主要不是指物质功利），或能唤起追求崇高的行为动机，就会真正对受教育者的生活、发展及人生价值的实现有较大助益，受教育者也就会产生向榜样学习的强烈需求"。③ 当前大学生的现实需求呈现出三个显著特征：

首先，在实用主义、功利主义等思潮的影响下，大学生容易受到现实社会中财富、地位等现实因素的诱惑，价值取向和个体人格出现功利化倾向，更加倾向于追求自我本位，传统的集体意识、服务意识、责任意识被现实的物质利益所取代。当今，拜金主义等思潮已经走进象牙塔，大学生过度的追逐与自身经济状况和身份不相符的物质生活条件，类似的物质攀比现象频频发生。如 2012 年，北京一名家境普通的大学新生为了不在同学面前"丢面子"，要求母亲为其购买 iPhone4s 手机、iPad3 和笔记本电脑等总价值超过 2 万元的高配置"苹果三件套"，将自己的母亲气哭。④ 此事引起了社会的广泛关注和一片哗然。

其次，面对当前社会快速发展、急剧转型的客观现状，大学生群体承受了巨大的现实和精神压力。如近年来极为严峻的就业形势被喻为就业的寒冬时节，对于绝大部分家庭条件普通、没有强大的社会人脉资源的大学生群体而言，面对激烈的学业、就业竞争压力，不得不将主要的精力放在

---

① 《邓小平文选》第 2 卷，人民出版社 1994 年版，第 146 页。
② [美] A. H. 马斯洛：《动机与人格》，许金声等译，华夏出版社 1987 年版，第 40—54 页。
③ 戴锐：《榜样教育的有效性与科学化》，《教育研究》2002 年第 8 期。
④ 《"苹果三件套"起步家长直呼"伤不起"》，《北京晚报》2012 年 8 月 12 日。

考研、就业等方面，人生目标也逐渐从为国家、社会多做贡献，转移到尽力充实自己，具备从众多的大学生中脱颖而出的强大竞争力上，必然也无暇过多地将时间和精力投入到理想信念和崇高精神的学习上。

最后，处于不同年级、不同专业背景的学生群体，其关注焦点、认知水平和发展需求都具有独特性和差异性。例如，一般而言大一新生充满自信和朝气，更加关注树立远大的人生理想信念，实现自己的人生抱负；大二、大三学生处于积累知识的重要阶段，更关注学习专业知识和提高技能水平；大四的学生即将进入社会，会将主要精力放在就业、考研深造、考取专业资格认证等方面，其直接的现实需求是考研深造和就业。

人的自身发展和内心情感是人本主义社会中人们重点关注的核心问题之一，那么大学生榜样教育也应当关注大学生的内心世界，挖掘和赋予这项工作以更多的人文关怀。面对当代大学生多元、复杂的利益需求，大学生榜样教育必须触感到大学生的内心深处，着眼于学生的利益需求，开展分层分类的教育引导工作，才能取得预期的教育成效。

五 保障大学生榜样基本权益的制度性举措不力

实事求是地讲，我国目前在保障榜样基本权益，特别是后续保障跟进方面的工作举措是不够有力的。近年来见义勇为的英雄典范和奉公无私的道德模范"流血又流泪"的现象屡见不鲜，一大批榜样为国家和社会作出了巨大贡献，一些人甚至因为见义勇为而受伤、致残，但都如同昙花一现般很快就被人们遗忘，也得不到应有的保障和基本的尊重。《中国青年报》报道，中华见义勇为基金会于2001年初对历届全国见义勇为先进分子共64位烈士的家庭及子女就学状况进行的调查表明，64位烈士家庭中，42家相当困难，人均月收入不足200元，29名烈士子女因困难辍学、失学。这种局面让多少好人心寒。因而，在不少突发性事件发生时，经常会出现围观者多，救援者少，甚至会出现唯恐避之不及的冷漠现象。[1] 又如，2013年12月2日《兰州晨报》报道西北师范大学体育系排球专业大四学生郝峰在公交车上见义勇为，阻止盗贼偷窃女生手机时被刺伤，事发

---

[1] 王志玲：《论榜样教育》，《河南社会科学》2009年第9期。

后却因为经济拮据陷入欠费停药窘境，而遭遇小偷的女生也一直没有出现。①报道后第二天，人民网发表以《见义勇为者流血又流泪，谁之殇？》为题的评论，并指出"这样的前车之鉴，只会让更多的人放弃见义勇为或者做好人好事的打算，即便会被指责无情、冷漠，恐怕也会抱着多一事不如少一事的心态绕道而行。毕竟，与可能受到的道德指责和良心的谴责相比，流血又流泪这种得不偿失的结果大概绝大多数人都不会选择的吧"。②客观上来看，榜样教育离不开现实利益驱动，其实效性依赖于完善的后续保障机制，如果榜样只有付出，没有回报，甚至连最为基本的权益都无法得到维护，必然也会导致大学生对榜样教育失去信心，削弱其学习榜样的热情和动力。

究其原因，一方面是部分单位和部门开展榜样教育活动的初衷只是为了应付上级领导的要求，并没有充分认识榜样身上所蕴含的崇高品质的重要意义，对榜样的重视、尊重和保护力度还不够。另一方面，从客观方面来说，榜样基本权益后续保障举措不力则是造成这一现象的深层次社会根源。以往，我国对榜样的救治与奖励工作中存在较大的混乱性，缺乏统一的认定标准，工作依赖于主管部门的主观认定，带有强烈的人治色彩，这一现象直到最近几年才有所改变。2007年，中央文明委出台了《帮扶生活困难道德模范实施办法（暂行）》，该办法重点针对生活困难的全国道德模范和提名奖获得者，明确分别由中央文明办和各省（区、市）负责帮扶，并对帮扶程序、帮扶方式和帮扶管理作出了规定。2011年，国务院出台《烈士褒扬条例》，明确对在保卫祖国和社会主义建设事业中牺牲被评定为烈士的公民予以褒扬。2012年7月，民政部、教育部、公安部、财政部、人力资源和社会保障部、住房和城乡建设部、卫生部等七部门联合出台《关于加强见义勇为人员权益保护的意见》，该意见从对见义勇为人员的基本生活、医疗、入学、就业、住房等方面，对基本权益保护内容、标准等方面作出了相关规定，特别是进一步明确了见义勇为死亡人员抚恤补助政策。此外，《公务员法》等有关法律法规对国家公务人员见义

---

① 裴强：《西北师大学子郝峰见义勇为却难寻当事少女为其作证》，《兰州晨报》2013年12月2日。

② 赵娟、谢磊：《见义勇为者流血又流泪，谁之殇？》，http://cpc.people.com.cn/pinglun/n/2013/1203/c241220-23732887.html，2013年12月3日。

勇为而致伤致残的保护也作出了相关规定，其家属也可得到抚恤；各省市地区配套执行的地方性规定中，也对保护英雄楷模和榜样模范作出了一定的规定。这样庞杂的法律规范体系看似规定繁多、内容复杂，但实际上在立法效力、保护对象、保障内容等方面均存在一些缺陷，在实践中难以发挥应有的效力。

首先，从法律效力上来看，榜样基本权益后续保障法律规范体系层次过低。根据法律效力从高到低，我国法律规范体系依次分为法律、行政法规、地方性法规、自治条例和单行条例以及规章等，狭义上的法律仅指全国人大及其常委会制定的规范性文件。《帮扶生活困难道德模范实施办法（暂行）》《烈士褒扬条例》《关于加强见义勇为人员权益保护的意见》等法律规范在立法层级上仅属于单行条例和规章范畴，处于整个立法体系金字塔的最底层地位，立法效力十分低下，在实践中难以保证得到完全彻底的执行。《公务员法》《法官法》《检察官法》等法律规范虽然属于地位较高的法律层级，但只是对于公务员这一极为特殊的榜样群体后续保护作出了相关规定。

其次，从保护对象上来看，榜样基本权益后续保障法律规范所保护的对象范围过于狭隘。《帮扶生活困难道德模范实施办法（暂行）》《烈士褒扬条例》《关于加强见义勇为人员权益保护的意见》所规定的保护对象主要是生活困难的全国道德模范和提名奖获得者，以及见义勇为受伤者和烈士；《公务员法》《法官法》《检察官法》等有关行政法规的保护对象仅为见义勇为保护国家、集体和人民利益而使自己受到伤害的国家机关工作人员。但实际上，这几部法律规范所涵盖的保护对象远小于大学生榜样教育工作实践中树立的榜样范围，例如各学校开展的"十佳大学生""优秀学生党员"等评先评优活动中，评比出来的朋辈教育典范，就无法归类到以上范畴中。

最后，从保障内容上来看，存在着规定不明、体系不清等现实问题。一是现有的法律规章制度对"见义勇为"行为的定义含混不清，没有形成统一的科学界定。二是《帮扶生活困难道德模范实施办法（暂行）》仅规定了要为生活困难的道德模范解决生活困难、资助就学费用、提供养老保险，并采取其他方式解决其困难，但是所有补助项目标准均采用"一定数额"的笼统描述，没有设定具体的标准，造成补助工作具有较大的随意性和弹性。三是部分地区没有出台配套的实施办法，导致中央统一制定的办法、条例和意见难以得到有效落实和执行，榜样的合法权益也难以得到有效保护。

基于以上原因，尽管我国已经出台一系列旨在保护榜样正当权益的法律规范体系，但是这一体系尚不够健全，也导致榜样的基本权益后续保障工作实践难以取得理想的效果，并造成大学生存在对学习榜样产生一定抗拒心理的客观现实。

六 教育工作者和榜样自身表率作用发挥不充分

孔子曾说过"其身正，不令而行；其身不正，虽令不从"，"君子之德风，小人之德草，草上之风必偃"，① 这表明了教育工作者和榜样个体的以身作则和言传身教是影响人们对榜样认可度的重要因素。毛泽东曾专门指出，"只要我们党的作风完全正派了，全国人民就会跟我们学。党外有这种不良风气的人，只要他们是善良的，就会跟我们学，改正他们的错误，这样就会影响全民族"，② 他要求共产党员充分发挥好带头模范作用，形成良好的榜样表率示范作用。目前，我国高校教育工作者和榜样表率作用发挥不充分的现象有上升趋势，当大学生看到越来越多的伪善榜样个人和现象时，便会对教育工作者及榜样产生怀疑，丧失对榜样教育工作的信心，这种现象主要体现在两个方面：

（一）榜样自身的表率作用发挥不充分

一是榜样自身的堕落。一般来说，一部分榜样在被作为先进典型宣传，特别是受到上级领导部门的表彰后，其名誉、地位等都会发生一定的变化，容易在不经意间出现思想放松乃至堕落的情况。有些先进榜样受到他人的吹捧，逐渐滋生名利思想、傲慢和自满情绪，对周围的同志趾高气扬、不可一世；一部分榜样则会产生飘飘然的感觉，自认为很优秀，逐步丧失进步的动力和创新意识，先进性无法得到持续有效的维持。更有甚者，在成名后担任了一定的工作职务，个人的欲望便不断增强，开始利用职务之便为自己牟取私利，违反最根本的道德规范要求。对于这种现象，迫切需要思想政治教育工作管理部门和榜样所在部门对榜样个体进行监督和管理，定期通过谈心、座谈交流等形式，了解其思想状况和普通群众对

---

① 《论语》，辽宁民族出版社1996年版，第136页。
② 《毛泽东选集》第2卷，人民出版社1991年版，第522页。

他们的看法和意见，对于其存在的问题和缺点应当及时客观地指出，帮助其认识和改正错误，继续保持榜样先进性。但目前这一机制还没有广泛建立起来，很多单位对本部门榜样的监督教育管理还是一纸空谈。榜样日常生活中的言行举止本身就是其自身涵养的体现，也是言传身教的重要榜样教育形式之一，在很大程度上直接成为教育内容真实性的有效佐证，而榜样自身素质的堕落，很容易导致大学生对榜样乃至榜样教育工作的认可度降低。

二是榜样教育的时空性存在局限。如上文所述，榜样宣传教育层出不穷，往往集中在一些时段铺天盖地而来，但又不具备足够的持续性，导致大学生反感和抵触，而且缺乏足够的内化时间，以至于"先进典型年年有，没有一个能长久"。[①] 同时，榜样的信息资源共享度不高，相关共享机制还不够健全，很多榜样只在本地域或者本单位进行了一定的宣传报道。这样一来，榜样教育只能在有限的时空范围内对部分大学生产生教育效果，出现很多榜样模范根本不为大学生所知的尴尬局面。

（二）高校教育工作者的表率作用发挥不充分

高校教师是在大学生个体社会化过程中的"重要他人"，美国学者麦金泰尔和奥黑尔曾指出："可以确定的是教师会带着一定的价值体系进入课堂，而你的学生也必定会或多或少地受到影响。你与教学环境、学生、其他教师的交流方式，你说的笑话、你带进教室的个人习惯无一不成为学生的行为示范。"[②] 正所谓"师者，传道授业解惑也"，[③] 除了为学生传授专业知识外，大学老师对大学生的思想观念引导、强化和修正也起着十分重要的作用。

对于榜样教育工作而言，高校教师不仅仅是榜样先进事迹和精神的讲授者，更是言传身教的践行者，他们的一言一行，都将对学生产生直接的影响。教师需要通过自己的教学艺术和人格魅力，将榜样的精神和事迹予以阐释和解读，让学生充分感受到榜样精神的崇高性。因此，教师队伍素

[①] 彭怀祖、姚春雷：《身边人身边事的力量学》，苏州大学出版社2012年版，第72页。

[②] 兰玉玲：《高职院校政治理论课教学改革与教育目标实现》，《辽宁高职学报》2006年第6期。

[③] 《韩昌黎全集》，北京燕山出版社1996年版，第360页。

质的高低，对于榜样教育的成效有着直接的关系。同时，学校是大学生学习、生活的重要场所，除了任课教师和思想政治教育工作者（主要是指辅导员）外，日常管理服务工作者的素质高低，也会让大学生对高校榜样教育工作的认同度产生一定的间接影响。

目前，高校受到社会的不良习气影响，不同程度地存在功利主义和浮躁气息，一些高校教师的素质令人担忧，个别教师已经不再以服务学生成长成才和严谨治学为根本原则，而是以是否对自己有利为原则，置基本的职业道德于不顾，热衷于开创第二副业，到处做报告讲学，承担社会企业的科研项目，本职教学科研工作水平受到严重影响；为了尽快评上职称，一些教师铤而走险，踏上学术腐败之路，甚至将学生的科研成果挪为己用；有些教师贪图享乐，利用手上的权利走上钱权交易、权色教育的道路，参与到赌博、男女不正当关系等现象中。高校教师作为教书育人的辛勤园丁，在学生和社会公众眼里具有光辉的形象，一旦出现负面新闻，容易造成负面影响放大化。在很多学生眼里，高校教师已不再单纯是"红烛"的映照，教师应有的表率作用被严重削弱，他们对于老师的言传身教产生"一定的"怀疑。应该说，当学校教育内容与客观现实的冲突呈现在大学生面前时，从意识层面上，他们就会怀疑学校教育的真实性，并引发他们对生活真相的困惑、迷茫、痛苦与反叛，产生对周围一切事物的不信任，榜样教育的效果也因此受到削弱。[①]甚至部分大学生会感觉客观世界的虚伪性和丑恶性，以致发生思想上的倒退与病态。

七 开展大学生榜样教育的自觉氛围尚未有效形成

从社会氛围角度着手探究，可以发现大学生榜样教育的合力在我国尚未有效形成。体现在：

（一）传统榜样教育与大学生主体意识激发之间存在落差

大学生榜样教育作为一种典型的思想政治教育工作，十分依赖于激发大学生的主体能动意识，而传统以行政力量为主导实施榜样教育的模式在激发大学生主体意识方面存在天然的劣势，压抑了大学生的主动性、积极性和创造性，大学生的主人翁意识得不到有效发挥，学习欲望不够强烈。

---

① 彭怀祖、王啸天：《精神分析视域下的青少年榜样教育》，《理论学刊》2010年第10期。

一是因为大学生独立自主意识有所提高，思想观念日益个性化、多元化，他们更加理性，充满自信和激情，对权威富有批判意识和挑战意识。因此，对于官方性质树立宣传的榜样，大学生群体本身就具有一定的排斥心理和抵触心理，不愿意去了解榜样身上蕴含的崇高精神，更不愿意去深入学习榜样。二是因为榜样宣传工作本身存在缺陷，导致大学生与榜样间存在较大距离。如前文所述，单向树立的"高大全"榜样形象，宣传手段枯燥机械，时段具有明显的局限性，导致大学生对榜样宣传教育工作充满了抵触心理。大部分时候，大学生只是被动、消极地参加榜样教育活动，缺乏自觉学习榜样的主体意识。三是在经济全球化和我国社会急剧转型的时代背景下，功利主义、拜金主义在一定范围内盛行，资源分配不公、贪污腐败等各种负面新闻时不时充斥报纸、电台与网络，给大学生群体造成了消极影响，他们的理想信念开始动摇，对未来的信心不足，对于学习榜样也失去了兴趣，认为学习榜样对自己没有太大的现实意义。因此，在榜样教育实际工作中，学生往往虽然参加了榜样教育活动，但兴趣和注意力却并不在学习榜样上，出现"身在学习心不在""口里喊着学、心里不愿学"的尴尬局面。

（二）榜样教育的社会自觉氛围尚未有效形成

榜样行为是一种典型的利他行为和亲社会行为，需要通过营造浓厚的社会氛围才能取得良好的成果。例如那些观察到友善榜样的儿童，会比没有榜样或者观察到自私榜样的儿童表现得更加慷慨。因此，与利他榜样在一起能促进亲社会行为的发展。同样的研究也发现："通常人们并不愿意献血，但如果在问人们是否愿意之前先看到一个实验助手同意献血，则愿意献血的人数会明显增加"。[①] 这种现象便是心理学中的从众现象，即"个人的观念与行为由于群体的引导或压力，而向与多数人相一致的方向变化的现象"。[②] 通常意义上而言，一个人只有在更多的方面与社会的主导倾向取得一致，他才能够适应其赖以生存的社会，否则他将困难重重。[③] 这种心理学现象说明，大学生总是受到社会环境和社会氛围的影

[①] 金盛华、章杰：《当代社会心理学导论》，北京师范大学出版社1995年版，第354页。
[②] 章志光、金盛华：《社会心理学》，人民教育出版社1996年版，第420页。
[③] 同上书，第421页。

响，如果榜样学习成为一种社会主流的自觉现象，那么大学生就会主动向社会主流自觉靠拢，效仿这种学习榜样的自觉行为；反之如果社会上没有形成良好的学习榜样氛围，那么大学生对榜样学习的认可度也会下降，甚至可能从心理上不愿意学习榜样。

　　社会舆论作为引领社会思想观念和行为模式的重要力量，是社会氛围很重要的一个方面。要形成重视榜样教育、学习榜样的良好氛围，就需要形成舆论合力，发挥舆论的引领和鼓舞力量。大学生榜样宣传教育工作是一项庞大的工程，系统性和复杂性极强，不是一个部门一朝一夕能够完成的工作，需要多个部门团结合力，充分挖掘榜样精神，制作生动真实的文字影视宣传材料，将各项宣传教育工作推进并落实到位，才能形成良好的工作实效。但实践中大学生榜样宣传教育工作往往并没有得到思想政治教育工作者的充分重视，榜样的宣传方案、宣传工作机制和保障措施没有明确的界定和规范，往往具有较强的随意性，宣传材料苍白死板，工作成效难以得到良好的保障，更无法发挥凝聚人心、形成合力的应有作用。在现实中，尽管人们都在教育大学生要学习榜样的崇高精神，但当周围的人群面临困难需要帮助时，他们所看到的却是没有人伸出援助之手；在连"扶起倒地的老人"都已经成为一种奢望，整个社会的道德风气淡漠的时代背景下，仅仅靠言语说教来对大学生开展榜样教育，本身也是一种过于理想化的假设。

　　此外，良好的家庭环境是开展大学生榜样教育，实现思想政治教育社会化、家庭化的重要平台。但现实中受到应试教育理念的影响，一些家长只重视对学生智力的培育，教育学生要好好学习，将成绩好坏作为是否优秀的唯一衡量标准，而相对忽视了对品德的教育养成，导致学生从小就缺乏思想道德教育的理念基础，自然也会对榜样教育缺乏足够的认识。某种程度上而言，家庭教育的缺失也是大学生榜样教育难以取得积极成效的重要原因之一。

第三节　当代中国大学生榜样教育存在问题的原因分析

　　从以上分析不难看出，我国大学生榜样教育工作现状已经不能很好地适应大学生思想政治教育工作的客观要求。其不仅与教育工作的基本规律和基本理念有所相悖，也与当前我国社会经济文化发展的新形势、当代大学生的心理新特征不完全合拍，因此必须对大学生榜样教育工作中的种种弊端进行深刻剖析，寻求深层次的问题归因和解决之路。通过分析，本书认为存在问题的原因不外乎主、客观两类：

一　主观原因

不遵循教育教学和思想政治教育规律，不尊重大学生的成长成才与发展规律，是大学生榜样教育各类问题产生的主观原因。

（一）大学生榜样教育一定程度忽视受教育者的主体性

人的主体性是近代西方哲学的重要内容，17世纪哲学家笛卡儿首次确立了近代"主体性"的观念，他将人的"自我意识"确立为"主体"，指出"一旦离开了'自我意识'，也就既谈不上任何意义的'自主性'和'自为性'，也谈不上任何意义的'选择性'和'创造性'"，[①] 黑格尔则将这种主体性的理念发挥至极致，他指出"全部现存的'对象性'也就与它的'自我生产'成了一回事。'看来，世界精神现在已经成功地从自身排除了一切异己性的、对象性的本质，最终把自己理解为绝对精神，并且从自身生产出对它来说是对象性的东西，安静地把它保持在自己的权力之下'"。[②] 可见，主体性实际上是指人在社会交往的过程中所具有的个性化的品行、素质和特征的综合体现。但当前，教育工作者大多从自己的主观意愿出发，单纯将榜样教育理解为一种灌输式、自上而下的教育形式，忽略了对大学生主体意识的尊重和有效激发。

随着大学生心智的逐渐成熟，他们就会逐渐萌发自主探知真实客观世界的意识，这就是我们所说的主体性意识。主体意识属于自我意识的范畴，是实现人的自由自主发展的前提，因此大学生的主体意识也成为了世界各国广泛关注的教育问题之一。在某种意义上而言，榜样教育的本质是在榜样的引导激励下，大学生自发选择榜样、学习榜样，实现自身人格发展和超越的行为，学习的主导权在大学生自己的手中。榜样教育的核心是大学生的自我教育，而教育者只承担引导和激励的任务。基

[①] 段德智：《主体生成论——对"主体死亡论"的超越》，人民出版社2009年版，前言第10—11页。

[②] ［德］卡尔·洛维特：《从黑格尔到尼采》，李秋零译，生活·读书·新知三联书店2006年版，第53页。

于对主体性的基本认识，大学生榜样教育工作中的学生主体性可以分为三个维度：其一为自主性，是主体性最为核心的内容和实现其他两个维度的基础。自主性是作为主体的个人，在不受外界控制的前提下，从这些榜样具体的行为样式中，学习到体现在其中的道德精神，学习和领悟到在行为中表现出的道德理念自身的那种精神，从中培养自己的道德判断力①。大学生一般会自觉对榜样及其蕴含的精神与行为进行思考，根据自身情况进行个性化评价，对这些精神是否符合自身需求，能否成为自己的内在思想观念，作出合理的判断。其二为能动性。马克思从实践的角度出发，认为"人是有意识的类存在物……动物和它的生命活动是直接同一的……人则使自己的生命活动本身变成自己的意志和意识的对象"。② 换言之，人的活动是针对对象的有意识活动，它掺杂着人的目的、情感等各种因素，而这种有意识的活动能力就是人的主观能动性。能动性主要表现为认识和改造世界的有目的、有计划、积极主动的有意识的活动能力。作为比较理性的知识群体，大学生一般会结合自身实际，对榜样及其精神作出理性的选择，并运用其指导自己改造客观世界的行为。其三为创造性。我国古代先贤和教育学家都十分重视对学生创造性的培养，在《论语·为政》中记载了"温故而知新，可以为师矣"，③《礼记·学记》中则载有"知困，然后能自强也"。④ 对于大学生榜样教育而言，学生的创造性主要是指在学习榜样精神的基础上，开展自我的批判和重新认知，赋予自身人格更多的价值属性和意蕴，使自己具备创造能力和健康心态的综合能力。

与普通的知识传授教育工作不同的是，作为一种德性教育的重要形式，榜样教育具有更加显著的软性和长远性特征。一般而言，知识传授侧重于学生对知识的记忆和理解，其教育效力分为两个维度：其一是学生将知识的内容记忆下来，复制到自己的知识体系中，只要实现这个维度知识传授就是成功的；其二是学生对知识的理解、运用和创新，则是处于更高层次的维度。但榜样教育成效维度很单一，即只有学生知晓、熟悉榜样，

---

① 陈立新：《浅议道德典范人物问题》，《道德与文明》1998年第4期。
② 《马克思恩格斯全集》第42卷，人民出版社1979年版，第127页。
③ 《论语》，辽宁民族出版社1996年版，第14页。
④ 《礼记》，辽宁教育出版社2000年版，第122页。

予以自我认同和内化，并转化为自己的思想观念和行为模式，榜样教育才算取得成效。而作为一种教化手段，榜样教育运用外在力量对人的言行举止进行引导和规范，而思想道德是不依赖于外在力量约束的人的自我选择，以大学生自己的合理认知和判断为基础，因此榜样教育更加依赖于学生自主学习的意识，以及主动将榜样精神行为予以内化的能动性和创造性。只有充分发挥了大学生的主体意识，榜样教育才能取得真正的教育实效。

但是，我国大学生榜样教育实践工作往往体现着较为强烈的自上而下的主观色彩，榜样人物的塑造、精神的凝练均来自于教育工作者的主观意愿，采取灌输式的教育方法，让学生处于机械式、固定式的学习模式中，容易抑制大学生的个性自由发展和学习主动性、积极性，引起学生的极度反感。特别是当下部分大学生学习态度不够端正，自主意识和自我意识强烈，厌烦空洞的说教，对思想政治教育和知识学习都毫无兴趣，甚至是消极旷课，抵触学习，这种灌输式教育方式就更加难以取得效果。同时，榜样教育对宣传树立的榜样贴上过高的道德标签，塑造过高的统一化、共性化的精神品质标准，对于这些做法，大学生既无法在感情上予以认同，也无法在行为上进行模仿，令大学生难以接受、更难以学习。

（二）大学生榜样教育未能完全遵从教育的基本规律

当代大学生榜样教育工作的相关机制未能完全遵从教育的基本规律，主要表现在与教育学、心理学的基本规律有所相悖，未能有效发挥大学生榜样教育的育人成效。

1. 与教育学的基本规律有所相悖

要研究大学生榜样教育工作的弊端成因，首先就要准确界定教育的内涵与规律。《中国大百科全书》对"教育"的释义为"教育是培养人的一种社会活动……其含义是教育者根据一定社会（或阶级）的要求，有目的、有计划、有组织地对受教育者的身心施加影响，把他们培养成为一定社会（或阶级）所需要的人的活动"，[1]《辞海》则将教育定义为"一种影响人的身心发展为直接目的的社会活动"。[2] 在西方，教育一词源于拉

---

[1] 陈桂生：《"教育学视界"辨析》，华东师范大学出版社1997年版，第117页。

[2] 《辞海》，上海辞书出版社2000年版，第4175页。

丁文 educere，"'e'在拉丁语中有'出'的意思，'ducere'有'引'的意思，拉丁语'educere'作为一个合成词，便含有'引出'的意思，用指教育活动即含有把受教育者内在的……（天资、禀赋、能力、知识、智慧、美德等）引导出来的意思"。① 20 世纪德国著名学者雅斯贝尔斯将教育界定为通过教育者与被教育者双方的外部交流，启发受教育者思维的一种活动，他指出："所谓教育，不过是人对人的主体间灵肉交流活动（尤其是老一代对年青一代），包括知识内容的传递、生命内涵的领悟、意志行为的规范，并通过文化传递功能，将文化遗产交给年青一代，使他们自由地生成，并启迪自由。"②

纵观中西方人类社会发展的几千年历史，教育一直被理解为一种通过教育者开展外在的教育活动，对受教育者内心的思想品质和外部行为产生影响，引导受教育者升华内心品质和改变外部的行为。基于对教育概念和本质的理解，班华等学者将榜样教育理解为"以高尚的思想、模范的行为、优异的成就教育影响受教育者的一种方法"。③ 按照这个认识，大学生榜样教育的模式可以剖解为以下三个阶段：

第一个阶段是传递阶段，由教育者（主要是指教育主管部门、学校等思想政治教育工作者）通过语言、行为等特定的外部教育行为，对具有崇高品质、优秀能力的榜样个人事迹及精神进行描述，并将这些信息传递给受教育者（大学生群体）。第二个阶段是对照阶段，教育者引导受教育者对榜样的崇高精神和先进事迹进行分析归纳，在作出正确评价的基础上，与受教育者自身的思想和行为进行对照衡量。第三个阶段是内化模仿阶段，即受教育者在评价和对照的基础上，对榜样的品质和行为进行内化，对于榜样身上先进、崇高的品质和行为进行感悟，予以模仿和借鉴，吸纳到自身思想行为体系之中。

在大学生榜样教育工作机制中，教育者通过树立宣传榜样，对大学生进行引导和影响；同时大学生自发吸取榜样身上的优秀因子，并实现自我

---

① 肖川、胡乐乐：《"教育"概念的词源考古与现代研究》，《大学教育科学》2010 年第 3 期。

② ［德］卡尔·雅斯贝尔斯：《什么是教育》，邹进译，生活·读书·新知三联书店 1991 年版，第 1 页。

③ 班华：《现代德育论》，安徽人民出版社 2000 年版，第 232 页。

人格的自我否定与自我升华，这是一个教育内化与外化相结合的过程。在这个教育者和被教育者双方共同作用的机制中，教育者起到的是向大学生群体传递信息和引导分析评价的作用，属于外界影响和导向范畴；大学生群体则通过对照衡量，将先进榜样的崇高精神予以内化吸收和外化模仿，而无论是内化还是外化行为都依赖于大学生自己的意愿。因此，大学生群体的内在认同、感悟和内化模仿行为处于这个机制的核心地位，只有大学生启动了内化进程，榜样教育的成效才能得到实现。而在榜样教育实践工作中，往往都充斥着较为强烈的功利主义和形式主义色彩，教育工作者只注重通过灌输的形式向大学生传递榜样精神，而没有有效激发大学生对榜样的亲近感和认同感，容易造成大学生强烈的反感和抵触心理，也不会自觉开展对照和内化行为，而教育工作者做再多的影响和导向工作也都只能是徒劳，达不到实质性的教育效果。

2. 与心理学的基本规律有所相悖

班杜拉指出："人类的大部分行为是通过观察学习而获得的，人们可以通过观察他人的行为及行为的后果而间接地产生学习"，[①] 这就是观察学习理论。这一理论说明了人有使用符号和自我调节的能力，人不是消极地接受外界刺激，而是积极地对这种刺激作出选择、组织和转换，据以调节自己的行为，[②] 并深刻阐释了大学生榜样教育的心理学机制，即大学生通过注意过程、保持过程、复制过程、动机过程等四个步骤，完成对先进榜样的认同和学习，并将榜样的崇高精神和行为复制为自己的思想观念和行为模式。同时，大学生在观察和学习榜样的同时，也会结合自身心理特征、思想观念和生活经历，融入自己的再认识和评价。

"大多数人类行为是通过对榜样的观察而获得的"，[③] 而观察者的心理特征、榜样的活动特征和观察者与榜样的关系特征决定了观察学习的程度，[④] 其中观察者与榜样之间的熟悉程度将对其学习的结果产生直接的影

---

① 纪乃旺、张玉新：《大学生榜样教育的理论基础》，《山西高等学校社会科学学报》2012 年第 3 期。

② 邵瑞珍：《教育心理学》，上海教育出版社 1998 年版，第 42 页。

③ [美] A. 班杜拉：《思想和行为的社会基础——社会认知论》，林颖等译，华东师范大学出版社 2001 年版，第 63 页。

④ 姚篮：《试论班杜拉的社会学习理论——观察学习》，《遵义师范学院学报》2003 年第 5 期。

响,这一原理应用到大学生榜样教育工作机制中,则体现为大学生对榜样的价值认同感。"认同"(identity)一词来源于德文"identitat",原指身份证明的意思,也曾被翻译为"同一性""身份""认证"等。[①] 可以说,人们总是认同与自己的利益、情感和信仰相一致或相近似的事物,其结果在于评价或结果的趋同,核心在于对价值的情感认同和认知认同。

在大学生榜样教育工作中,大学生对榜样的认同程度高低,是榜样教育有无实效的决定因素。只有将榜样的崇高精神和先进事迹与大学生的兴趣爱好与理想相契合,大学生才会萌发充分的价值认同感,认为这些精神和事迹与自我的追求和目标具有较高的契合度,从而唤醒学生内心深处的道德追求和情感共鸣,坚定学习榜样身上蕴含的崇高精神的信念,将榜样的精神和行为内化为自己的思想观念和行为模式,最终"从道德模范人物的模范行为中,不是学习他们的具体行为样式,而是从这些具体的行为样式中学习到体现在其中的道德精神,学习和领悟到在行为中表现出的道德观念自身的那种精神,从中培养自己的道德判断力"。[②] 同时,只有通过学习者的"观察"和"保持"行为,榜样所示范的行为最终演进为复制过程和动机过程,这意味着"观察"和"保持"是产生完整的学习进程的基础,也说明了只有匹配与大学生信息接收和处理能力相契合的榜样模型,充分激发大学生的认同感,才能催发大学生真正将榜样精神予以内化和外化,实现榜样教育的价值目标。而在当前我国大学生榜样教育工作实践中,由于塑造的榜样多为"高大全"式的绝对理想人物,而且没有立足大学生的实际个体心理特征和需求,导致大学生对这些塑造宣传的榜样没有足够的关注度和认同感,也不会产生肯定和接受的情感与关注的需求,至于学习和模仿则更是奢望。

二 客观原因

在我国社会政治经济文化高速发展的新形势下,社会急剧转型,群体思想意识深刻变化,作为处在社会环境中的大学生榜样教育,不同程度地受到大的环境的影响,这也正是前述问题产生的客观原因。

[①] 高凯:《价值认同:大学新生榜样教育的核心》,《文化学刊》2012 年第 1 期。

[②] 施良方:《学习论》,人民教育出版社 1994 年版,第 390 页。

(一) 时代发展变迁超越大学生榜样教育进程

时代的大发展、大变迁,某种程度上已经超越了大学生榜样教育的既定进程,使大学榜样教育出现了一系列不适应的症状,主要表现在:

1. 未能完全适应时代转型的节奏

马克思主义唯物史观认为,社会存在决定社会意识,每一个时代都必然产生能反映时代特征的时代精神。自古以来,我国榜样教育都以儒家文化为核心,弘扬"修齐治平"、忠君爱国、大公无私的"圣人""明君"和"贤臣"形象,尧舜禹、屈原、诸葛亮、关羽、岳飞、包拯等儒家精神的代言人得以流芳百世,对于弘扬儒家文化起到了非常重要的作用。这种圣贤式的榜样教育十分理想化,并具有鲜明的政治教化色彩。如孔子曾主张"祖述尧舜,宪章文武",以古代帝王为典范来改造社会,从而实现其最高的政治理想——大同社会。[①] 韩非子曾提出"以法为教,以吏为师",董仲舒也曾告诫统治者"尔好谊(义),则民向仁而俗善;尔好利,则民好邪而俗败。由是观之,天子大夫者,下民之所视效,远方之所四面而内望也"。[②] 新中国成立后,我国榜样教育中主导的核心价值观念,已经从以"忠君"为核心的儒家思想转变为爱国爱民、无私奉献的爱国主义、集体主义等社会主义主流价值观,体现了那个时代积极、健康、纯粹的时代精神,具有极高的感召力和实效性。

然而,改革开放30多年来,随着我国社会主义市场经济的高速发展,当前社会形势已经发生翻天覆地的革新。社会价值逐渐呈现多元化趋势,民主、法治、公平的政治理念萌芽日益兴盛,整个社会呈现出明显的经济化、民主化特征,知识与经济相互融合,利益原则已经逐渐取代传统奉献精神在人们心中的地位。加之我国社会政治氛围日渐宽松,三权分立、多党制等西方思想鼓吹意识形态的多元化,个人主义、物质至上主义、消费主义、性解放等新的社会思潮在我国社会得到广泛传播,传统道德文化规范体系和社会主流价值观念受到极大的冲击,对马克思主义的主导地位产生挑战。而随着我国跨国经济贸易的日益兴盛,面对经济往来中频繁出现的各类纠纷,越来越多的国民开始诉诸法律,依靠外部法律规范的力量解

[①] 袁文斌:《中国古代榜样教育理论及其当代启示》,《河北学刊》2010年第1期。

[②] 班固:《汉书》,中华书局1962年版,第2504页。

决纠纷问题，传统道德的力量逐渐下降，在人们心中的地位趋于弱化。特别是新世纪以来随着构建社会主义和谐社会理念的提出，"以人为本"得到广泛认同，重视人的民主权利、心理健康和自由发展成为越来越多社会公众关注的焦点，当代中国文化形态几乎发生了根本性的变化，形成了多元化的利益主体、价值观念和价值体系。当下，大学生群体更加追求政治上的民主公平，萌发合理追求自身合理利益的现实观念，将提高自身素质和技能，为自己美好的人生奠定基础成为更为现实的客观需求。人要生存和发展，就需要获得利益以满足自己的需求，尽管道德行为不能完全等同于利益，但是完全忽视利益的重要性，把所有人都假定为一个纯理性的非经济人，这种假设本身又是不合理的。因此教育工作者心目中所设定的种种道德因素和内容，无法得到大学生群体的接受和认同。在这样的时代背景下，榜样教育依然注重宣传传统的奉献精神，塑造"高大全"的浪漫主义形象，已经与当今社会的主流价值体系相脱节。榜样教育固然需要激发人性，但人性毕竟来源于生活，过度宣传纯然理性化的"人性"，实际上反而违背了基本的人性道德规律，与大学生实现"自我"自身价值的现实理想差距甚远，不仅感召力空洞，难以催发大学生的认同感，而且过于完美的榜样人格也会令大学生产生不适感，感到难以模仿和学习，从而丧失学习的欲望。

2. 未能完全适应大学人文精神缺失的现实

人文精神是高等学府的灵魂，是对人的理想精神、价值体系的系统建构与维系。儒家典籍《大学》开篇便明确指出"大学之道，在明明德，在新民，在止于至善"，[①] 表明弘扬人性、清明风气是大学的重要职责。在西方国家，文艺复兴时期是大学人文精神作为一个独立概念诞生的最早时期，体现为以人为本的重要精神。我国自近代以来，科学技术水平一直远远落后于西方国家，饱受西方国家欺凌百余年之久，这种状况直到新中国成立后才得以改变。为了尽快发展我国科学技术水平和国家综合竞争力，国家一直高度重视对理工类学科的发展，而相对忽视了文史学科，以至于文史学科地位偏低，发展相对迟缓。可以说，在科学技术的迅猛发展和强烈冲击下，人们对科学教育价值的推崇有所增强，但同时人文精神和人文价值也随之失落。此外，随着近年来市场经济体制的日益完善，受到

---

① 《大学》，中国纺织出版社2007年版，第2页。

拜金主义、实用主义等现实观念的冲击，加上文史类学生毕业后就业普遍更加严峻的现实，大学教育走上产业化的道路，有的学校舍弃了"人文"传统，把大学降低到市场经济的附属地位，市场需要什么，大学便做什么，一种产销对路、短、平、快的人才培养模式悄然形成。[①] 在一些地区的高中学习阶段，还出现了成绩好的学生学习理工科，成绩不好的学生学习文史类学科的现象，大学文科正逐渐成为"笨人""无能"的表征。最后，随着新世纪高等教育规模的非常规扩张，高校基础设施建设、师资力量相对不足，如何扩大办学规模、增加经济效益成为很多高校亟待解决的首要问题，因此对学生开展粗放式管理，相对忽视高校校园文化建设和思想政治教育也成为了一种常态。一些专家教授错误地认为，大学是专业教育的园地，对学生开展专业知识教育是大学教育的根本任务，相对忽视对学生思想政治教育工作的重视，也是当前高校人文精神缺失的重要原因之一。

我国大学人文精神的弱化现象，一方面体现为大学生的思想道德水平、精神面貌有所下降，很多大学生的思想道德品质大不如前，自尊自爱自强、无私奉献、以善为先、公平公正等中国传统文化精髓和思想道德品质正在部分大学生身上消亡，高校"象牙塔"有向人文"文化荒漠"转变之虞。另一方面则是当代大学生的人文素养令人担忧，很多学生只知道比尔·盖茨、乔布斯、马云等商界风云人士和袁隆平、钱学森等科学家，却对中国古代经典典籍、人文著作知之甚少。1995年，华中理工大学（现华中科技大学）首次对全校3500多名新生进行语文水平测试，试题包括汉语知识、古代文学、阅读理解、写作四个部分，结果不及格者占26.3%，其中博士生和硕士生不及格者分别占61%和52%。[②] 2003年，台湾地区中学语文教材《国学基本教材》主编根据教材内容，对两位北京某高校的中文博士进行测试，结果两位中文博士只能答对一半，相当于不及格，此事引起社会的广泛关注。[③] 2014年9月9日，习近平在北京师

---

① 成银生、朱庆：《大学人文教育重在培养人文精神》，《光明日报》2000年4月23日。

② 仪垂杰：《当代大学人文精神的反思与重建》，《光明日报》2006年10月28日。

③ 叶匡政：《难倒大陆博士的台湾中学国文考题》，《信息时报》2008年3月30日。

范大学主楼参观"尊师重教、筑梦未来——祝第 30 个教师节主题展"时,就指出"很不赞成把古代经典诗词和散文从课本中去掉,'去中国化'是很悲哀的。应该把这些经典嵌在学生脑子里,成为中华民族文化的基因"。① 此外,当代部分大学生精神面貌颓废,一些学生丧失了对人生理想的追求,成天逃课,沉溺于睡懒觉、泡网吧、谈恋爱,大学图书馆成为考试前临时突击的学习场所,学生寝室成为杂乱无章、臭气熏天的"狗窝"。大学人文精神的衰弱,直接导致了大学生理想信念的缺失,对榜样教育宣传的崇高道德缺乏兴趣和关注,造成榜样教育成为空谈。

(二) 现实思想道德环境制约大学生榜样认同

社会思想道德是思想政治教育环境的重要组成部分,也是大学生思想观念形成的重要基础,在大学生榜样教育工作中发挥着关键的作用。人具有天然的社会属性,人的生活和发展都离不开环境的影响,大学生生活在特定的时代背景和环境结构里,受到社会政治经济文化发展情况和周围生活圈子的影响,各种思想观念、行为模式都将对大学生的价值判断产生渗透、影响和引导作用。

自古以来,我国一直享有"礼仪之邦"的美誉,仁、义、礼、智、信等儒家伦理精髓对于几千年来维持社会道德风尚起到了十分重要的作用。但近几十年来,在社会政治经济文化高速发展、社会急剧转型的时代背景下,精神文明建设滞后于物质文明发展的速度。在市场经济的冲击和西方思潮的影响下,极端的个人主义、功利主义观念开始取代传统爱国主义和集体主义热忱,人们的理想信念开始崩塌,失去了积极健康的理想目标;社会道德建设、法制建设、社会监督和信用机制建设不够健全,公民意识、法制观念严重缺失,社会资源分配不公、不正当竞争甚至成为一种社会常态,整个社会道德文明水平呈滑坡趋势,甚至出现了"道德无用论"等消极言论。比如广东佛山的"小悦悦事件",在人们的思想道德心理上掀起了轩然大波,人们不禁追问,究竟思想道德冷漠的范围有多广、程度有多深?我们的思想道德底线究竟在哪里?大学生榜样教育是弘扬社会美德的重要活动,而近年来国家一直高度重视公民道德的宣传教育工作,榜样教育工作也走上了大学生思想政治教育工作的制高点,这种现状

---

① 《不赞成课本去掉古诗词应嵌在学生脑子里》,http://news.xinhuanet.com/book/2014-09/10/c_126969625.htm,2014 年 9 月 10 日。

在体现国家高度重视这项立德树人工作的同时，从另一个侧面也恰恰说明当前社会道德的普遍缺失。社会道德缺失最为重要的原因之一，在于社会公正的缺失。正如美国著名政治哲学家、伦理学家罗尔斯在《正义论》中开篇指出"正义是社会制度的首要价值，正像真理是思想体系的首要价值一样"，[①] 对于社会公众而言，往往社会公正本身就是最大的道德价值。在我国，政府公权力滥用现象导致官员贪污腐败现象屡禁不止，社会贫富差距过大，早在2000年基尼系数就已经突破0.4这一国际惯常的警戒线，教育、医疗、社会保障等诸多社会资源分配也存在不公现象。

榜样教育还是一种审美的教育，以榜样为中介，以无私奉献、公平公正为载体，向大学生群体传递着审美的价值。"认识就其根本特征而言，是审美地构成的"。[②] 美是理念的感性呈现，只有美的东西才能被人们欣赏。榜样身上所蕴含的崇高品质和先进行为本身就是符合人们理想中的美感的外在呈现，大学生正是在了解榜样的崇高品质和行为的过程中感受到崇高品质的完美，才会在情感上形成共鸣，体验到审美的愉悦情绪，进而对这些品质和行为产生认同和模仿的心理。在榜样给大学生带来心灵上的美感的同时，现实中无时无刻不在的各种社会问题和弊端却又带来一些丑恶的现实认知，这样不仅会造成大学生的心理严重扭曲，更会造成大学生在审视榜样之美时产生不信任的心理。"我们所处的时代要建设一个不仅应该是技术和经济方面最完善、道德上最高尚公正的社会，而且应该是审美上最美好的社会"，[③] 只有重新建立公正的社会秩序，提高社会公众的道德水准，才能实现审美的回归，令榜样教育重新恢复生机，真正具备榜样教育活动的价值。

榜样教育也是一种幸福的教育。在中国特色社会主义社会，良好道德和幸福应该是一致的。榜样作为道德的价值载体，在现实社会中，应该是美好而幸福的。如果做一个有良好道德的榜样是使人压抑和痛苦的，这必然导致大学生对榜样敬而远之。但当前社会，有些现象反映出的，却是道

---

① [美] 罗尔斯：《正义论》，何怀宏等译，中国社会科学出版社1988年版，第1页。
② 何其二：《审美视野下的榜样教育》，《山西高等学校社会科学学报》2011年第3期。
③ [苏] 列·斯托洛维奇：《审美价值的本质》，凌继尧译，中国社会科学出版社1984年版，第295页。

德榜样与幸福美好的矛盾关系。可以分为三种情况：其一，"好心没好报"；其二，"好心遭利用"；其三，"恶未遭恶报"。① 无论是哪种，都会让榜样产生挫折心理，幸福指数降低，这更谈不上对榜样正当合理基本权益的维护与保障了，从而影响整体社会风气、社会舆论与榜样教育的氛围，消解了大学生对榜样的认知与认同。

---

① 崔岩岩：《试析道德挫折及其对道德榜样作用的制约》，《中国电力教育》2010年第7期。

第六章　当代中国大学生榜样教育的现实超越

梳理发展历程，查明存在问题，总结经验教训，剖析原因肇始，出发点和落脚点均在于实现今后一个时期我国大学生榜样教育工作的更加科学与有效。建立一整套在马克思主义科学理论指导下，既符合思想政治教育和人才成长发展规律，又符合当前社会、高校与大学生实际，具有较强现实操作性的大学生榜样教育体系，可谓迫在眉睫。实现这种超越，必须对照本书前述的大学生榜样教育在选树、教育、保障等三个环节的七类问题，在体现时代性、尊重主体性、承认差异性基础上，从以下四点着力研究与实践。

第一节　科学选树大学生榜样

古今中外，作为一种行之有效的思想政治教育方法，榜样教育在历史上一直发挥着不可替代的作用，有力地推动了中国思想政治教育的进程，在各个历史时期都产生了积极的影响。因此，榜样的选树既被赋予了时代的意义，也同样推动了时代发展的进程。梁启超在《少年中国说》中提到"少年强，则国强；少年富，则国富"。[1] 当今时代，大学生是祖国的骄子，是新时代的宠儿，风华正茂的一代怎样用钢筋铁骨支撑起共和国的大厦，怎样迈开走向世界的步伐？当代大学生，作为国家未来的中坚力量，更应当肩负起实现中华民族伟大复兴的历史使命，更应当自觉地追求

---

[1] 《梁启超专集》，同心出版社2013年版，第6页。

和实现中国梦。因此,如何选树契合时代精神、符合民族特点的中国大学生榜样,并通过榜样示范引领,教育激励青年学生一代,具有重要的导向作用。

新世纪新阶段,大学生榜样教育必须坚持"以人为本和全面、协调、可持续发展"的科学发展观为指导,把中国梦的实现融入榜样教育的全过程,赋予榜样教育鲜明的中国特色、实践特色、人文特色、时代特色,使榜样教育体现说理性与情感性、科学性和民主性、开放性和多样性的统一。大学生榜样选树、挖掘与培育工作是一项严肃而审慎的工作,必须确定其原则、标准,采取适当有效的方式,才能确保选树工作的科学性与准确性。

一 科学把握大学生榜样选树原则

榜样的力量是无穷的,既可弘扬正气,又可正人正己。全球化时代的中国,价值取向多元化、生活方式多样化,榜样再也不是"高高在上"的英雄人物,出自基层、穿梭于社会大众和普通群体的"草根一族"越来越多地受到社会青睐和认可。大学生群体也是如此,大家认识到平凡的工作、学习和生活才是社会常态,是孕育榜样的沃土。培育选树大学生榜样,用身边的人、身边的事,教育引导广大学生自觉培育和践行社会主义核心价值观,是加强和改进大学生思想政治教育工作,引导青年学生健康成长成才的好形式、好方法。

(一)符合社会发展需要

榜样是时代发展的需要,社会发展的需要,任何榜样都只能属于产生他的那个时代。战争年代,我们需要的是黄继光、董存瑞那样的楷模,那样舍生忘死的英雄;在和平年代,在经济建设年代,我们需要的是爱岗敬业的楷模,是立足本职、创新创业的典范。行业不同,学习的榜样也不同。人们普遍学习的楷模和行业典范、标兵应结合在一起,让人们对楷模仰慕,同时也触手可及。当今的榜样,应是可亲、可敬、可信、可学的。他们的模范事迹代表了当时国家和社会的主流价值取向,对优化社会风气、推动社会发展发挥了榜样示范作用。问题的关键在于,目前什么样的榜样是符合当代中国社会发展亟须的榜样呢?今天的中国社会可能更缺少的是按社会共同认同的道德理念、行为准则约束自己,处理人与人、人与事、人与社会之间的关系的自觉遵守者与维护者,能管好自己的情绪和行为，知道自己该做什么、怎么做并长期持之以恒地坚持。放弃攻读研究生的机会，去贵州省大方县大水乡大石村支教的徐本禹始终坚持在承担社会责任的志愿服务中追求生命的意义；全国五四青年奖章获得者郎坤"关爱农民工子女，六年不辍伴飞小雏鹰"，把自己融入人民群众和现实生活之中，践行着"奉献、友爱、互助、进步"的志愿精神，用自己的坚持，解读着关注弱势群体的社会责任，用自己的言行，诠释着对国家、对社会理应的担当。这些大学生榜样可感知、可触摸、可效仿，既鲜活理性，又崇高质朴，具有十分鲜明的时代特征。因此，当代中国大学生榜样教育要实现现实超越，大学生榜样选树必须符合社会发展需要的原则。

（二）适合大学生心理需求

榜样只有满足大多数人的需求，反映大多数人的意愿，能为大多数人所接受，才会有生命力。现代社会的发展对我们提出了更为复杂多样的要求，社会对人的越来越高级复杂的要求，势必影响到榜样教育。在一个思维与价值观多元的社会，没有多数群众的积极参与，想要形成主流精神与核心价值观念，将特别的困难。价值取向不能仅代表某一部分人的心理需求，它要求榜样教育所选树的榜样要具有丰富的可供选择性，能够从不同起点、不同角度给予不同层次、不同个性青年学生以启发和教育。选择的榜样如果只适合少数人的心理，是无法让失落的榜样教育崛起的。只有适应社会群体的心理需求，榜样所代表的思想、价值和理念才会深入人心，榜样教育才会取得预期的效果。那么选择什么样的榜样，才能满足大众文化心理呢？笔者认为，在当前价值取向多元化的时代，我们选择的榜样应该是那些社会贡献大、社会责任感强、与时俱进引领社会风尚并获得公众广泛认同和好评的不同领域、不同层次的典型模范。就大学生榜样教育而言，他们有相对固定的受教育群体——当代大学生。而当代大学生由于思想上的不够成熟，在面对多元化的五光十色的传播度、透明度日增的世界时，他们尚缺乏十足的价值判断和选择能力。他们的共同特点表现为：其一，年轻，有一定的物质保障，追求高新知识，有理想，积极上进。其二，重时尚，思想开放，个性鲜明，行为独立，富有创造力。因此，在选树大学生榜样时，更要充分考虑到他们的心理发展特点，以理服人，以情动人，切忌过高或过低估计他们的认知能力。应因势利导，发挥榜样教育的示范引领作用，通过选树榜样确立标杆，以其鲜活的事迹和感性的心路带动大学生，激发和引导潜藏于大学生群体的主观动机和优秀特质，激励他们前进向上、学习模仿,从而转化为自觉行为。例如,作为中国唯一同时获得"中国教育年度新闻人物"和"中国大学生十大年度人物"殊荣的大学生胡铃心,其先进事迹在于他研制出的作品先后六次荣获"挑战杯"全国大学生课外学术科技作品竞赛一等奖、国际太空探索创新竞赛金奖,组建的创业团队与美国财富联合投资集团签订了投资意向书。这些人和事,大学生知晓、崇尚,有热情与兴趣参与,且发生在他们周遭,契合了他们的心理需求,榜样效用就大大增强。

(三)契合个体价值追求

在过去,榜样教育铸造了多种伟大的革命精神,如雷锋精神、铁人精神、女排精神、张海迪精神、亚运精神、抗洪精神等。但随着整个社会的发展变迁和人们思想观念的变化与革新,以前树立的带有明显政治教化和意识形态特点的榜样,已经不再适应现今社会的普遍性需求。而每个人的需求在不同时期是不一样的,即使同一时期也会因个体的不同而呈现出较大的差别。这就要求一定要针对个体的需求来选择榜样,如果推出的榜样类型单一、形象相似、特点相仿,就难以满足人们多元化的需求,难以激发人们学习的动力。因此,我们在选择榜样时应考虑到个体的需求,考虑到人们价值追求的层次性,只有选择和树立适合人们价值追求目标、内容的榜样,榜样教育才会收到好的效果。改革开放后我国进入了社会转型时期,逐步形成利益主体的多元化和利益关系的多层次,人们的价值需求开始分化,选择空间开始扩展,这是历史的进步。大学生独立意识较强,注重自我权利的维护,传统榜样教育中的那种被事先确定下来的"学谁、怎样学、学什么"等条条框框已经不能取得他们的思想认同。而且,这种教育者的主动方式体现为一种对不同个体的统一要求,违背了大学生自主选择成长目标和表达自我成长愿望,难以适合大学生个体本身的个性需要。所以,当代大学生榜样教育一定要立足个体价值追求多元化的现实,因材施教。在全国优秀大学生榜样的评选中,"优秀大学生志愿者""自强自立优秀大学生""见义勇为优秀大学生""爱心奉献优秀大学生"等不同类型的大学生榜样脱颖而出,也体现出了立足于多元化价值追求的大学生榜样教育选树原则。

二 科学掌握大学生榜样选树标准

标准问题,是大学生榜样选树与教育的重要问题。标准明了,会让大学生明确学习目标，思想与行动就有标的可循；标准不明，则会使大学生迷茫、困惑，甚至陷入自相矛盾的两难境地。

（一）坚持真实第一标准

大学生榜样选树的过程，要走出传统模式，主动纠正夸大、吹捧榜样的弊端，从人性化和个性化角度着手，在强调榜样的言行举止要具有道德示范性及教育意义的同时，真实展现大学生榜样在学习、生活中的全貌。调整选树榜样"求全责备"的社会心态，对待榜样，既不无限放大优点，也不刻意掩盖缺点和毛病。摒弃道德榜样被异化，将道德榜样束之高阁，渲染成"善"的原型和抽象模型，这种"圣化"榜样形象的做法已经在互联网高度发达的全球化时代彻底失效。还原榜样人物的个人特质和现实场景，脱离生活原型的榜样只会让大学生觉得虚伪与造作。特别要注重从现实中表现人物的七情六欲、喜怒哀乐等感性层面，在提高师生认同感和乐于模仿上探索思路，一分为二地对待榜样的优缺点，以真实事迹和情感流露打动人心，赢得人心，激发大学生萌发学习榜样行为与精神的自觉性。

（二）坚持学生公认标准

脱离群众的榜样是不存在的，也无助于推动榜样教育。榜样选树工作，离不开群众参与，最终目的在于提高广大人民群众的思想道德素质和业务素质。作为关键一环的群众是否乐于接受榜样是检验榜样教育成效的主要考察点。具有广泛群众基础的榜样，才能得到大家的认同，其影响力才大，感染力与号召力才具有冲击度。所以，坚持群众的首创精神，尊重群众的选择，从群众接受和喜爱的个人或集体中选树榜样，榜样教育才能起到应有的效果。朋辈教育是大学生群体进行自我教育和自我管理的较好做法，在大学生榜样选树过程中，确保选树出来的榜样根植于广大学生当中，是第一位的。充分发扬民主，让大学生直接参与选出心目中的榜样，也至关重要。如此，从大学生中推举的榜样人物来自他们的生活圈，贴近他们的实际，容易感触和模仿，亲和力强、真真切切，就容易被学生理解与认同。

（三）坚持多样多元标准

社会学理论认为，社会群体分属于不同的社会阶级（阶层）和行业领域，不同阶级（阶层）的人群选树和接受的道德榜样不同，不同行业的人群接触和推举的业务榜样也不一样。因此，榜样教育要以各阶级

（阶层）的特殊要求与榜样的个体差异相结合，以差异化和多样化覆盖不同人群，实现社会人群的动态流动。榜样的多样性应从两个方面理解：一是横向上囊括各先进要素，在来源上形成广泛性和覆盖面。树立大学生榜样要从多个角度着手，涵盖大学生学习与生活的方方面面，避免只注重学习模范而忽视了道德模范，或者局限于专业知识而看轻创新能力和文体素质。多样化榜样可以理解为抽象意义上的综合素质在具体人物身上的反映，以此引导学生全面发展。二是纵向上注重榜样教育的动态过程，在比较上形成推动力和正面激励。传统思想政治教育工作侧重静态选树榜样，关注独占鳌头的大学生。实际上，教育的功能和学生成长规律揭示的是动态过程，即"抓两头、带中间"，在强调领先的学生榜样示范作用时，着眼去挖掘后进转化为先进的学生例子，形成完整的人才培养体系，达到"点亮一盏灯照亮一大片，抓好一个点牵动一个面，树立一个人带动一群人"的目的。

（四）坚持长期长远标准

时间跨度与影响久远是保证榜样教育实效的基本要求。一是群体认识、理解、接受榜样需要一个过程，榜样作用发挥往往不会立刻在受教者身上产生。只有当榜样人物长期地稳定地发挥示范作用，得到群体认可，才会逐渐为他们效仿和践行。二是榜样树立起来后的先进性保持，也有一个长期的培养过程。榜样保持先进的时间越长，这种影响力的正面价值越大，否则将会适得其反、走向反面。所以，有效的榜样教育，是对榜样人物长期、定向教育和培养的结果。在现实案例中，许多榜样树立之初，获得各级组织和群体的关怀备至，时间一长，由于各种原因，中途落伍的大有人在。此外，榜样个人也要不断提升自我，切勿盲目自大以致变为后进。因此，开展对榜样的再教育与榜样的自我教育，建立大学生榜样教育的长效机制和营造良好的大学生榜样生长环境十分重要。同时也提倡建立诸如榜样沟通联络等机制，确保榜样教育长流水、不断线。

（五）坚持公平公正标准

榜样从群体中脱颖而出，不可避免地要承受来自各方面的压力。一方面组织期待和群众要求的目标过高，容易引起榜样心理波动，使其畏首畏尾、难以前行；另一方面，群体环境下的"格格不入"和嫉妒心理，容易招致其他单位和个人的排挤或者打压。因此，在大学生榜样选树与教育过程中要坚持公平公正的原则，坚持培养保护原则，使榜样永葆生命力和鲜活力。评选过程中可采取基层评选、网上公示、学生投票、组织认定的选评方式，注重程序的科学、民主和公正，突出榜样的可信、可鉴和可学，使评选过程成为榜样的摸底、选树、宣传和学习的过程。另外，我们要从一个"现实人"的角度出发，正确看待榜样人物的优缺点，不以"圣化"思维苛求榜样无所不能，无所不会。既要防止对榜样提出过高的要求和期待，又要制止偏袒榜样，处处护短，更不能排挤、孤立榜样。

三 科学确定大学生榜样选树方式

榜样选树是榜样教育的关键，一定程度上，榜样教育可以理解为选树榜样、利用榜样、发挥榜样影响力的过程。榜样选树作为榜样教育的重要内容，是推进榜样教育的核心线条。在榜样人物和选树榜样之间，需要以真实客观的榜样事迹做桥梁，不能单纯地依赖理性的、概念的方式进行描述，也就是说要从动态发展的眼光看待榜样形成的客观环境、心路历程和人物事迹，全面认识榜样之后再进行选树。因此，榜样作为一定社会、组织、阶层、行业、群体的优秀代表，彰显出的特殊品质，是其在道德、学习、生活、业务、能力、素质等方面的体现和具体化，这就要求我们在大学生榜样选树过程中，做到善于发现榜样、善于整合榜样、善于树立榜样。

（一）善于发现榜样

大学生榜样教育工作是一个系统性工程，其前提和准备是发现榜样，即全面搜寻和认识榜样的过程。对于历史上的榜样教育实践以及当代榜样教育所处的时代背景和特点，通过自下而上、自上而下等方式和渠道，不断完善榜样发现的机制和制度。就榜样教育者而言，具备与时俱进的视野和捕捉时代信息的敏锐性尤其重要。特别是要站在历史发展的立场观察、研究榜样人物在不同时代所展现的共同品质和具体特质，在动态中把握榜样人物的变迁。比如，社会发展和思想变化加速了榜样的"更换"，曾经的榜样已不能满足社会和人群的发展要求，不断发现新榜样成为必要。同时，要对社会涌现出的榜样群体进行反复的分析、比较、检验，把发现榜样人物的过程与提炼榜样精神的过程结合起来，使之固化、社会化、时代化。大学生榜样大多是在大学校园学习生活实践中凸显出来的榜样人物，具有一定的感染力与感召力。做好榜样选树工作，既是加强和改进大学生思想政治教育工作、提升大学生思想道德修养的需要，也是校园文化建设的需要。如何发现发掘大学生榜样，具体有以下四个方面：一是要有高度的敏感和高度的自觉，要关注社会动态、热点、焦点和新闻点，找准结合点，全力发现闪光点，不断增强发现挖掘榜样的意识，做榜样的"伯乐"；二是要建立大学生榜样的发掘机制，要深入学生群体，深入接触学生，深入了解学生，挖掘榜样的感人事、背后事；三是要改进和加大榜样评选工作，在进一步坚持"三好学生"等评选的基础上，进一步构建和完善全方位多层次评价和评选体系；四是营造良好的氛围，要通过网络媒体、事迹报告会等形式，进一步营造学习榜样、争当榜样的新风尚，努力形成人人学习榜样、人人争当榜样、人人关心榜样的氛围。在市场经济发展多元化的今天，大学生的心理特征越来越趋于复杂，对大学生榜样的看法与认同感越来越多元化。新时代大学生榜样的选树应慎重考虑，深化细节，严格把关，确保榜样的真实性、时代性与多样性。

（二）善于整合榜样

善于整合榜样包含两个层面的意思：

一是从不同的视角将榜样进行分类。分类整合榜样是基于其多样性和多层次的特点，即榜样群体之间存在共性与个性的关系。一方面，榜样人物具有共同的优秀品质和精神内涵，都是由人物形象、优秀事迹、高尚品质、特殊贡献和成长历程组成。另一方面，每一个榜样人物都是一个独特的个体，其所处群体也与其他群体有所不同，加上时空划分，榜样人物和群体的个性特质更加鲜明。既有历史的榜样，也有现实的榜样和身边的榜样。从榜样道德品质的层次划分，有体现社会基本道德规范的榜样，也有体现共产主义思想道德规范的榜样；从影响力领域划分，有学业榜样、科研榜样、志愿服务榜样、自强自立榜样、创业榜样等。所以我们可以看到近年来，大学生榜样人物已经不再局限于品学兼优或是成绩特别突出者，榜样人物更具多样化。例如，北京大学新闻与传播学院广告学2009级本科生雷声，在2012年伦敦奥运会男子花剑决赛中夺得冠军，实现了中国男子花剑金牌"零"的突破，成为中国奥运史上的里程碑；南开大学周恩来政府管理学院藏族学生郭鑫摸索出的"林业碳汇商业化模式"已在我国多地推广，成为一名"低碳达人"；中国地质大学（武汉）2011级体育专业硕士生陈晨成为我国首位登顶珠峰的在校女大学生……

二是提炼榜样的核心精神。发现并选定榜样之后，要透过具体的琐碎的鲜活的榜样事迹分析归纳其精神内核和思想动力，提升榜样事迹的文化价值。也就是说，宣传和推广榜样之前，不应即刻向社会或人群推出榜样，而是在系统优化榜样形象、精神气质、人物事迹和成长轨迹的基础上，寻求教育目标并营造学习氛围，促使受教育者身临其境来比、来学。经过整合提炼的榜样事迹在宣传和学习过程中更具亲和力和感染力，更加易于为受教育者理解、认同和接受，并自觉将榜样品质转化为内在特质。整合的具体方法，可以从榜样的言行中提炼其精神内涵和思想实质，可以分析榜样的成长环境、心路历程及前行动力，还可以根据榜样的具体行为表现，抽象出蕴含其中的精神内涵。经过整合榜样阶段，具有感人事迹和丰富内涵的时代榜样形象更方便、更系统地为社会和群体接受。例如：通过对中国大学生十大年度人物、全国道德模范候选人黄来女"背着父亲上大学"的感人事迹宣传，可以得出黄来女的精神实质是：自强不息、孝老爱亲、心怀感恩；通过对长江大学"10·24"抢救长江落水儿童英雄集体英勇事迹的宣传，可以得出英雄集体精神为：见义勇为、舍己救人。因此，在宣传榜样之前，对榜样身上体现的精神实质必须要加以提炼，深化受教育者对榜样深层精神的理解和学习，从而避免受教育者仅只是学习榜样的表面行为。

（三）善于树立榜样

树立榜样，是榜样选树的最后一步程序，也是榜样教育过程的基础环节。只有确定好榜样、树立好榜样，才能为榜样教育有效开展奠定坚实的基础。树立榜样要根据社会和时代的发展要求，基于榜样整合后的真实性和感染力，把总结、提炼、概括榜样群体具有代表性的优秀事迹、高尚品质、成长道路与拓展宣传、推广榜样的方法路径结合起来，形成强有力的文化氛围。

如何树立大学生榜样，如何引领更多的在校大学生成长成才，如何使大学生榜样在学生中引起广泛共鸣，这些问题都是亟待解决的。目前，高校选树大学生榜样往往会陷入"眉毛胡子一把抓"的误区，人物榜样大多是以"倒叙"方式来树立，采取这样的方式对激励、鼓舞、引领他人成长有失偏差。大学生榜样人物的树立必须吻合时代背景，避免精神缺失，如此才能具有说服力和影响力，那些来自于一线、事迹朴实而感人的大学生榜样才能更好地做到不突然、不单一，并且更容易成为他人学习、成长的榜样。因此要确保大学生榜样的选树有平台，要积极搭建榜样选树平台，遴选一批具有人格魅力和学术魅力的榜样，打造一批学风过硬、学有所成的优秀学生,如开展大学生风采大赛等一系列评选教育活动,建立涌现榜样的品牌活动;让挖掘出来的各方面的优秀榜样走进学生,让广大在校学生不出校门便学有榜样,赶有目标。要注重结合师生关注的社会热点,把握塑造榜样的良好时机,如在全社会高度关注大学生思想政治教育时,可树立见义勇为大学生榜样;当大学生就业创业成为社会热点时,可树立励志科技创新的创业榜样;在社会广泛关注"90后"学生特点时,可树立"90后"大学生甘于奉献的志愿服务榜样,等等。

此外,从一定意义上讲,树立榜样也是对榜样的宣传和推广过程。榜样经过宣传和推广,为教育接受者提供对象和目标,其权威性和影响力才会在大学生乃至社会范围及其人群当中得以体现。

社会多元发展,信息高度共享的时代,千篇一律的榜样和单调静止的选树方式再也不能扣动人们的心扉,在很大程度上影响和制约着榜样教育的效果。因此,挖掘榜样人物要有深度,把研讨解析榜样的精神内涵和时代品格,探索研究榜样成长的规律经验和社会环境放在更加突出的位置。主动引领舆论导向,营造学先进、争先进、创先进的浓郁氛围。同时要突出亮点,着力凸显榜样的特色和风采,让每个榜样独具一格,使榜样形象深入人心。鲜活的榜样形象如同鲜艳的旗帜,从校园学习、生活的各个方面引领着整个校园文化氛围和大学生精神价值追求。

第二节 正确开展大学生榜样教育

新的时期,大学生榜样教育要打破传统模式,结合当代国情社情,以时代精神、民族精神为引领,实现榜样教育工作的突破,这就涉及如何正确开展大学生榜样教育的问题。其实,党和政府高度重视大学生榜样教育工作,从国家层面着力提升高校思想政治教育工作成效,创新选树方式,把宣传、推广大学生榜样作为重点工作进行部署,如教育部创建评选表彰机制,每年定期展开大学生榜样树创;以点带面,培育和践行社会主义核心价值观,实施品牌建设战略,打造榜样教育主阵地;丰富教育内涵,加强榜样宣传和推广效能,组建全国优秀大学生先进事迹报告团、大学毕业生建功立业先进事迹报告团等深入高校巡讲;编辑《励志青春——全国大学生先进事迹选编》丛书,普及深化榜样的先进事迹和校园感染力等。从学术研究角度,正确开展大学生榜样教育,笔者认为要从教育原则、教育内容、教育手段等几个方面实施创新。

一 创新大学生榜样教育的原则

（一）坚持把马克思主义及其最新理论成果作为大学生榜样教育的主导价值标准

主导价值在整个教育活动中起着指导、统领的作用，规定着榜样教育的性质和方向。大学生榜样教育作为一种思想政治教育实践活动，不可能是中性的，因此必须坚持主导性和多样性的对立统一。坚持主导性的价值标准就是坚持用马克思主义基本原理，尤其是中国梦、社会主义核心价值观来引领大学生榜样教育。大学生的生活是丰富多彩的，大学生的思想也是开放和多元的，但不能因此就否认在各种思想意识之间有先进和落后之分。大学生榜样教育必须大力倡导以马克思主义为指导的社会主义意识形态，用榜样的引领作用推进社会主义核心价值观进学生头脑。榜样又是多样的，但是思想道德方面的榜样是第一位的。大学生哪一方面的成就无论如何显著，都需要坚持正确的政治方向和较高的思想道德水平，否则就失去了方向。邓小平在总结1989年政治风波时说："十年最大的失误是教育，这里我主要是讲思想政治教育。"[①] 这给了我们极大的启示：永远要把思想道德方面的榜样放在第一位，坚定大学生榜样教育正确的政治方向。

（二）坚持以实践创新回应大学生榜样教育的现实诉求

大学生榜样教育的实践创新，就是根据时代要求和现实需要，对大学生榜样教育的理念、内容、具体方法和运行机制进行改进和创新，从而促使大学生榜样教育逐步完善的过程。首先是组织体系创新。大学生榜样既然是从普通大学生中产生的，榜样教育就应充分发挥基层党团组织和班委会的重要作用，在推举出榜样后，学院、分团委、党支部要和学校学工部、宣传部有机整合，通过分工协作来宣传推介榜样，提高大学生榜样教育的成效。其次是形式、内容及方法的创新。过去我们在进行大学生榜样的选取时，形式过于单一，内容过于狭窄，形式上主要采取上级指定或民主推选，内容上也主要是学习道德榜样，大学生榜样的层次性显得不够丰富。因此，大学生榜样教育应当突破原有的形式和内

[①]《邓小平文选》第3卷，人民出版社1993年版，第302—306页。

容。例如湖北大学学工部为了营造良好的育人环境和成长氛围，在全校范围内开展"琴园风云学子"评选活动，其内容就包括自强之星、学习之星、学术之星、科技之星、创业之星、公益之星、创作之星、文艺之星、体育之星、孝悌之星等10个方面。同时，在形式和方法上除了民主推选以外，还可利用互联网制作推选网站，实行网上投票等多种方式。这种形式多样、内容丰富的大学生榜样教育才能真正使得大学生各取所需，榜样的作用也能得到更好发挥。其中2013年评选的琴园风云学子孝悌之星的"同心兄弟"团队被《光明日报》头版重点报道，成为当代大学生践行社会主义核心价值观的榜样，在社会上起到了良好的榜样引领作用。

（三）坚持把提高针对性和实效性作为大学生榜样教育的努力目标

榜样人物的多样性要求学习榜样先进事迹时要有针对性地开展，以切实提高榜样教育的实效性。面向不同的学生群体，高校可分别从专业学习、创新创业、社会工作、自立自强等方面，选树表彰一批事迹突出、代表性强的榜样，使不同层次、不同领域的学生都学有榜样、赶有目标，激励学生在学榜样中当榜样、在当榜样中树楷模，收到"点亮一盏灯，照亮一条路，燃起一堆火，映红一片天"的辐射带动效果。例如：针对家庭经济状况困难的大学生，我们选树一些自强不息、奋发进取的优秀贫困学子为榜样，让这些学生形成情感共鸣，激发内在动力，促进受教育者向榜样学习；针对女性大学生，可以选树出"最受当代女大学生欢迎的女性榜样人物"；也可在大学生中评树自强自立、学习拔尖、学术创新、科技创新、创业实践、公益服务、乐于创作、孝老爱亲、擅长文艺或体育等"十类校园之星"青春榜样，通过突出"十星"追寻榜样，引领大学生优良学风和职业道德，培育感恩意识和进取精神，激励创新创业和良性竞争。

二 创新大学生榜样教育的内容

（一）把社会主义核心价值观作为大学生榜样教育的首要内容抓实抓好

内容决定事物的形式，也决定其性质。当代中国大学生榜样教育的内容丰富，包含思想道德、知识素养、能力水平等三个方面，其地位和作用不同，应当有所侧重。首先要凸显榜样思想道德教育的核心地位和主导作用,它决定榜样教育的性质和方向,支配着榜样教育其他内容为谁、发挥什么样的作用的问题。习近平指出:"核心价值观,承载着一个民族、一个国家的精神追求,体现着一个社会评判是非曲直的价值标准。"[①] 他强调:"青年要从现在做起、从自己做起,使社会主义核心价值观成为自己的基本遵循,并身体力行大力将其推广到全社会去。"[②] 榜样思想道德是思想政治教育工作中的主要内容,榜样人物的知识素养和能力水平均是在思想道德的支撑下形成和发展的,其对大学生的吸引力除了来自"表层"的优秀事迹以外,更是人格彰显的魅力以及揭示出的成功轨迹。榜样思想道德是一个人最为根本的精神动力,符合社会、组织的道德准则和法律规范,有助于感召群体并焕发力量促使他们内化转变。因此,实施榜样教育,要坚持党的一元化指导思想这一灵魂,用发展着的马克思主义指导榜样教育,以适应社会发展的客观需求,要在尊重差异、包容多样的基础上,以共同理想、民族精神和时代精神凝聚大学生,影响和激励他们为中国特色社会主义建设事业和中华民族伟大复兴而努力奋斗。在榜样教育中,要明确目标、主次分明,提升引导层次,把社会主义和共产主义的理想、道德和信念贯穿到大学生榜样成长轨迹的解析上,以"思想道德"这一中心要素张举榜样教育的性质和根本,增强大学生榜样教育的影响力和感召力,按照习近平要求的"把核心价值观的要求变成日常的行为准则,进而形成自觉奉行的信念理念……在时代大潮中建功立业,成就自己的宝贵人生"。[③]

(二)兼顾道德和现实两个层面,不断优化大学生榜样教育的内容体系

时代的发展,要求我们不断优化结构,正确处理思想教育和知识教育、能力教育三者的关系,相互配合,形成整体效应。榜样先进事迹是衔接思想、知识、能力教育的媒介,将榜样人物的知识水平、业务技能、素质涵养展现出来,起到外化的效果。虽说思想道德是第一位的,但为了突出榜样思想道德高尚,传统榜样教育忽视榜样的知识和能力,将榜样人物

---

① 习近平:《青年要自觉践行社会主义核心价值观——在北京大学师生座谈会上的讲话》,《人民日报》2014年5月5日。
② 同上。
③ 同上。

束之高阁,可望而不可即,其行为轨迹脱离大众生活。这种限制榜样教育视野,以单调、枯燥的形式展示先进事迹的做法,仿如将榜样放之真空,使群众感而慨之、避而远之,最后流于一片赞叹声后消失殆尽,最终失去了学习动机和群众基础。因此,要完善榜样教育内容体系,就要尊重各要素的地位和作用,以整体视域推进榜样教育。一是要探寻符合教育规律和学生成长的规律,加强内容要素的内在联系并依次递进,榜样思想道德不仅仅在于"危机时刻"的彰显,更多时候内涵在日常求知和锻炼中,也就是说以知识和能力作为牵引提升大学生群体人格教育的感染力,以先进事迹和主要成绩作为案例推进大学生群体三个内容的教育实践。这样,就将榜样回归到人群,让群体感知效仿榜样就是成长自我,而不是一味的说服教育,造成高尚道德与大众审美二元对立,避免榜样教育走向反面。二是优化榜样教育的内容体系,以多样化视野指导拓展榜样思想、知识、能力等层面的先进事迹挖掘。要将社会心理学、行为学、教育学、哲学等相关学科应用到榜样教育系统开发中,揭示榜样教育的动力机制、分类标准、实施路径、制度保证,形成榜样教育新模型以增强工作的主动性和针对性。

三 创新运用大学生榜样教育的手段

大学生榜样教育的最终效果在于大学生自觉学习其先进事迹并积极转化为个人意识和行为,这种带动作用彰显了榜样力量和榜样魅力,是传播正能量和强化思想政治教育的题中应有之义。学生榜样和集体的涌现具有强大感染力,比如以高尚道德感动中国的长江大学"'10·24'见义勇为舍己救人英雄集体"结链救人,以科技创新扬名学海的南京航空航天大学学生胡铃心分享交流实用发明方法,以热心公益传诵校园的武汉生物工程学院学生杨子威多次义务献血、两次捐献骨髓、两次捐献慰问金,他们的先进事迹带动了大批青年学生效仿。采取何种手段与方式开展大学生榜样教育,如何将榜样的精神有效落到实处,是接下来要探讨的内容。

(一)催发道德型榜样与非道德型榜样的融合

引发大学生榜样学习兴趣的因素,既有道德层面的价值催化,也有来自现实生活中个人成长成才的利益诉求。也就是说,榜样激励观照物质和精神两个方面,直视市场经济条件下的利益问题。当今社会,人们感叹社会关爱不如从前,甚至对榜样产生怀疑,大家习惯性地把这种道德无力的原因归结到榜样教育本身。实际上，榜样教育的效果不尽如人意根结在于没有与时代和社会结合，或者是选择单一的榜样教育，精神塑造脱离生活实际，从而不能起到良好的作用。社会转型带来的多元化发展，使利益问题更加突出地摆在每个人面前。在人们越发重视个人权益的社会大环境下，大学生群体对未来发展的现实追寻，考量着榜样教育的形式创新。沿用传统道德型榜样，比如宣传雷锋、王进喜、孔繁森等无私奉献、勤恳工作等品质，激发了大学生内在的道德情感，但就他们关心的学业、职业问题，也即他们经常思索的成功、上进、成才方法和路径却鲜有经验提供。而社会企业家、各类影视体坛明星这些恰恰被大学生视作立身之基的榜样事迹，成为他们追求事业成功的模仿对象。在榜样教育的主体关系中，榜样教育者和受教育者之间，只有把道德和现实联系在一起才可起作用。为受教育者认可和接受的榜样是建立在现实基础上的，而且与其实际生活紧密相关，触碰到个体价值的解读和实现。因此，我们要把道德型榜样和非道德型榜样相融合，既可催发大学生精神高地，也可适应时代发展和个体需要，引领更多人群追随。

（二）打造上下结合、互补支撑的榜样教育机制

从榜样人物的产生途径来说，主要有自上而下和自下而上两种。自上而下方式是由国家政权强制树立推广的符合主流意识形态的榜样教育形式，主要通过国家机构由上至下逐级推开并面向社会，它具有权威性和浓厚的官方色彩，传播速度快、领域广。自下而上方式则是由民间自发、自愿推荐形成的，这种植根于社会底层的榜样人物，产生在公众生产生活实践的第一线，其人物形象真实、鲜活，深得他们认可。我们在榜样树立和推广工作中，将两种方式结合起来，互取所长。即将自上而下的权威性与自下而上的自主性相统一，由民间推举一批道德境界崇高、业务素质扎实、个性特点突出的先进代表人物或事件，再经国家政权组织评定和宣传，实现民间社会与国家政权的良性互动，促使大量潜藏于社会一线的榜样人物涌现出来。大学生榜样教育也应当采取两结合的方式，把"偶像崇拜"这种深受青年学生喜爱和追寻的形式转化到思想政治教育和成长成才教育上来，顺应青年学生独有的认知方式和心理结构，在他们当中打造具有模仿性和学习性的偶像，以青春榜样激活大学生效仿动力，形成相互支撑、自主发展的良性格局。

(三)促进学校、家庭、社会的榜样教育功能整合

教育是一项系统工程，离不开学校、家庭和社会多方参与。新中国成立以来，我们习惯把教育职责单纯定位于学校，认为育人好坏全由学校承担，这其实是对教育的误解。榜样教育也是同样的道理，创建学校、家庭、社会"三位一体"互动格局是实现榜样教育目标的重要策略。一是要发挥学校教育在榜样引领中的主导作用，学校是连接大学生家庭与社会的过渡阶段，也是榜样教育活动开展的直接场所。它具有社会的约束特征，也凸显家庭的关爱职能。朋辈教育是学校教育的一种有效方式，通过同龄优秀大学生的榜样示范，以最直接、最生动、最贴近著称。生长在同一个知识环境下，学生思想行为相互影响、交叉感染，接受度高，模仿性强。二是要突出家庭教育在榜样教育中的基础地位，家庭是人的终身教育场所，由家长的言行举止、兴趣爱好等长期形成的家庭文化氛围对子女的世界观、人生观和价值观影响巨大，他们把自身的人生价值理念和社会态度或明或暗地在生活细节中展现给子女。我们提倡父母言传身教，呼吁平等交流，建议加强家庭文化建设，希望家庭在子女德行教化层面发挥更大作用。三是要进一步提升社会在榜样教育中的协同功能，社会文化、舆论环境对大学生影响潜移默化，某种程度上，社会生活在给他们带来五彩缤纷的好奇的同时，也传播一系列复杂信息。就以网络为例，大学生上网已经成为广泛性的行为模式，网络信息经常以"猎奇"心理捕获他们的"芳心"，对于教化功能却疏于分析。比如，搞怪式地解读历史人物，一味推销西方价值理念，或者对社会丑恶现象的简单否决，这些都没有以客观和理性的视角进行处理。我们认为，针对先进事迹要毫不吝啬地高扬旗帜，牢牢地占领主流阵地；对于社会问题，要通过法律剖析，探清缘由，而不是疯狂"吐槽"。

(四)强化思想政治教育在大学生榜样教育中的引领作用

以"世界观、人生观、价值观"教育为基础，强化大学生思想政治教育在大学生榜样教育中的引领作用，同伴同行，使受教者更能与大学生榜样产生情感共鸣和认同感。强化思想政治教育的引领作用主要表现在以下四个方面：一是高扬主旋律，开展互动式教学。指导马克思主义、中国特色社会主义理论体系进教材、进课堂、进头脑，理论联系实际，强调案例教学、实践教学，打造思想政治教育课程品牌，把观点灌输、理论剖析、生活解读、人生释义结合起来，深化大学校园社会主义核心价值观教

育。二是增加覆盖面，推进基层党建发展。在坚持原有党支部设置形式（即按系、所、年级、班级）基础上，探索党组织引领业务发展、人才培养的实现方式。比如在教学领域，创建学科组党支部，推进教师党员教书育人与思想政治教育融合；在科研领域，发挥课题组、科研团队中党员教师作用，吸纳优秀学生参加科研；在学生事务方面，以党建带团建，推进党组织覆盖公寓、社团，强化引领作用。三是扩展工作面，提升育人队伍能力。完善思想政治工作体系，投入优质资源，建立健全工作奖励制度，让学术造诣高、讲课效果好、品德作风硬的专家学者走到教学第一线，保障"以教为主"向以"教师为主导，学生为主体"的教学理念转变，把思想政治教育与学生的专业特点、个人特点和课程特点紧密结合，切实提高思想政治理论课的针对性、实效性和吸引力、感染力。四是激活动力源，创新载体引擎。建设思想政治教育与宣传思想文化工作高度衔接的阵地和制度，发挥校园文化引领学生成长成才的正向功能，将我国现代化建设与和谐社会建设的价值尺度和文化观念以学生喜闻乐见的形式传播到大学生中去，引导大学生将理想信念和个人发展结合起来，以主题教育、实践活动、日常管理、文明创建等载体，让学生对核心价值观耳濡目染、心领神会从而使榜样教育——导向的工作模式得到新的强化，不断增强大学生榜样教育的实效性。

（五）注重榜样教育实践，积极拓展青年学生成长途径

加强大学生实践能力的培养，教育引导大学生将榜样学习与社会实践相结合，积极拓宽广大青年学生成长路径。在由课程学习、讲座报告、社会实践、文体活动等方面构成的常规人才培养体系的基础上，着力为大学生提供一个参与性、互动性更强的榜样学习与实践的平台。探索以专业为基础，以社会实践、勤工俭学、就业创业等为主要内容的教育体系，帮助大学生激发活力和找到追寻榜样的目标。要善于利用重要节日、重大事件、重大活动等节点，集中开展主题教育，创新校园文化活动，推进寒暑假"三下乡"教育、实习实训、社会调查等，让他们在参与中了解国情民情、了解榜样人物成长过程、磨炼意志品质、增长才干本领。打造大学生"艺术节""文化周""音乐会"等校园文化精品活动；开展"毕业感恩文明离校活动""生命之光心理健康工程"等社会主义核心价值观教育活动；创建以学生自育委员会、学生安保协会等为代表的一大批学生社团，充分发挥它们在大学生榜样教育中的主体作用。

（六）有效引导，努力放大大学生榜样示范效应

榜样示范效应的发挥建立在群体认同和社会心理基础上，通过自律行为和成功事迹，以人格魅力和优秀业绩聚集力量，辐射带动他人。从道德层面来说，榜样人物形象转化为道德标尺和人格意识，以"他律—自律"作用于人群，形成影响，传播真善美，是一种外在的规范约束力量，潜移默化地充当着教化功能。"他山之石，可以攻玉"，要充分发挥大学生榜样可敬、可亲、可信、可学的优势，引导大学生明辨是非、善恶、美丑界限，自觉履行法定义务、社会责任和家庭责任。尤其要注重大学生身边榜样的示范引领作用，使选树榜样的过程转变为大学生自觉学习、主动宣传、努力争做榜样的过程，以形成和谐的人际关系和文明的校园风尚。从现实角度来讲，榜样人物以鲜活、立体的成功事迹和心路历程，以"利益—引导"作用于社会，催发大学生奋发向上、积极进取。例如，可围绕榜样某个话题开展报告会、座谈会、演讲赛，推动榜样形象深入人心。

（七）善于宣传大学生榜样

宣传舆论是做好大学生榜样教育的关键环节，是大学生榜样教育的重要方式方法。邓小平曾说："宣传好的典型时，一定要讲清楚他们是在什么条件下，怎样根据自己的情况搞起来的，不能把他们说得什么都好，什么问题都解决了，更不能要求别人生搬硬套。"[①] 榜样宣传要坚持客观、持续、广泛地展示榜样人物，具体做到以下三点：

一是推进立体化宣传。运用报刊、电视、广播、报告会、主题学习等多种形式，加大宣传力度，扩展大学生参与面，让他们成长在体验榜样魅力的文化氛围中。要把握宣传时机，对榜样事迹开展集中宣传，营造学习热潮和舆论声势；要抓住宣传要点，采取榜样与学生面对面，以人物访谈、座谈会、讨论会、辩论会等多种形式让大学生直接感受榜样的精神内涵和时代意义；要延伸宣传空间，强化校园文化的教育功能，将校园文化精神和校史校纪贯穿于学生榜样的成长过程中，发挥校园物质环境（如图书馆、食堂、教学楼、道路、雕塑、草坪等）的育人功能，以榜样人物的名字命名、教学楼和校园道路，提升大学生心理认同感。

二是推进宣传形式创新。以采用网络等新媒体技术迎合当代大学生特

---

① 《邓小平文选》第2卷，人民出版社1994年版，第316—317页。

点，增强榜样事迹的宣传实效。可集中人力物力打造一批榜样教育专题网站，宣扬榜样人物和榜样精神，形成网络开展榜样宣传的重要渠道。如中国共青团网开辟"青春人物"专栏，教育者如建立榜样之声、道德家园等各类网站，或是开发榜样教育手机终端、APP等，打破榜样教育的时空限制，提高榜样教育的传播速度与效果。

三是推进宣传方式拓展。以故事讲演等艺术形式开展榜样宣传也是比较好的做法之一，通过挖掘榜样人物的先进事迹，将其融入微电影、剧本、小说、诗歌、歌曲、舞蹈等作品中，这种有血有肉的人物形象和视听效果更能打动青年大学生。组织大学生进行话剧表演，以此让其亲身体验榜样付出的努力和艰辛，增强榜样宣传的吸引力和感染力；组织大学生开展"走进社会"实践活动，如西部支教、志愿服务活动等，让其在鲜活的实践中感受榜样的力量。要整合校内外宣传资源，积极向校外媒体推荐大学生榜样，合作组建榜样宣传教育的节目，甚至可以以榜样为原型拍摄电影，以利于宣传效果的时空最大化。

第三节 有效保障大学生榜样基本权益

大学生榜样需要科学的选树、广泛的宣传、正确的教育，更需要细心的呵护和温暖的关爱。他们是优秀的人，但不一定是完人和圣人，也许因为头顶的光环，他们在学习、生活等方面承受的压力更重，困难更多，在人生的成长阶段也会遇到迷茫和困惑。因此，珍惜、爱护大学生榜样，在思想、物质等方面有效保障大学生榜样的基本权益，将会使大学生榜样教育更具生命力和感召力。

一 完善大学生榜样激励的利益驱动原则和机制

榜样教育作用之所以能有效发挥，有赖榜样吸引力对于大学生群体效仿后的价值"收益"，也称之为利益驱动。从外部保障大学生榜样教育的实施，是实现榜样教育目标的外部条件，因此探索榜样教育实现路径，需要建立健全一整套榜样激励机制。从目前的大学生榜样看，他们经济上一般比较困难，由此建立相应的激励机制特别重要。利益是联结社会分工协作的基础，是付出和索取的问题，也是权利与义务相统一的制度规范。传统榜样教育"重义轻利"，片面以高尚道德情操回避或取代大学生现实利益问题,是不可取的。离开恰当的利益诱导,大学生发展会变得茫然,因此,合理设定利益奖惩机制是推动大学生榜样形成和发挥作用的必要前提。同时,每个大学生在成长过程中所处的环境不同,利益需求也不同。要把物质利益与精神利益结合起来,对比较注重物质利益的大学生可以物质激励为主、精神激励为辅,如实物奖励、金钱奖励;对于另一些比较看中荣誉的大学生则侧重精神激励,如授予"三好学生""优秀班干部"等荣誉称号。

二 建立健全大学生榜样激励的法律法规保障

合理的利益导向催生大学生奋发上进的意识和行为,严谨的法律规范指引着大学生正确适应社会生活。前文有述,国家有关部委于2012年出台了《关于加强见义勇为人员权益保护的意见》等法规,较好地保障了见义勇为人员等榜样的合法权益。近些年,各地区、各部门对此作出了相关规定。但在实践中,仍然存在政策措施不统一、补偿标准不明晰、实际操作性不强等问题。应该说,加强榜样基本权益的保护,十分重要。大学生作为社会中最为活跃的群体,正义感强烈、道德素质和文化修养较高,面对社会问题经常会主动出击。保护、维护好他们的生命、财产安全,助长社会正气都需要更加完备、翔实的法律法规做后盾。

三 始终坚持对大学生榜样的跟踪和培养

环境在学生成长成才中发挥着重要的孵化作用,某种程度上,学生榜样的产生和成长正是在组织和群体的培养、帮助、引导下逐渐脱颖而出的,这是教育发挥功效的原因所在,因而高校要在人才培养过程中注重对榜样的关心和爱护。对待榜样,既要有学业上的关心,也应有生活上的关爱,还离不开发展上的指导。因此,作为领导、教育工作者对待榜样不能因为"登了报纸""上了电视""开了报告会"就大功告成,还要注意做好榜样的后续工作,加强跟踪指导,做到"长流水、不断线",为榜样提供不断进步的机制保障。

总之,在推进社会主义核心价值观教育和创新人才培养模式的当代高校,要把探索学生成长成才的一般性的教育规律和打造优势突出、全面发展的榜样教育平台紧密结合起来,把单调的思想政治教育和榜样选树转化为生动、活泼、感人、亲切的一串串来自大学生学习生活环境下的榜样案例，促进大学生榜样教育的保障制度建设，实现榜样示范引领作用下的大学生自我教育、自我管理、自我发展的新途径、新方法。

第四节 不断创新大学生榜样教育方法

榜样作为"优秀化"的价值载体，已成为大学生思想政治教育和社会主义核心价值观构建不可或缺的重要手段。前文针对当代中国大学生榜样教育存在的问题，就选树、教育、保障等提出了解决与改进的思路和举措。但当今时代，随着我国思想道德建设与经济社会发展矛盾的日益凸显，与此相应的教育理念、教育手段也发生着新的一系列变化，主要体现在：以人为本，教育者更加尊重受教者的主体地位，教育过程的情感倾注越来越重要；多元社会，大学生对于单一榜样出现接受质疑，丰富榜样的类型色彩越来越重要；信息时代，网络以不可抗拒之势进入大学校园，网络教育的方式途径越来越重要。仅仅在大学生榜样教育的各个环节与过程进行改进，效果将是有限的。因此，努力适应新的形势发展，对当代中国大学生榜样教育的可操作范式进行系统的方法论构建和优化，显得十分必要。

一 以人为本，创新情感教育方法

情感是人精神生活的重要组成部分。20世纪90年代起，随着英国的PSHE情感教育模式的兴起，情感教育才逐渐纳入人们的视野，也为我国的榜样教育方法开辟了新的领域。英国的PSHE情感教育模式具有其独特的含义，在教育过程中关注学生的态度、感受、信念和情绪，以及对学生个人发展和社会发展的关系。也就是说，情感教育立足于学生个体与他人关系的有效维系，即一是提供支持和指导，将学生的情感态度纳入到教育目标，完善其人格；二是推动情感与认知发展结合，即将感知能力拓展到对学习科目和外界知识上，形成他们的实际能力。[1] 情感教育是指把情感作为人的发展的重要领域之一，对其施以教育的力量，激起受教育者的感情共鸣，使其形成正确的思想。情感教育方法就是关注人的情感层面如何在教育的影响下不断产生新质，走向新的高度。以情动人是榜样教育发挥

---

[1] 杨韶刚：《英国的PSHE情感教育模式评析》，《教育科学》2002年第2期。

榜样感染力的重要途径，从心理学角度看，情感是意志、信念的催化剂；从认知活动角度分析，情感是人的认知过程的动力系统，影响着认知活动的有效推进。而在榜样教育中，其任务是通过教育者的启发与教育，使受教育者逐渐养成与榜样一致的人格和思想品德，而这一任务很大程度上取决于榜样人物的人格感召，这正是 PSHE 情感教育模式的核心所在，即情感支持和情感教化。因此，教育者也要通过自身的良好形象去教育人、感染人。当然，这里所讲的"教育者"，狭义层面包括学校所有的任课教师、辅导员、班主任、党政干部和共青团干部。教育者必须提高自身综合素养，在与受教育者的情感互动中"以情动人"，培养情感认同，依靠教育者身上具有同榜样一样的人格和优秀品德，或是广博的知识素养和突出的才能等去身体力行，对受教育者形成直接、正向的引导。

目前，我国大学生榜样教育面临极大的挑战，传统榜样教育已失去原有的优势，并不是我们榜样身上所体现的品德、人格或是才能不能说服人，而是在很大程度上取决于受教育者对榜样的认同与接受度。所以，大学生榜样教育若要真正收到实效，就必须触发和唤起人的情感体验。一方面，大学生在感知榜样身上体现的思想观念、道德标准、价值准则时，所接触到的第一个形象就是教育者，他们自身人格的高尚或者卑贱，往往从一开始就决定了榜样教育的效果。高尚的人格常常会受到人们的尊重、赞许和仰慕，从而形成强大的感召力和心灵震撼力，受教育者自然而然地把榜样和教育者提倡的人格加以服从和效仿，这就是说在榜样教育中，只有教育者言行一致，率先垂范，才能使人心悦诚服，从而产生巨大的感染力、推动力。另一方面，大学生作为学习的主体，有强烈的自尊和认同感的需要。因此要尊重和关爱大学生，根据他们的兴趣爱好和实际需要开展教育活动，或者带领学生开展实践活动来理解榜样，效仿榜样。大学生只有感到被尊重、被关爱，与教育者产生亲近和尊敬感，才能对大学生榜样教育活动产生共鸣，不仅深刻理解榜样，自觉接受教育内容，而且自觉学习和探究榜样的深层内涵，主动学习和效仿榜样，接受榜样的教育。

同时，加强高校教育环境的建设，在教育环境中"以景动情"，促进大学生对榜样的情感认同，促进情感教育方法的有效实施。在校园文化环境建设中。一方面要加强校园物质文化的建设，搞好人文景观建设，利用学校"文化长廊"、校园网、校报、广播站等媒体，开展大学生榜样的宣传教育,提升大学生人文品质,让大学生在一片宁静优美的校园环境中受到感染和启发,点亮受教育者内在的正能量;另一方面要加强校园精神文化建设,以一些重大节日和纪念日为契机,开展具有特色的校园文化活动,提高大学生对榜样教育的满意度,强化大学生内在积极的情感体验。

二 不拘一格,优化偶像教育方法

偶像崇拜是一种与人类相伴相生的文化心理现象。[①] 从传统榜样教育的角度来说,大学生榜样形象与偶像是相对立的。传统榜样人物是道德型的"英雄式"人物,主要是在人生航程中世界观、人生观、价值观得到升华,起到教化行善的作用。青年大学生眼中的偶像则以企业家、歌星、影星、体育明星等居多,与他们现实生活联系紧密,往往带有功利色彩。部分学生本能地排斥这些"英雄式"的榜样,与其自我意识增强和社会多元化有关,偶像自身的理想化、浪漫化和形象化特征容易引起他们强烈的情感共鸣。偶像崇拜的消极影响导致青年学生盲目崇拜、神化偶像,在一定程度上会削弱大学生自我约束能力。在榜样教育的应有价值不能充分彰显的现实遭遇中,找准榜样教育和偶像崇拜的共生点已经成为增强榜样教育实效性的不二路径。偶像教育的提出,正是顺应了时代发展的要求,符合社会文化价值的多元化及人群道德水平多层次性的特征。同时,通过2014年笔者的调查,发现不同年龄段的人显示出对偶像偏好的极大差异。随着时代的变化,"偶像"外壳内蕴含的价值观念也随之变迁,当下大学生并不将风靡一时的"超女"等选秀选手视为首选偶像,在哪些类型的人可以成为偶像这一问题上,"企业高管"高居榜首,其后是"道德模范",然后才是"文体明星"等。如何赋予传统榜样以时代内涵和意义,指导青年大学生选择合适的偶像(榜样),拓展榜样教育形式,进行偶像教育是新时期榜样教育的新方法。

新时期的榜样,不仅是"高大全""完美无缺"的英雄人物,更多的还是在某一方面具有精神导向、对社会或他人产生积极影响而引发共鸣的人物。多元化时代包容和支持个性化发展,从这个意义上说,榜样教育就是偶像教育。采用多元化、自主化的偶像教育方法,积极引导青年大学生

---

① 彭怀祖、姚春雷:《身边人身边事的力量》,苏州大学出版社2012年版,第258页。

结合他们成长需求选择适合自我发展的偶像，不论是中规中矩的普通人物还是个性张扬的各类明星都可以用来当作偶像实施激励。这种真实、现实、立体、生动和多样的榜样形象容易唤起他们的内心认可，而且将高深的榜样教育内涵具体化、人格化，也有助于建构多姿多彩、和谐共生的校园环境。当代社会，青年大学生已经不单停留于某个或某类榜样的学习效仿上，而是通过吸收他们身上的优秀品质和个性特长促进自身全面发展。因此，要促进偶像（榜样）选择与认同的多元化，指导他们在众多偶像人物的交叉渗透中习得认识人生、分析问题的正确方法。

实施偶像教育法时，应以理性眼光和平常心看待选择的偶像人物，正确认识、了解、分析偶像身上具有的可供学习和效仿的因素。一是承认青年大学生处在心理成熟形成期，对社会成功人士和杰出人物怀有崇敬、模仿的需要，特别是偶像人物富于感性、浪漫色彩，更加容易吸引他们，甚至是迷茫和狂热。二是引导受教育者选择多元化的偶像，对受教育者进行积极的引导，引导其理性分析偶像和自己的崇拜行为，引导其在看到偶像耀眼光芒与杰出成就之外，在日常生活中更是一个具有七情六欲、生老病死的普通人，把他们的视角转化到偶像的生活经历、为人处世、人格特征、奋斗经验、意志品质、生活智慧等方面，揭示成长经历和人格魅力。特别是将偶像在获得成功以前的暗淡的心路历程和不懈努力呈现给大学生，让他们可以在偶像光环褪去后，去查找人生成功的真正原因和主要因素。例如，影坛巨星周润发是社会公认的崇拜对象，要引导青年大学生不能停留于其外表的帅气俊朗和成功事业，更要让他们看到周润发是怎么从一个不知名的"跑龙套"人物通过勤奋努力和善于学习脱颖而出，以及在人格魅力上具有的优秀品质。这就是我们提倡的站在生活层面进行实质性欣赏，实现偶像崇拜与榜样教育的融合。三是探索偶像教育新途径，形成教育引导的经典品牌。如何借用生动、丰满、亲切的偶像形象，满足青年大学生不同的情感和价值观追求，从个性化出发打造多样化平台，满足他们的个体差异需求，十分重要。例如，CCTV-1和唯众传媒联合制作的《开讲啦》，邀请"中国青年心中的榜样"或社会名流作为演讲嘉宾，通过分享他们的生活感悟，激发青少年的共鸣和参与，在获得青年大学生心理认同的同时，达到思想碰撞、经验交流的效果。

三 与时俱进,深化网络教育方法

当今,人们置身于网络媒介的汪洋大海之中,网络传媒与大众生活须臾不可分,信息像空气一般无处不在。作为一种全新的社会力量,网络传媒日益成为人们人格形成的重要力量,与家庭、学校一样,是影响人们思想的重要因素。2014年1月16日,中国互联网络信息中心(CNNIC)在北京发布第33次《中国互联网络发展状况统计报告》。报告显示,截至2013年12月,中国网民规模达6.18亿,互联网普及率为45.8%。其中,手机网民规模达5亿,继续保持稳定增长。手机网民规模的持续增长促进了手机终端各类应用的发展,成为2013年中国互联网发展的一大亮点。[1] 网络传媒消除了时间差距和空间差距,借助网络能够把思想道德观念传递到每一个角落。网络通过丰富的信息量和全新的交互方式也在不断改变人们的心理状态、思维结构和价值观念。网络正以迅雷不及掩耳之势进入到人类所有活动的领域,渗透到生活的方方面面。榜样教育的时效性和与时俱进的特性,注定其与网络新媒体有着千丝万缕的关系。但网络犹如一把双刃剑,其带来的影响是两面的,因而榜样教育在新媒体时代同样面临着新的机遇和挑战。

榜样教育过程不仅是教育者选择、利用榜样传递教育信息的过程,也是教育对象发挥主观能动性有选择地接受信息和反馈信息的双向互动过程。[2] 网络的壮大、新媒体的运用,以其强大影响力、广阔辐射面特性而越来越受到大学生榜样教育的青睐。它打破了传统的以灌输、传授为主的榜样教育方法,将教育对象带入到更为广阔的天地,赋予了他们更多的自主性和选择权,把榜样教育的时空资源和方式渠道转化为他们乐意接受的形式,提高了榜样教育的辐射力和感染力。

首先,为大学生榜样教育提供了最新、最全面的信息资料,改变了过去获取信息的单一性和滞后性。网络语言将声音、动画、图像等声色俱全、图文并茂地展现出来,与传统的文字、音频、视频不可兼顾的单一榜样教育范式相比,受教育者可以感受到更为真实的表现效果。同时,也有

---

[1] 董潇:CNNIC发布第33次《中国互联网络发展状况统计报告》,《中华工商时报》2014年1月20日。

[2] 杨婷:《榜样教育研究》,武汉大学2010年博士学位论文,第137页。

利于挖掘更大的潜在受教育者。大学生榜样网络教育方法可以通过网络虚拟技术应用为大学生提供与榜样人物相关的各类信息与画面，使大学生在形象、生动、直观的教育中，思想得到升华，榜样教育的长期性和持续性作用也得到最大程度的发挥。

其次，网络扩展了人们的思维视野，增添了自主的选择性，在这样的情况下，网络教育方法成功与否的关键在于增强吸引力。如果榜样教育能够缩短与学生的心理距离，能够像对朋友一样地进行交流，那么网络教育方法的功能就可以得到最充分的发挥。因此通过网络平台，如网络聊天室、微访谈等方式加强大学生榜样与学生个体的互动交流，使他们成为大学生们身边具有亲和力的榜样。

再次，可以通过网络平台创设大学生榜样。对于大学生群体来说，"高大全"的榜样已经不再完全符合大学生群体的榜样认同标准，他们更青睐来自于现实中的榜样、身边的榜样。现在通过网络，可以发掘很多身边的榜样及"草根英雄"等，例如网络微博征集活动让网民自发从身边普通人中挖掘出好人好事，这些平民榜样所散发的能量在网络上迅速传递，网友自发上传微博文字、图片和视频，挖掘出"最帅交警""最美女孩""最美乡村医生""仁义哥"等一大批平凡英雄的感人事迹。更重要的是，网络媒介自身的便捷性、流动性、自由性等特征，意味着网络环境下信息资源极为丰富，传播便捷，与电视广播、报纸杂志等传统榜样教育环境相比，网络环境为榜样教育提供了更强的现实可操作性。一方面，网络环境下为教育者提供了源源不竭的信息资源，教育者可以立足大学生群体的生理、心理特征和现实需求，有针对性地选取符合教育目标的教育资源。另一方面，随着微博、微信、QQ等网络社交新媒体完全渗透到大学生学习生活的方方面面，大学生网络生活中的虚拟化、交互化和隐秘化趋势更加显著，这意味着大学生的主体性意识会得到更加有效的激发，即大学生会更加有意识地将网络媒介作为自我榜样教育的平台，主动地参与到信息浏览以及与教育者互动交流等途径中去。

然而，网络平台为榜样教育带来的不仅仅是更加便捷有效的教育资源和教育途径，同样高度自由的网络环境同时也意味着网络信息的多元化和复杂化。例如，榜样教育承载着社会主义核心价值观等主流价值观念，宣扬正面积极的精神品质和具体行为。但是，网络环境中多元化的价值观鱼目混珠，对主流价值观念造成极大的冲击和挑战；网络中不真实的网络谣言或带有一定导向性的言论,都会对大学生产生误导;此外网络环境下榜样的先进事迹受到大学生的高度关注和检视,一旦榜样犯错或出现与先进事迹不相符的言行,都会导致大学生对榜样形象产生严重质疑,这些现状向榜样教育工作者提出了更高的现实要求。因此,唯有正视网络对榜样教育带来的机遇与挑战,有效凝聚网络教育和榜样教育的教育合力,并注重发挥大学生在网络榜样教育中的主体能动性,才能从根本上提高这项思想政治教育工作的育人成效。

一是创新网络榜样教育理念。网络环境下多元并存的价值观念,鱼龙混杂的言论导向,都将对培育大学生的价值观产生负面消极的影响;同时便捷化、交互化和隐秘化的网络社交平台也使得大学生偏爱平等对话式的交流模式,对传统意义上说教式的榜样教育模式产生更加强烈的抵触心理。这意味着网络环境下的榜样教育工作者不能仅仅将网络作为榜样品质和行为的信息发布平台和传递媒介,而是要切实发挥"以人为本"的教育理念,凸显激发大学生自我榜样教育主体性意识的首要位置,通过将主体性教育理念有效融入到网络榜样教育中,充分调动大学生在甄别网络信息中的自主性、能动性和创造性,自觉效仿积极、正面的榜样品质和行为。

二是科学运用网络榜样教育媒介。网络环境下榜样教育工作的成效,主要取决于榜样教育者对网络媒介运用的科学化水平。为增强网络媒介对大学生的吸引力,教育工作者首先要选用大学生喜闻乐见的教育媒介,如微博、微信、QQ,并建设一批专题教育网站,大力宣传符合社会主义核心价值观的主流价值观念。其次,要选择与大学生兴趣爱好相符合的教育形式。例如,在宣传形式上,多使用大学生更加偏爱的视频、动画,甚至是微电影等载体,使得宣传内容更加生动有趣,如利用QQ空间、微信朋友圈等载体,增加发布"感动中国人物评选""全国十佳大学生"等视频的范围和浏览渠道等。

三是注重保障网络榜样教育效力。面对日益错综复杂的网络教育环境,榜样教育者需要从内、外两个方面着手,合力提高网络教育的效力。首先,要提高大学生内在的网络媒介素养,如开设学生网络媒介素养、网络伦理教学等课程,提高大学生自觉甄别网络信息、传播社会正能量的意识和能力。其次,要净化网络教育环境,如加强网络宣传工作人员的综合素质和网络道德教育,规范网络发布内容,把好网络环境净化的源头关;

加强网络立法和对网络行为监管，增强对网络谣言等不良行为的打击整改力度，对违法行为进行严格处罚等，从根本上保障网络环境下榜样教育的工作效力。

对大学生榜样教育的现实方法进行探索，是时代的进步、榜样教育理论的提升及人的全面发展的必然要求。因此，要多种渠道、多种方式开展大学生榜样教育。情感教育方法突出受教育者在学习榜样的过程中，产生的情感共鸣和认同，进而促进对榜样的效仿和学习；偶像教育方法则是将偶像崇拜与榜样教育有机结合，强调偶像（榜样）选择与认同的多元化，引导青年大学生理性、客观、辩证地对待偶像，达成榜样教育实效；网络教育方法着力于网络新媒体运用于榜样的选树、教育及宣传推广过程。

总而言之，科学探索当代中国大学生榜样教育的现实方法，要在顺应时代发展的基础和榜样教育发展的趋势之上，合理借鉴优秀的传统榜样教育模式及方法的成果，大胆尝试，勇于革新，真正做到榜样教育现实方法在阶段性和连续性上的有机统一，不断在前进中超越，在超越中前进。

结　论

大学生榜样教育虽然只是高校思想政治教育的一种形式、一种方法、一种手段，但却是政治学、社会学、心理学、教育学、美学和伦理学等多学科需要共同研究的一个重大理论和实践问题。随着我国社会深刻转型所带来的包括大学生在内的社会不同群体，在思想、文化、价值、利益等各方面都发生着巨大的变化，这使得大学生榜样教育的各种问题日益凸显并越来越复杂，解决之道也日趋艰难。

当前，国内学术界对于大学生榜样教育的研究尚处于经验化、分散化的状态，在系统性和整体性研究上尚未取得突破，在有效的操作方法上也未达成广泛共识。如何解决这些问题，科学有效地推进当代中国大学生榜样教育，既是一个系统工程，也是一个任重道远的时代课题。本书以问题为导向，在理论与实践结合的层面对当代中国大学生榜样教育进行研究，力图为解决这一问题作出自己的贡献。

首先本书对当代中国大学生榜样教育的本质及学理基础进行了较为系统的探讨。大学生榜样教育的本质体现在于：大学生榜样教育本身是重要的实践活动，具有重要的教育性、明确的指向性和强烈的感染性；要从方法论角度和价值目标指向性角度来综合理解，大学生榜样教育是方法论和目标指向的有机体；大学生榜样教育是世界观、人生观、价值观的教育，必须明确告诉大学生们对与错，该做什么，不该做什么，该倡导什么以及该摒弃什么；大学生榜样教育还是自我完善的主体性教育，必须唤醒大学生的内在动力，充分调动他们的积极性、主动性和创造性。与此同时，正确有效的实践一定得有科学的理论作指导。马克思主义经典作家和中国共产党历代领导人的相关论述是当代中国大学生榜样教育的主要理论基础，归结为认可榜样价值、承认个体差异、注重矛盾驱动、坚持实践第一，特别是党的十八大以来习近平对榜样价值、榜样教育方式和内容及青年学生学习榜样的系列要求为大学生榜样教育指明了方向。中国古代先哲的相关理论则为大学生榜样教育提供了方法论指导，如身教重于言教、自省修身慎独等教育方法。西方社会学、心理学等理论的核心理念，对当代大学生榜样教育的开展具有重要的启示，主要表现在：尊重学生主体地位、注重学生个性化教育、构建良好主客体关系和创设优良外部环境。这一系列理论为本书后述的大学生榜样教育要体现时代性、尊重主体性、承认差异性打下了坚实的基础。

其次，在科学理论的指导下，结合我国改革开放30多年的大学生榜样教育实践，较为系统地反思了当代中国大学生榜样教育存在的问题及原因。从榜样教育自身逻辑环节来看，我国大学生榜样教育在选树、教育、保障及氛围等方面，具体存在七大问题：选树大学生榜样的长效机制不健全，评价大学生榜样的尺度和标准模糊化，宣传大学生榜样的形式和内容欠科学，大学生榜样教育适应受教者心理特征与现实需求不足，保障大学生榜样基本权益的制度性举措不力，教育工作者和榜样自身表率作用发挥不充分，开展大学生榜样教育的自觉氛围尚未有效形成。产生这些问题的原因是多方面的，主观原因在于教育者未能很好地遵循教育教学和思想政治教育规律，不够尊重大学生的成长成才与发展规律，一定程度上忽视了受教育者的主体性，忽视了大学生的个体心理特征和实际利益需求，让大学生处于机械式、固定式的学习模式中，其个性自由发展和学习的主动性与积极性调动不充分。客观原因则主要在于我国社会政治经济文化高速发展，社会急剧转型，群体思想意识深刻变化等大环境的影响，特别是时代的大发展、大变迁，某种程度上已经超越了大学生榜样教育的既定进程，使大学榜样教育出现了一系列不适应的症状，这也正体现了深化大学生榜样教育理论研究的必要性与紧迫性之所在。同时，榜样教育在理论上作为审美与幸福的教育，可现实思想道德环境却又是另一番景象，这严重制约着大学生对榜样的认同度与内驱力，如何净化榜样教育的外部环境，任重而道远。

再次，提出了加强和改进大学生榜样教育的对策和建议，供实际工作者参考。本书认为当代中国大学生榜样教育要在体现时代性、尊重主体性、承认差异性的大原则下，遵循"符合社会发展需要、适合学生心理需求、契合个体价值追求"的原则，坚持"真实第一、学生公认、多样多元、长期长远、公平公正"的标准,创新方式方法,科学有效地选树榜样。宣传教育环节,必须把马克思主义及其最新理论成果作为主导价值标准,坚持正确的政治方向;必须以实践创新回应大学生榜样教育的现实诉求,"接地气"而不是"形而上";要把社会主义核心价值观作为榜样教育的首要内容,并兼顾现实和道德层面的内容区分,创新和优化大学生榜样教育的体系结构;要创新各种手段与方法,催发道德型榜样与非道德型榜样的融合,打造上下结合、互补支撑的榜样教育机制,促进学校、家庭、社会的榜样教育功能整合,在实践活动、宣传形式、群体示范等方面,使大学生榜样教育取得实效。榜样也是普通人,也需要帮助、呵护和关爱,要完善大学生榜样的激励机制,建立健全大学生榜样的法律法规保障,始终坚持对大学生榜样的跟踪和培养,让榜样无后顾之忧,让大学生群体人人争做榜样之风蔚然兴起。如何构建相对系统、稳定、可以普及和推广的大学生榜样教育方法,是本书期待有所作为但又惶恐的领域。但既然是研究,权当抛砖引玉,结合自身思考,提出了情感教育、偶像教育和网络教育三类大学生榜样教育方法,以期为一校或一地开展实际工作参考。

大学生榜样教育是一个十分复杂的系统工程,本书所论的思路也仅是一家之言,不可能解决所有问题,如能对这一领域的研究和实践有一定助益,就甚感欣慰了。其实笔者深知本书还有很多不足,有待于日后进一步研究、挖掘与完善。在此,也恳请各位专家、各位师友匡谬指正,对中国大学生榜样教育的研究与实践,笔者会一直在路上。

参 考 文 献

一 著作类

[1]《马克思恩格斯选集》(第1—4卷),人民出版社1995年版。
[2]《列宁选集》(第1—4卷),人民出版社1995年版。
[3]《毛泽东选集》(第1—4卷),人民出版社1991年版。
[4]《邓小平文选》(第1—3卷),人民出版社1993—1994年版。
[5]《毛泽东邓小平江泽民论思想政治工作》,学习出版社2000年版。
[6]《毛泽东邓小平江泽民论教育》,中央文献出版社2002年版。
[7]《胡锦涛论构建社会主义和谐社会》,中央文献出版社2013年版。
[8]《习近平总书记系列重要讲话读本》,学习出版社2014年版。
[9]《论语》,辽宁民族出版社1996年版。
[10]《孟子》,岳麓书社2000年版。
[11]《荀子》,辽宁教育出版社1997年版。
[12]《庄子》,中国社会科学出版社2004年版。
[13]《道德经》,江苏古籍出版社2001年版。
[14]《礼记》,辽宁教育出版社2000年版。
[15]《汉书》,中华书局1962年版。
[16]《大学》,中国纺织出版社2007年版。
[17]《周敦颐集》,岳麓书社2007年版。
[18]《二程集》,中华书局1931年版。
[19]《四书集注》,岳麓书社200年版。
[20]《皇极经世书今说》,华夏出版社2006年版。
[21]《朱子语类》,岳麓书社1997年版。

[22]《传习录》,中州古籍出版社2004年版。

[23]《韩昌黎全集》,北京燕山出版社1996年版。

[24]《梁启超专集》,同心出版社2013年版。

[25] 彭怀祖、姜朝晖、成云雷:《榜样论》,人民出版社2002年版。

[26] 杨业华:《当代中国大学生核心价值观研究》,人民出版社2011年版。

[27] 杨鲜兰:《经济全球化条件下人的发展问题研究》,中国社会科学出版社2006年版。

[28] 何小忠:《偶像亚文化与青少年榜样教育》,江西人民出版社2007年版。

[29] 彭怀祖、姚春雷:《身边人身边事的力量》,苏州大学出版社2012年版。

[30] 沈壮海:《思想政治教育有效性研究》,武汉大学出版社2008年版。

[31] 万美容:《思想政治教育方法发展研究》,中国社会科学出版社2007年版。

[32] 鲁洁、王逢贤:《德育新论》,江苏教育出版社2000年版。

[33] 骆郁廷:《精神动力论》,武汉大学出版社2003年版。

[34] 王道俊、王汉澜:《教育学》,人民教育出版社1989年版。

[35] 叶澜:《教育概论》,人民教育出版社1991年版。

[36] 班华:《现代德育论》,安徽人民出版社2000年版。

[37] 郑永廷:《思想政治教育方法论》,高等教育出版社1999年版。

[38] 邱伟光、张耀灿:《思想政治教育学原理》,高等教育出版社2006年版。

[39] 邹泓:《青少年的同伴关系发展特点、功能及其影响因素》,北京师范大学出版社2003年版。

[40] 林崇德:《发展心理学》,人民教育出版社1995年版。

[41] 顾海良:《马克思主义发展史》,中国人民大学出版社2006年版。

[42] 冯友兰:《论中国传统文化》,生活·读书·新知三联书店1987年版。

[43] 曾钊新:《道德心理论》,中南工业大学出版社1987年版。

[44] 施良方:《学习论》,人民教育出版社1994年版。

[45] 邵瑞珍:《教育心理学》,上海教育出版社1998年版。

[46] 刘建军:《中国共产党思想政治教育的理论与实践》,中国人民大学出版社 2008 年版。

[47] 倪晓莉:《社会心理学》,西安交通大学出版社 2007 年版。

[48] 伍新春、胡佩诚:《行为矫正学》,高等教育出版社 2005 年版。

[49] 睢文龙、廖时人、朱新春:《教育学》,人民教育出版社 1994 年版。

[50] 章志光、金盛华:《社会心理学》,人民教育出版社 2007 年版。

[51] 李晓东:《发展心理学》,北京大学出版社 2013 年版。

[52] 车文博:《人本主义心理学》,浙江教育出版社 2003 年版。

[53] 高玉祥:《个性心理学》,北京师范大学出版社 2002 年版。

[54] 姚本先:《高等教育心理学》,合肥工业大学出版社 2005 年版。

[55] 廖小平:《分化与整合:转型期代际价值观变迁研究》,高等教育出版社 2007 年版。

[56] 舒亦颖主编:《感动中国孩子心灵的 60 个杰出人物》,中国少年儿童出版社 2009 年版。

[57] 陈桂生:《"教育学视界"辨析》,华东师范大学出版社 1997 年版。

[58] 刘启珍、杨黎明:《学与教的心理学》,华中科技大学出版社 2012 年版。

[59] 丁锦宏:《品格教育论》,人民教育出版社 2005 年版。

[60] 全国 13 所高等院校《社会心理学》编写组:《社会心理学》,南开大学出版社 2003 年版。

[61] 郑雪:《人格心理学》,暨南大学出版社 2007 年版。

[62] 李晓东:《发展心理学》,北京大学出版社 2013 年版。

[63] 路全社等合编:《教育理论基础》,北京教育出版社 2012 年版。

[64] 金盛华、章杰:《当代社会心理学导论》,北京师范大学出版社 1995 年版。

[65] 段德智:《主体生成论——对"主体死亡论"的超越》,人民出版社 2009 年版。

[66] 袁桂林:《当代西方道德教育理论》,福建教育出版社 2005 年版。

[67] 岑国桢:《青少年主流价值观:心理学的探索》,上海教育出版社 2007 年版。

[68] [美] A. 班杜拉:《社会学习心理学》,郭占基等译,吉林教育出版社 1988 年版。

[69]［瑞士］皮亚杰：《儿童的心理发展》，傅统先译，山东教育出版社1982年版。

[70]［法］涂尔干：《道德教育》，陈光金等译，上海人民出版社2001年版。

[71]［美］马斯洛：《动机与人格》，许金声等译，华夏出版社1987年版。

[72]［美］A. 班杜拉：《思想和行动的社会基础》（上、下册），林颖等译，华东师范大学出版社2001年版。

[73]［苏］苏霍姆林斯基：《给教师的建议》（下），杜殿坤编译，教育科学出版社1984年版。

[74]［苏］苏霍姆林斯基：《和青年校长的谈话》，杜殿坤编译，上海教育出版社1983年版。

[75]［德］黑格尔：《历史哲学》，王造时译，生活·读书·新知三联书店1956年版。

[76]［苏］列·斯托洛维奇：《审美价值的本质》，凌继尧译，中国社会科学出版社1984年版。

[77]［英］约翰·洛克：《教育漫话》，徐大建译，上海人民出版社2005年版。

[78]［美］凯文·瑞安，卡伦·博林：《在学校中培养品德：将德育引入生活的实践策略》，李玲等译，教育科学出版社2010年版。

[79]［美］罗尔斯：《正义论》，何怀宏等译，中国社会科学出版社1988年版。

[80]［德］卡尔·雅斯贝尔斯：《什么是教育》，邹进译，生活·读书·新知三联书店1991年版。

[81]［德］卡尔·洛维特：《从黑格尔到尼采》，李秋零译，生活·读书·新知三联书店2006年版。

[82]［美］R. 赫斯利普：《美国人的道德教育》，王邦虎译，人民教育出版社2003年版。

[83]［德］沃尔夫冈·布列钦卡：《教育科学的基本概念》，胡劲松译，华东师范大学出版社2001年版。

二 论文类

[1] 毛国根、陆春炎：《试论从受众出发增强典型宣传的有效性》，《求实》2005 年第 2 期。

[2] 檀满仓：《榜样教育中存在的问题》，《中国教师》2006 年第 7 期。

[3] 姜建蓉：《论榜样教育在构建社会主义核心价值体系中的作用实现机制》，《思想政治教育研究》2009 年第 1 期。

[4] 冯国有：《关于当前榜样教育的思考》，《江西教育科研》1990 年第 2 期。

[5] 曾长秋：《论社会主义时期的榜样教育》，《探索》1999 年第 5 期。

[6] 王丽荣：《试论毛泽东的榜样教育》，《毛泽东思想研究》2003 年第 6 期。

[7] 张茹粉：《榜样教育的理性诉求》，《黑龙江高教研究》2008 年第 5 期。

[8] 张茹粉：《榜样教育的实效性探讨》，《山西师范大学学报》（社会科学版）2008 年第 4 期。

[9] 韩新路、张茹粉：《试析榜样教育的基本规律》，《理论导刊》2008 年第 9 期。

[10] 张国选：《大学生榜样教育浅谈》，《浙江师范大学学报》（社会科学版）1995 年第 5 期。

[11] 朱本：《榜样与榜样教育》，《教育研究》1994 年第 3 期。

[12] 杨婷：《榜样教育的马克思主义人学透视》，《河南师范大学学报》（哲学社会科学版）2010 年第 1 期。

[13] 姜晓东：《论榜样教育》，《青年研究》1983 年第 10 期。

[14] 李景毅、王迎席：《家庭教育中父母榜样作用之我见》，《西北人口》1998 年第 2 期。

[15] 何东平、刘方生：《论新时期的榜样教育》，《安徽教育学院学报》2000 年第 4 期。

[16] 蒋好华、张林：《对榜样教育方法的再认识》，《青年研究》1987 年第 2 期。

[17] 孙云晓：《论少年儿童榜样教育的科学性》，《青年研究》1985 年第 8 期。

[18] 王年铁:《谈榜样教育中的审美特点》,《湘潭师范学院学报》1990年第2期。
[19] 王建文:《论榜样教育价值的特征》,《思想教育研究》2004年第7期。
[20] 范中杰:《论青少年榜样教育的时代特征》,《教育科学》2001年第5期。
[21] 王建香:《大学生榜样教育的调查与对策研究》,《中国成人教育》2007年第7期。
[22] 李铁成:《对榜样教育的两点思考》,《教育科学》1989年第4期。
[23] 鲍嵘:《论现时代的英雄榜样教育》,《浙江师范大学学报》(社会科学版)1996年第1期。
[24] 周奎英:《我们需要什么样的榜样教育》,《中国成人教育》2007年第14期。
[25] 黄海:《反思我们的青年榜样教育》,《中国青年研究》2006年第9期。
[26] 朱明山:《高校榜样教育效应弱化的原因分析及对策》,《安徽农业大学学报》(社科版)2006年第6期。
[27] 陈卓:《当今中国榜样教育之尴尬——后现代主义的解读》,《青年研究》2006年第12期。
[28] 冀先礼:《当前我国青少年榜样教育的困境、成因及对策》,《教育与职业》2006年第17期。
[29] 戴锐:《榜样教育的有效性与科学化》,《教育研究》2002年第8期。
[30] 岳晓东:《论偶像——榜样教育》,《中国教育学刊》2004年第9期。
[31] 张振莺:《浅谈榜样教育》,《山东教育科研》1991年第1期。
[32] 李继先:《榜样教育在素质教育中的积极作用》,《职业时空》2007年第3期。
[33] 王咏红:《青年道德榜样教育的思考》,《中国青年政治学院学报》1988年第5期。
[34] 白明亮、姚敏:《幽暗意识与榜样教育》,《南京师范大学学报》(社会科学版)2004年第3期。

［35］万美容：《优化与创设——榜样教育创新的方法论视角》，《中国青年研究》2006 年第 9 期。

［36］王书、贾安东、曾欣然：《"偶像—榜样"教育的德行心理分析》，《中国青年研究》2006 年第 9 期。

［37］孙立亚：《论榜样教育的时代性》，《中国青年政治学院学报》1991 年第 6 期。

［38］魏兴光、杨香民：《浅议共产党员先进性的基本内涵》，《党史博采》（理论版）2005 年第 2 期。

［39］鲁洁：《道德教育：一种超越》，《中国教育学刊》1994 年第 6 期。

［40］胡桂锬：《榜样教育的反思与方法论重构》，《中国建设教育》2007 年第 4 期。

［41］姜朝晖：《论榜样人格在社会主义核心价值体系构建中的功能和作用》，《毛泽东邓小平理论研究》2008 年第 2 期。

［42］朱爱茹：《当代大学生需要中华民族优秀道德传统的教化》，《职业时空》2006 年第 21 期。

［43］易莉、徐惠：《社会学习理论中的榜样教育》，《江西教育》2006 年第 2 期。

［44］岳晓东：《青少年偶像崇拜与榜样学习的异同分析》，《青年研究》1999 年第 7 期。

［45］李爱华：《论马克思恩格斯进行思想理论教育的基本经验》，《思想理论教育》2009 年第 11 期。

［46］陈万柏、何英：《对青少年榜样教育效应弱化的思考》，《思想政治教育研究》2010 年第 2 期。

［47］纪乃旺、张玉新：《大学生榜样教育的理论基础》，《山西高等学校社会科学学报》2012 年第 3 期。

［48］刘思洁：《论人本主义的教育管理》，《民办高等教育研究》2008 年第 3 期。

［49］陈瑄：《人本主义理论在大学生思想教育中的应用》，《中国成人教育》2009 年第 9 期。

［50］秦川牛：《榜样的力量不是"无穷"的》，《思想政治工作研究》2009 年第 1 期。

［51］徐红波、彭怀祖：《偶像崇拜现象的德育思考》，《教育学术月刊》

2010年第11期。
[52] 高长江:《全球化与中国文化发展战略》,《青海社会科学》2000年第2期。
[53] 彭怀祖、王啸天:《精神分析视域下的青少年榜样教育》,《理论学刊》2010年第10期。
[54] 李祖超、邵敏:《青少年榜样教育困境与策略分析》,《中国教育学刊》2011年第1期。
[55] 李祖超、邵敏:《青少年榜样激励与励志教育现状研究》,《中国青年研究》2011年第11期。
[56] 王俏华:《对学校道德教育中榜样教育方法的伦理学追问》,《教育探索》2011年第4期。
[57] 彭怀祖:《论榜样人格的现代转型》,《中国青年研究》2006年第11期。
[58] 黄锡景:《先进人物典型报道三忌》,《新闻爱好者》2003年第3期。
[59] 石共文:《大学生道德生活中的"知行脱节"现象探析》,《现代大学教育》2002年第2期。
[60] 陈锡喜:《论马克思主义中国化的内在根据》,《思想理论教育》2010年第3期。
[61] 汪士华:《增强高校榜样教育实效性的思索》,《学校党建与思想教育》2010年第19期。
[62] 王志玲:《论榜样教育》,《河南社会科学》2009年第9期。
[63] 康秀云:《运用现代教育技术改进思想政治理论课教育模式的探索与思考》,《思想理论教育导刊》2005年第7期。
[64] 兰玉玲:《高职院校政治理论课教学改革与教育目标实现》,《辽宁高职学报》2006年第6期。
[65] 陈立新:《浅议道德典范人物问题》,《道德与文明》1998年第4期。
[66] 肖川、胡乐乐:《"教育"概念的词源考古与现代研究》,《大学教育科学》2010年第3期。
[67] 姚篮:《试论班杜拉的社会学习理论——观察学习》,《遵义师范学院学报》2003年第5期。

[68] 高凯:《价值认同:大学新生榜样教育的核心》,《文化学刊》2012年第1期。

[69] 袁文斌:《中国古代榜样教育理论及其当代启示》,《河北学刊》2010年第1期。

[70] 何其二:《审美视野下的榜样教育》,《山西高等学校社会科学学报》2011年第3期。

[71] 崔岩岩:《试析道德挫折及其对道德榜样作用的制约》,《中国电力教育》2010年第7期。

[72] 杨韶刚:《英国的PSHE情感教育模式评析》,《教育科学》2002年第2期。

[73] 赵平:《榜样教育的问题与对策》,《教学与管理》2007年第6期。

[74] 杨鲜兰:《和谐社会视域下的社会交往分析》,《湖北大学学报》(哲学社会科学版)2011年第2期。

[75] 周芳:《从马克思主义实践观视角看青年学生的社会适应问题》,《江汉论坛》2010年第3期。

[76] 杨业华、刘靖君:《高校思想政治理论课教学环境建设探析》,《思想理论教育导刊》2011年第4期。

[77] 杨业华、姚瑶:《论社会主义核心价值体系与思想政治教育创新的关系》,《思想理论教育导刊》2013年第1期。

[78] 钱理群:《当今中国青年和时代精神》,《书摘》2008年第12期。

[79] 杨敏:《新时期大学生榜样教育刍议》,《学校党建与思想教育》2013年第1期。

[80] 刘靖君:《核心价值体系引领典型教育》,《中国教育报》2007年12月17日。

[81] 刘靖君、范磊:《大学生社会主义核心价值体系教育实效性路径探微》,《领导科学论坛》2012年第7期。

[82] 袁文斌:《当代中国榜样教育研究》,河北师范大学,博士学位论文,2010年。

[83] 杨婷:《榜样教育研究》,武汉大学,博士学位论文,2010年。

[84] 单松萍:《见义勇为者损失的国家补偿问题探讨》,苏州大学,硕士学位论文,2007年。

［85］邢贵红:《新时期榜样教育研究》,广西师范大学,硕士学位论文, 2009 年。
［86］邹欣:《新时期大学生榜样教育存在的问题及对策》,华中师范大学,硕士学位论文,2011 年。

三 外文类

［1］Peters, R. S., *Moral Development and Education*, London: George Allen & Unwin Ltd., 1981.
［2］Penelope Loekwood & Christian H. Jordan and Ziva Kunda, Motivation by, Positive or Negative Role Models: Regulatory Focus Determines Who Will Best Inspire Us, *Journal of Personality and Social Psychology*, 2012.
［3］Lszarus, R. S., *Emotion and Adaptation*, New York: Oxford University Press, 1991.
［4］Betty, A. S., *Moral Education: Character, Community and Ideal*, Philadelphia: Temple University Press, 1988.
［5］Robert S. Feldman, *Social Psychlolgy*, Prentice Hall, Upper Saddel River, New Jersey, 1998.

四 其他

［1］《全国先进生产者代表会议主要文件》,中国工人出版社 1956 年版。
［2］《中共中央关于社会主义精神文明建设指导方针的决议》,人民出版社 1986 年版。
［3］中共中央宣传部编:《毛泽东邓小平江泽民论思想政治工作》,学习出版社 2000 年版。
［4］本书编写组编:《〈公民道德建设实施纲要〉学习读本》,学习出版社 2001 年版。
［5］中共中央、国务院:《关于进一步加强和改进大学生思想政治教育的意见》,2004 年。
［6］中央文明办未成年人思想道德建设工作组编:《未成年人思想道德建设文件选编》,学习出版社 2004 年版。
［7］《关于构建社会主义和谐社会若干重大问题的决定》2006 年版。
［8］本书编写组编著:《党的十六届六中全会〈决定〉学习辅导百问》,

学习出版社2006年版。
[9]《十七大报告学习辅导百问》,党建读物出版社2007年版。
[10]《十八大报告学习辅导百问》,党建读物出版社2012年版。

附 录

大学生榜样教育研究调查问卷

亲爱的同学，您好！

感谢您抽出宝贵的时间来填写这份问卷。这份问卷由当代中国大学生榜样教育研究课题组制作，旨在调查了解当代大学生对我国高校榜样教育工作的看法与态度。本问卷以匿名方式进行，不会泄露您的任何个人信息，请放心并如实填写。感谢您的支持！（对在您选择的选项上打"√"，可单选也可以多选，或者在空白处写上您的答案）

当代中国大学生榜样教育研究课题组
2014 年 3 月

一、基本信息

1. 您的性别是： A. 男 B. 女
2. 您来自： A. 城市 B. 城镇 C. 农村
3. 您所在的大学：_____
4. 您所在年级： A. 大一 B. 大二 C. 大三 D. 大四
5. 您所学的专业：A. 文科 B. 理科 C. 其他

二 榜样及榜样教育调查

6. 您心目中有无尊崇的榜样？

A. 有　　　　　B. 没有　　　　C. 不好说

7. 您最尊崇的榜样类型是：
   A. 政治领袖　　B. 道德模范　　C. 企业高管　　D. 知识分子
   E. 文体明星　　F. 其他

8. 请列举出三位您认可与接受的榜样：

9. 您是否经常关注榜样人物及其事迹？
   A. 经常　　　　B. 有时　　　　C. 极少　　　　D. 从不关注

10. 您受到榜样人物的影响程度如何？
    A. 非常大，从小就是听着榜样人物的故事长大的
    B. 比较大，觉得榜样人物身上有很多可取之处
    C. 一般，感觉榜样人物离我比较远
    D. 基本没有，我有自己的生活态度，不需要借鉴别人的
    E. 完全没有，我从不关心这些

11. 您对榜样人物的态度是？
    A. 全社会的楷模，值得效仿和学习
    B. 社会优秀的分子，但不排除有夸大的成分
    C. 社会炒作出来的，不可信
    D. 现在已经没有像雷锋、焦裕禄这样的榜样人物了
    E. 没有关心过，说不清楚

12. 您一般通过哪些途径了解榜样人物及其事迹？
    A. 报刊书籍　　　　　　　　B. 网络
    C. 广播影视　　　　　　　　D. 先进事迹报告会
    E. 听人讲述　　F. 亲眼看见　　G. 其他

13. 您认为应该如何看待榜样人物？
    A. 他们其实和社会大众都一样，应该平常心对待
    B. 选择性接受，取长补短
    C. 没有必要过度追捧
    D. 他们的经验不一定适合所有人，做自己更好
    E. 没想过，说不清楚

14. 您认为对您的思想行为起作用最大的人是？
    A. 父母　B. 老师　C. 同学　D. 亲戚　E. 朋友　F. 名人　G. 其他

15. "身边的榜样"与"感动中国人物""全国道德榜样"相比较，

您认为?

　　A. 社会榜样的事迹更加鲜活, 更具有感染力, 他们比身边的榜样更值得学习

　　B. 身边的榜样就在我们生活里, 很真实, 学习起来更现实可行, 比社会的榜样影响力大

　　C. 说不清楚

16. 您认为榜样人物应该发挥怎样的作用?

　　A. 走进大众, 用实际行动带动大家

　　B. 通过一定的形式被确定为榜样, 以此来影响他人

　　C. 依靠媒体和政府的宣传影响他人

　　D. 依靠事迹报告会, 让更多的人知道榜样人物的事迹

17. 您认为身边什么样的同学可以作为您的榜样?

　　A. 优秀的学生党员干部　　　　B. 学习成绩优异的同学

　　C. 多才多艺的同学　　　　　　D. 组织协调能力强的同学

　　E. 有创新意识和创新能力的同学

18. 大学期间, 学校安排了各种榜样报告会和讲座, 您对此怎么看?

　　A. 经常去, 感觉内容挺激励我

　　B. 偶尔去, 选择自己感兴趣的、能激励自己的

　　C. 无所谓, 他们的事迹与我无关

　　D. 从来不去, 感觉太虚假

19. 您认为当今时代大学生榜样应符合哪些标准?

　　A. 具有崇高的思想道德品质

　　B. 具有强烈的社会责任感和事业心

　　C. 具有强烈的创新意识和卓越的创新能力

　　D. 在某一领域和方面做出了突出的成绩

　　E. 具有其他开领先河和开风气之先的先进事迹

20. 为了使榜样发挥出更大的作用, 您更倾向于在学校开展哪项活动?

　　A. "讲述你身边的榜样故事" 演讲活动

　　B. 榜样事迹话剧

　　C. 学习榜样征文比赛

　　D. 榜样进校园宣讲活动

E. 其他活动

21. 您认为哪些人应该被选树为大学生学习的榜样？
A. 孝敬父母的好儿女　　　　　B. 奉献社会的热心人
C. 见义勇为舍己为人的英雄　　D. 奋发成才的杰出人物
E. 保卫祖国的忠诚卫士　　　　F. 廉洁奉公一心为民的好干部
G. 各行各业有突出贡献的榜样　H. 其他

22. 您认为榜样人物生成的个体因素是？
A. 修养高，综合素质好，社会责任意识强
B. 有积极的人生态度，不断追求创新
C. 贵在坚持，有毅力，有韧性
D. 踏实肯干，为人务实
E. 个性鲜明，有独特的个人特征

23. 您最看中榜样的哪方面？
A. 人格魅力　　B. 成长经历　　C. 技能特长　　D. 生活时尚
E. 身上的光环　F. 其他

24. 您希望大学生身边的榜样人物通过何种形式产生出来？
A. 组织评选　　　　　　　　B. 教师指定
C. 学生推荐评选　　　　　　D. 个人申报评选

25. 您希望大学生榜样教育包括哪些内容？
A. 榜样成功的经验和体会　　B. 榜样的成就和成长经历
C. 榜样的人格特质　　　　　D. 说不清楚

26. 您希望通过以下哪种形式和方法进行大学生榜样教育？
A. 有互动的座谈会　　　　　B. 个别交流交谈
C. 小型座谈会　　　　　　　D. 大型报告会

27. 您认为大学生榜样教育比较好的宣传方式是？
A. 宣传应生动形象，这可以使榜样人物可亲、可学
B. 宣传应实事求是，这可以使榜样人物可近、可信
C. 宣传应还原榜样人物的真实生活，切不能拔高或者只说好的方面
D. 没有必要宣传

28. 您认为榜样人物在当今社会发挥了怎样的作用？
A. 有良好反响，促进了社会道德新风尚的形成
B. 产生了教育作用，许多人都在向他们学习

C. 发挥作用需要一个渐进的过程，不可能立竿见影

D. 发挥作用不大，效果不明显

E. 没有关心过，说不清楚

29. 您认为当前所选树的榜样现状如何？

A. 真实可信不浮夸　　　　　　B. 形象有所夸大不真实

C. 符合时代发展特点　　　　　D. 与时代特征不符

30. 您认为以后选树榜样需要在哪些地方加以改进？

A. 选择体现时代精神的榜样

B. 选择多样化的榜样

C. 选择可亲可敬可信的榜样

D. 针对不同年龄、对象和情况选树榜样

31. 您认为应该怎样做才能更好地发挥榜样人物的教育作用？

A. 将榜样人物的事迹编写入学生的课本

B. 分时期编写榜样人物的事迹介绍材料，作为案例读本在全社会普及

C. 将榜样人物纳入思想政治教育体系，适当的灌输还是必要的

D. 充分利用报刊、电视、广播、网络、广告牌等媒介宣传榜样人物的事迹

E. 将榜样人物的事迹大众化、平民化，这样教育的效果会更好

32. 您认为大学生榜样教育当前存在的最大问题是什么？（只填一个）

33. 提高大学生榜样教育的实效性，您认为最关键最紧迫的任务是什么？（只填一项）

后 记

　　本书是在我的博士学位论文的基础上，经过修改、完善而成的。

　　虽已不惑，但我一直在智慧被知识挤压、价值被工具遮蔽的时空里躁动甚至迷茫。四年半的博士求学生涯，近一年的修改完善书稿，宛如涤尘之旅，在即将递交出版社付梓之际，我的内心竟然也似这些时日的武汉天气，阴霾尽失，清月高悬，静谧、畅快而自由。

　　本人出身寒门，加上天资愚钝，从小到大之学习旅程，可谓充满了艰辛与坎坷。但幸运的是，我赶上了改革开放的好时代，开放、包容的社会环境为我提供了多元的人生选择和宽广的思考空间。还有我的母校——湖北大学，不仅教我知识，教我为人，更为我提供物质保障和精神支撑，使我能安然地在非物质世界里不断探索前行。

　　本书的写作，是飞蛾破茧、化蛹成蝶的过程，充满了艰辛、痛苦与挣扎。在这个过程中，我十分幸运地得到了导师杨业华教授的悉心指导，先生从选题、写作，到修改、定稿，直至学术规范、语言修辞，无不倾心竭力，字斟句酌。先生温文尔雅、谦和仁厚、学识渊博、风范宜人，特别是先生为人的纯粹品行，对事业的孜孜追求和知识报国的崇高情怀，令我折服而受用终身。衷心感谢恩师，望今后的人生之旅与学术之路，能持续得到先生的指点与提携。

　　感谢杨鲜兰教授、徐方平教授、周芳教授、贺祥林教授、郭大俊教授、田子渝教授、陈翠芳教授、刘文祥教授及佘双好教授、万美容教授在本书研究过程中给我直接的学术指导。特别是湖北大学副校长杨鲜兰教授，既是我的老师，又是我的领导，更是我人生路上的指引者，她睿智豁达、学养深厚、言辞敏锐、待人以宽，给我很多无私的帮助。周芳教授作为老师、师姐，不吝赐教，在本书写作的各个环节给了我许多有益的指导。同时，感谢南通大学党委副书记彭怀祖教授对我写作困惑的点拨；感谢马克思主义学院陈亚杰、郭艳妮、翟艳芳老师对我的帮助；感谢在本书中，我引注参考文本的作者，你们的思想给了我很多启发。

求学路上，感谢湖北大学副校长顾豪爽，感谢湖北大学党委副书记邓长青、侯勇给我的支持与帮助。几年来，他们率先垂范，靠前指挥，鞭策鼓励，免除了我很多后顾之忧。这份感激与温暖定将铭记于心，策我省身，催我奋进。

几年来，我的同事、同学、朋友，在业务工作、问卷调研、资料收集、文字校订等方面给了我很多支持与帮助，在此，对甘珣、李明、张珣、刘怀元、曾刚、余燕、曾银慧、黄伟、卢志勇、杨荣、屈代洲、朱磊、张赟、李婉芝、符俊、石炎、谭蔚、吴健、于雨晴、丁德智、严敏等，一并表示衷心的感谢。有你们同在同行，真好！

特别的感谢，要献给我的家人。年迈的父母，为减轻我工作与求学的双重压力，任劳任怨，一直在汉照顾我的饮食起居，帮我照看年幼的儿子。举案齐眉的爱妻，一直陪伴左右，默默支持，不仅担当教育儿子的重任，还帮我处理家里家外的一些琐事和烦事，更为重要的是，在我懈怠、彷徨的时候，她都耐心劝导，热情鼓励，给了我战胜困难的信心与勇气。因少有时间相陪，对儿子很有愧疚之心，但他懂事、乖巧、活泼、可爱，给我和我的家庭带来了无尽的欢乐，也为我今后在工作和研究的未知领域里继续前行增添了无穷的力量！

最后，我要感谢湖北省高校人文社科重点研究基地——湖北青少年思想道德教育研究中心对本书出版的资助；感谢本书的责任编辑孔继萍女士，她勤勉的敬业精神和深厚的专业水平对本书的修改完善与顺利出版提供了很大的支持与帮助。

由于水平有限，书中必有疏漏与不足，敬请专家、学者们批评指正。

谨以此，为后记。

刘靖君

2015 年 12 月 19 日